湖北省学术著作
Hubei Special Funds for 出版专项资金
Academic Publications

 司法改革背景下我国民事诉讼运行机制完善研究丛书／总主编　占善刚

民事诉讼鉴定费用制度研究

杨瑜娴　著

WUHAN UNIVERSITY PRESS
武汉大学出版社

图书在版编目(CIP)数据

民事诉讼鉴定费用制度研究/杨瑜娴著. —武汉：武汉大学出版社，
2021.12

司法改革背景下我国民事诉讼运行机制完善研究丛书/占善刚总主编
湖北省学术著作出版专项资金资助项目
ISBN 978-7-307-22665-4

Ⅰ.民…　Ⅱ.杨…　Ⅲ.民事诉讼—司法鉴定—费用—研究—中国
Ⅳ.D925.104

中国版本图书馆 CIP 数据核字(2021)第 214799 号

责任编辑：张　欣　　　责任校对：李孟潇　　　版式设计：马　佳

出版发行：**武汉大学出版社**　（430072　武昌　珞珈山）
　　　　　（电子邮箱：cbs22@whu.edu.cn　网址：www.wdp.com.cn）
印刷：武汉中远印务有限公司
开本：720×1000　1/16　印张：15　字数：214 千字　插页：2
版次：2021 年 12 月第 1 版　　2021 年 12 月第 1 次印刷
ISBN 978-7-307-22665-4　　定价：88.00 元

总　序

民事诉讼乃为解决民事纠纷而设的司法程序。为妥当地解决民事纠纷，在民事诉讼运行的不同阶段，除应恪守各自固有的程序规范外，更应自觉遵循民事诉讼的基本原理。各国民事诉讼立法虽然具有各自不同的具体程序设计，但蕴含的基本法理是共通的。譬如，各国民事诉讼立法殆皆将处分权主义、辩论主义奉为民事诉讼运行的圭臬，将直接原则、言辞原则立为民事诉讼程序展开的基石。

自1999年最高人民法院颁行第一个司法改革五年纲要迄今，中国的司法改革已推行二十余载。从最初的民事审判方式改进、举证责任的落实到近来的互联网法院、诉讼电子化，我国民事诉讼总体上已由职权主义转向当事人主义。在民事诉讼运行中，体认并遵守处分权主义、辩论主义的本旨，明了并贯彻直接原则、言辞原则的要义已成为我国民事诉讼学者与法律职业共同体的共同鹄的。在当前司法改革的大背景下，立足于立法论及解释论，进一步探究民事诉讼运行的基本法理，并就我国民事诉讼运行机制的完善提出科学的学术方案是吾人责无旁贷之职责。受湖北省学术著作出版专项资金项目资助，笔者主持完成的《司法改革背景下我国民事诉讼运行机制完善研究丛书》正是因循这一思路的学术成果。

《司法改革背景下我国民事诉讼运行机制完善研究丛书》以民事诉讼运行原理与我国民事诉讼运行机制的完善为立论基点，分别研究了民事诉讼运行的内在机理及各具体制度良性运作应有的逻辑起点与妥当路径。本丛书共计九册，具体如下：

1. 占善刚博士的《民事诉讼运行的内在机理研究》以程序的整体推进为视角，对民事诉讼运行应遵循的基本法理做了深入的比较法研究；

1

2. 刘显鹏博士的《民事证明制度改革的架构与径路研究》宏观分析了我国民事诉讼证明制度存在的问题，指出了我国民事证明制度应有的改革方向；

3. 朱建敏博士的《民事诉讼请求研究》厘定了我国民事诉讼请求的特有意涵，探讨了诉讼请求与诉讼标的在规范层面与实务中的不同功能；

4. 杨瑜娴博士的《民事诉讼鉴定费用制度研究》阐释了民事诉讼鉴定费用的性质、构成及给付路径，提出了完善我国民事诉讼鉴定费用制度的建议；

5. 刘丹博士的《民事诉讼主张制度研究》以主张内涵的界定为逻辑起点，缕析了民事诉讼中主张的类型及机能，提出了完善我国主张制度的建议；

6. 郝晶晶博士的《民事诉讼身份关系案件审理程序研究》立足于身份关系诉讼与财产关系诉讼之二元论，讨论了如何科学设计民事诉讼身份关系案件审理程序；

7. 刘芳博士的《民事诉讼担保制度研究》全面梳理了诉讼担保的性质、特征、类型，指出了完善我国民事诉讼担保制度的建议；

8. 黄鑫森博士的《民事诉讼发回重审制度研究》以发回重审与程序违法之关系为主线，探讨了构成发回重审事由的条件，界分了发回重审事由的类型；

9. 倪培根博士的《民事诉讼听审请求权研究》阐明了听审请求权在民事诉讼中的确立依据，在我国民事诉讼规范中的体现以及未来的改进方向。

需要特别提及的是，《司法改革背景下我国民事诉讼运行机制完善研究丛书》从最初的项目策划到最后的顺利付梓都倾注了武汉大学出版社张欣老师的心血，没有他的辛苦付出，丛书的面世断无可能。在此对张欣老师表示最真挚的谢意！

占善刚

2020 年 1 月 1 日

于武汉大学珞珈山

前　　言

在经济社会飞速发展的当前，科技手段的介入、电子数据的应用、矛盾纠纷的多元、证明要求的强化等各种因素，致使民事审判实务对于民事司法鉴定的运用更为频繁，依赖更为明显。民事司法鉴定是当前世界各国民事诉讼制度的重要组成部分，作为司法活动的重要环节，民事司法鉴定不仅为诉讼提供技术保障，更能协助司法证明活动，在认定案件事实、正确适用法律和维护社会公正等方面具有不可忽视的作用。随着近些年新一轮司法改革特别是"以审判为中心"的诉讼制度改革的持续深入，我国围绕加强司法鉴定主体资格管理、鉴定队伍培育、鉴定质量提升、科技信息化转型、公益属性建设、监督管理优化等方面不断推进司法鉴定改革创新，积极回应新时代人民群众的司法需求，充分发挥司法鉴定的功能和作用。"严格收费管理"也是其中的重要主题之一。

民事诉讼鉴定费用既是民事司法鉴定程序中的重要问题，又与民事诉讼费用相关。一方面，民事诉讼鉴定费用发源于民事司法鉴定这一证据调查方法并作为其经费保障，民事司法鉴定的顺利开展离不开民事诉讼鉴定费用的支撑。民事诉讼鉴定费用制度的规范、详细与否，直接决定了鉴定人的权利保障及其义务实施，既会影响鉴定意见的中立性、倾向性，也会影响法官的判断，进而关系到事实认定、审判结果乃至司法公正。另一方面，民事司法鉴定因其专业性而在证据调查过程中被广泛适用，这使得民事诉讼鉴定费用成为关乎当事人诉讼成本的重要因素。随着民事司法鉴定相关程序的启动，相应的鉴定费用发生，这会增加民事诉讼费用的总体数额，并成为当事人行使诉权的主要考量因素之一。深入研究并系统构建民事诉讼鉴定费用制度，具有重要的理论价值、制度价值和现实意义。

　　第一，从理论层面上讲，研究民事诉讼鉴定费用制度有利于厘清民事诉讼鉴定费用的法律属性，为完善相关制度规则以及指导司法实践提供强有力的理论支撑。目前，大多数研究是以现行法律法规为基础阐述我国民事诉讼鉴定费用的性质问题，却未从我国民事司法鉴定的定位和法律地位出发，思考民事诉讼鉴定费用的本源和应有之意。有必要通过明确民事司法鉴定的证据属性，弄清民事诉讼鉴定费用的法律属性，进而准确界定鉴定人的法律地位，分析在民事诉讼鉴定费用制度中法院与鉴定人、法院与当事人、当事人与鉴定人两两之间是否存在以及存在何种法律关系，以及法律关系之中各方主体的具体权利义务。在此基础之上，继续探讨我国民事诉讼鉴定费用的给付、负担和请求等相关规则及实践难题，才具有统一的标准和充分的前提。

　　第二，从规则层面上讲，研究民事诉讼鉴定费用制度有利于完善我国民事诉讼鉴定费用规则，强化证据裁判作用。对于民事司法鉴定来说，如果说技术手段是民事司法鉴定的前提，那么费用规则应是民事司法鉴定的保障。相较而言，域外许多国家和地区对民事诉讼鉴定费用的规定比我国更加完善。比如，德国、日本在专门的民事诉讼费用制度中对鉴定费用的构成、范围、标准等多个方面作出详细规定，而我国既没有专门的立法，现行制度中也还存在诸多矛盾、空白或模糊之处。其实除费用标准、负担方式、收费管理以外，民事诉讼鉴定费用制度体系中的许多规则仍亟待细化和完善，如民事诉讼鉴定费用的构成部分、给付路径、鉴定费用请求权及其规则等方面。① 在厘清民事诉讼鉴定费用法律性质的基础上，探讨民事诉讼鉴定费用的具体组成和收费标准，并分别细化法院、当事

---

　　① 从目前的研究现状看，虽然关于民事诉讼鉴定费用制度的相关研究一直没有淡出学者的研究视野，但总体而言既不够全面系统也不够细致深入。绝大多数的现有研究成果，或是对某一现实问题的探讨，研究关注点集中于解决实践问题，采取应用对策研究或泛化式研究方式；或是从某一具体制度在司法实践中的适用情况切入，探讨该制度的修改完善方向，而少有对民事诉讼鉴定费用制度的整体性研究。

人、鉴定人的相关权利义务，有助于为民事诉讼鉴定费用设置一套科学、有效的制度。

第三，从实务层面上讲，研究民事诉讼鉴定费用制度有利于提供明确的民事诉讼鉴定收费标准和收费程序，优化司法环境。司法实践中，各方主体对民事诉讼鉴定费用的内涵和性质的认识不一，对现行制度的理解也不大一致，导致现行制度适用失范或是难以适用，造成当前民事司法鉴定收费不合理、不规范等矛盾突出，因此，妨碍鉴定人履行鉴定义务、拖延诉讼进程的情况时有发生。民事诉讼鉴定费用是对鉴定人履行鉴定义务的补偿，鉴定人是否享受到法定的费用保障直接影响其对义务的适时履行。在厘清民事诉讼鉴定费用法律性质的基础上，构建一套具有合理性、实操性、体系化的制度，将便于司法实践的参考对照和法律适用，实践中的一些难题也会迎刃而解。

循此而言，民事诉讼鉴定费用制度的建立健全既与民事司法鉴定制度建设相关，又与民事诉讼费用制度建设相关，是当前推进司法改革的一项重要内容。民事诉讼鉴定费用制度研究将以民事诉讼进程为研究主线，通过准确把握民事司法鉴定的法律性质，解构鉴定费用的构成、范围和标准，进而分析鉴定费用的给付、负担和请求，全面展开对民事诉讼鉴定费用制度的研究。构建成熟的民事诉讼鉴定费用的费用标准体系，有助于促进司法改革迈向更为公平公正的发展路径。完善民事诉讼鉴定费用的费用程序规则，对于积极推动司法鉴定制度改革、民事诉讼费用制度改革乃至推进司法改革和依法治国具有重要性和紧迫性。

法律文件缩略语

法律文件的全称	缩略语
中华人民共和国民事诉讼法（1991 年 4 月 9 日公布，2007 年 10 月 28 日第一次修正，2012 年 8 月 31 日第二次修正，2017 年 6 月 27 日第三次修正，2017 年 7 月 1 日施行）	《民事诉讼法》
中华人民共和国民事诉讼法（试行）（1982 年 3 月 8 日公布，1982 年 10 月 1 日施行。已废止）	《民事诉讼法》（试行）
全国人民代表大会常务委员会关于司法鉴定管理问题的决定（2005 年 2 月 28 日通过，2015 年 4 月 24 日修正，2015 年 4 月 24 日施行）	《关于司法鉴定管理问题的决定》
最高人民法院关于适用《中华人民共和国民事诉讼法》的解释（2014 年 12 月 18 日公布，2015 年 1 月 1 日施行）	《民诉法解释》
最高人民法院关于民事诉讼证据的若干规定（2001 年 12 月 21 日公布，2019 年 10 月 14 日修正，2020 年 5 月 1 日施行）	《民事证据规定》

目　　录

第一章 民事诉讼鉴定费用的概述

民事诉讼鉴定费用是关于民事司法鉴定中各种支出的费用补偿，其发源于民事司法鉴定的运作过程，与一国的民事诉讼模式及其构造紧密相关。我国民事司法鉴定制度更接近于大陆法系的司法鉴定制度，而有别于英美法系的专家证人制度，主要围绕审判权展开而由法院主导推进。从民事司法鉴定的本质看，民事诉讼鉴定费用既包含了对鉴定人履行陈述义务所支付的费用亦包含了对鉴定人履行出庭义务所支付的费用，并且，民事诉讼鉴定费用具有证据调查费用属性和诉讼费用属性的双重法律属性。以此展开民事诉讼鉴定费用制度研究，可以找到矫正和完善我国现行制度的法理依据，起到追本溯源和正本清源的效果。与此同时，厘清法院、当事人、鉴定人三方主体在上述两种法律属性中的权利义务关系，即原则上当事人、鉴定人都只与法院之间存在公法上的关系，民事诉讼鉴定费用的相关制度均是以法院为衔接点和主导者。这是剖析民事诉讼鉴定费用的实体要素的前提要素，也是构建路径清晰、程序完善的民事诉讼鉴定费用的程序要素的重要基础。

第一节 民事诉讼鉴定费用的内涵和特征

一、民事诉讼鉴定费用的内涵

（一）民事司法鉴定的内涵

从证据法意义上讲，民事司法鉴定是指，在民事诉讼中拥有特殊经验、智识或技能的专家被要求向法官陈述相关专门知识或基于该专门知识所作的事实判断，以此作为弥补法官判定能力的证据调查方法。

诉讼是解决冲突和纠纷的最后途径，法官在审理案件时，不可避免会触及社会经济生活中各式各样的情况，以及需要依赖特殊经验、智识或技能解决的专门性问题。而法官并非无所不知、无所不晓，没有办法全面掌握所有的专业知识。当法官面临需要借助其所应该知晓的法律知识和生活常识之外的经验、智识或技能，才能准确地去判定事实真相和责任归属的情境时，拥有特殊经验、智识或技能的专家的相关意见和建议就显得十分重要。基于此种现实需求，世界各国和地区民事诉讼立法均将民事司法鉴定纳入法定证据调查方法，以鉴定意见作为法定证据之一，并设置详细的证据规则，我国也不例外。①

民事司法鉴定的内涵可以从如下三个方面加以阐释：

第一，拥有特殊经验、智识或技能的专家被称为鉴定人②，其是当事人、法定代理人以外的第三人。民事司法鉴定需要选任有特殊经验、智识或技能的人，就其特殊智识或经验而得出鉴定意见。完全可靠之鉴定，必须鉴定人有胜任鉴定的能力，且鉴定人须居于公平之地位，其鉴定意见明确而无矛盾。③ 胜任鉴定的能力是指，鉴定人有鉴定所需要具备的必要知识或经验，且有合理解释事物的能力，否则鉴定人出具的鉴定意见不免流于疏漏。鉴定人必须处于公平而不偏颇的位置，即鉴定人客观上不存在需要回避的理由，而主观上遵守职业道德规范，不因任何缘故偏袒任一方当事人，作出诚实可信的鉴定意见。鉴定人还必须在自己专门知识的框架内周密

---

① 参见《美国联邦证据规则》第 702 条、《英国民事诉讼规则》第 35 条、俄罗斯民诉法第 79~87 条、德国民诉法第 402~414 条、法国民诉法第 263~284 条、日本民诉法 212~218 条、我国台湾地区"民诉法"第 324~340 条、我国《民事诉讼法》第 63 条等。

② 民事诉讼中，鉴定人通常具有双重地位：一方面，鉴定人因具有弥补法官判定能力的作用而成为法院的辅助者；另一方面，鉴定人因其证据调查载体而属于人的证据方法。

③ 参见蒋澧泉编著：《民刑诉讼证据法论》，吴宏耀、魏晓娜点校，中国政法大学出版社 2012 年版，第 263 页。

地准备鉴定、使用当事人的论据、调取专业资料并详尽地说明鉴定意见的理由，尽可能正确地出具鉴定意见。

第二，鉴定人是基于法院的委托而被要求向法官陈述。民事司法鉴定的实施目的是帮助法院查明案件事实，也是为了弥补法官结构性知识的短缺，循此而言，由法院委托鉴定符合民事司法鉴定的设立初衷。法院是代表国家行使审判权并向鉴定人委托，授权鉴定人实施民事司法鉴定这一证据调查活动，则鉴定程序的启动、质证、认证、收费等一系列行为都与审判权的运行息息相关。法院委托鉴定是基于法院单方面的决定而无需鉴定人的同意，据此，法院与鉴定人之间形成公法上的委托关系。原则上，由法院委托的鉴定所得出的鉴定意见才具有法律上的资格，方能作为证据交由法官依自由心证进行判断并被采纳，进而证明案件事实。因此，民事司法鉴定有别于民事诉讼中或民事诉讼外的"私鉴定"[1]。原则上非经由法院委托而是由当事人自行委托的鉴定，不是具有"司法"性质的民事司法鉴定。[2] 在例外情况下，其可通过法院的确认获得"司法"属性，即"鉴定人没有经过法院委托而是在当事人委托的情况下实施鉴定的，必须即时申请法院的确认，否则就要对瑕疵进行补正"[3]。

第三，民事司法鉴定是为了弥补法官判定能力而实施的。民事

---

[1]　当事人私下委托具有专门知识的人针对某一事项进行判断，并将其判断意见作为证据提交给法院的情形，被称为私鉴定。私鉴定不是司法鉴定，而是当事人对鉴定人的自行委托，当事人与受托人之间形成民法上的合同关系，这不同于司法鉴定中法院与鉴定人之间所形成的公法上的委托关系。

[2]　关于私鉴定的法律地位，理论上一直存在争议。在德国，私鉴定通常被视为当事人陈述的一部分，而在日本，私鉴定基本上被作为书证对待。参见 [德] 罗森贝克、施瓦布、戈特瓦尔德：《德国民事诉讼法》，李大雪译，中国法制出版社 2007 年版，第 910 页；[日] 新堂幸司、铃木正裕、竹下守夫：《注释民事诉讼法》（6），有斐阁 1995 年版，第 420 页。转引自占善刚：《证据协力义务之比较法研究》，中国社会科学出版社 2009 年版，第 188~189 页。

[3]　[德] 罗森贝克、施瓦布、戈特瓦尔德：《德国民事诉讼法》，李大雪译，中国法制出版社 2007 年版，第 909 页。

司法鉴定所涉及的事项应当是法官通常知识和经验之外的问题,①
主要体现于如下两个方面:其一,该事项通常是事实问题,而非法
律问题。因为法律问题应是法官熟识和通晓的专业知识,法官已然
是法律领域的专家,一般无须再借助其他手段就可以对法律问题进
行判定。但是,在例外情况下,当法官在审判程序中遇到无法知晓
的外国法、习惯法时,仍应委托鉴定人向其陈述鉴定意见。其二,
该事项必须是专门性、专业性事实,而非一般性、普通性事实。专
门性、专业性是这类事实的显著特点,该事实或是专门领域的经验
法则,或是专业技能,或是一些不为众人所知的专业规则,等等。
这类事实不属于社会生活中人们所普遍知晓的自然法则,而是一般
只有少数专业人士或者专家才能掌握的知识。因此,法官需要鉴定
人向其提供特殊经验、智识或技能,或者向其提供基于特殊经验、
智识或技能而对具体事实所得出的判断意见。以上两个方面的要
求,也是民事司法鉴定的事项特征和基本界限。

(二) 民事诉讼鉴定费用的内涵

1. 民事诉讼鉴定费用的内涵

民事诉讼鉴定费用是指,民事诉讼中法院践行民事司法鉴定这
一证据调查所产生的依法应当由当事人负担的费用。鉴定人受法院
委托开展民事司法鉴定这一证据调查活动,必然需要运用其特殊经
验、智识或技能而付出劳动成本,同时,为得到或陈述鉴定意见还
需要匹配相应的具体行为及其物质载体,也必然需要付出物质成本
和经济成本。这些劳动成本、物质成本和经济成本一起构成了民事
司法鉴定活动的成本支出。在采取有偿主义的民事诉讼中,这些成
本支出最终须由当事人负担,而具象化为由当事人负担的民事诉讼
鉴定费用。

民事诉讼鉴定费用对应着鉴定人付出的劳动成本、物质成本和
经济成本,这些成本来源于鉴定人实施民事司法鉴定的具体行为,
而鉴定人实施民事司法鉴定的具体行为受到了鉴定义务的要求和约

---

① 参见 [英] 克里斯托弗·艾伦:《英国证据法实务指南》,王进喜
译,中国法制出版社 2012 年版,第 313 页。

束。因此，为全面了解民事诉讼鉴定费用的具体情况，必须首先弄清民事司法鉴定过程中包含哪些鉴定义务，以鉴定义务的内容按图索骥剖析民事诉讼鉴定费用的具体内涵。

民事司法鉴定的核心内容和主要目标，是鉴定人向法官陈述相关专门知识或基于该专门知识所作的事实判断，则陈述义务是鉴定人实施鉴定的主要义务。为履行陈述义务，鉴定人一定要根据自身的经验、智识或技能就鉴定事项得出准确独立的判断，由此就会存在鉴定人履行陈述义务所需花费的器材使用费、材料费、复印费等有关费用，即鉴定实费①，并且，鉴定人还有获得鉴定报酬的权利，即鉴定报酬。由于宗教信仰原因或是某些特定原因，② 有的国家或地区会要求鉴定人在陈述鉴定意见之前进行宣誓，以确保鉴定人公正、诚实地陈述鉴定意见，则此时鉴定人负有宣誓义务。同时，鉴定人需要以法定方式向法官呈现其所得鉴定意见，按照民事诉讼证据调查的直接原则和言词原则的有关要求，原则上鉴定人须在证据调查规定日期出庭并以口头方式陈述鉴定意见，则出庭义务是鉴定人实施鉴定的必要义务，由此就会存在鉴定人履行出庭义务所需花费的交通费、住宿费等有关费用，即鉴定人出庭费。上述鉴定人履行陈述义务（以及宣誓义务）、出庭义务过程中所产生的鉴定实费、鉴定报酬和鉴定人出庭费，都属于民事诉讼鉴定费用的范畴。

2. 我国现行制度中的民事诉讼鉴定费用内涵及其辨析

我国现行制度中，关于民事诉讼鉴定费用的内涵的制度依据主

---

① 因"鉴定费用"用语模糊化、随意性现象广泛存在于我国现行制度及司法实践中，为对民事诉讼鉴定费用的内涵和构成进行准确的解构分析，本书借鉴大陆法系国家立法例中的"实费"用法，以"鉴定实费"一词，专指鉴定人履行陈述义务所必须花费的实际成本。

② 根据德国规定，鉴定人通常应当不经宣誓接受询问（第402条结合第391条），然而，如果法院根据尽职的、不能在上告审中进行复查的裁量，因为案件或者鉴定结论的重要性而认为必须宣誓的，可以决定宣誓。参见《德意志联邦共和国民事诉讼法》，谢怀栻译，中国法制出版社2000年版，第918页。

要是 2007 年国务院《诉讼费用收纳办法》① 以及 2016 年司法部《司法鉴定程序通则》。根据《诉讼费用收纳办法》第 11 条和第 12 条的规定，可以看出，鉴定人"在人民法院指定日期出庭发生的交通费、住宿费、生活费和误工补贴"是指对鉴定人履行出庭义务所支付的费用，"诉讼过程中因鉴定""发生的依法应当由当事人负担的费用"是指对鉴定人履行陈述义务所支付的费用。值得注意的是，《诉讼费用收纳办法》将鉴定人"在人民法院指定日期出庭发生的交通费、住宿费、生活费和误工补贴"与"诉讼过程中因鉴定""发生的依法应当由当事人负担的费用"区别对待，前者"由人民法院按照国家规定标准代为收取"，而后者"由当事人直接支付给有关机构或者单位，人民法院不得代收代付"。又者，《司法鉴定程序通则》从立法主体、立法思想等方面对《诉讼费用收纳办法》的相关规定予以承袭，该规定第 8 条、第 29 条进一步细化了"诉讼过程中因鉴定""发生的依法应当由当事人负担的费用"在"由当事人直接支付给有关机构或者单位"时的程序要求，并明确将其表述为"鉴定费用"。即现行制度所指"鉴定费用"仅是指对鉴定人履行陈述义务所支付的费用，而摒弃了对鉴定人履行出庭义务所支付的费用。

无独有偶，"鉴定费用"用语模糊化现象也同样出现在《民事诉讼法》第 78 条和《民事证据规定》第 81 条第 2 款的相关规定

---

① 从沿革上讲，最高人民法院早在 1984 年 8 月通过的《民事诉讼收费办法（试行）》中即明确将鉴定费界定为诉讼费用。该办法第 2 条规定："财产案件的当事人应当支付鉴定费、勘验费、公告费、证人的误工补贴和旅车费，以及人民法院认为应由当事人负担的其它诉讼费用。"1989 年 6 月最高人民法院通过的《人民法院诉讼收费办法》第 2 条规定："财产案件、行政案件的当事人，除向人民法院交纳案件受理费外，还应当交纳下列费用：（一）勘验、鉴定、公告、翻译（当地通用的民族语言、文字除外）费；（二）证人、鉴定人、翻译人员在人民法院决定日期出庭的交通费、住宿费、生活费和误工补贴费；……"据此可知，最高人民法院曾一度将鉴定费用细分为"鉴定费"和"鉴定人出庭费"两项内容。该司法解释于 2007 年 4 月起失效，被《诉讼费用交纳办法》所替代。

中。《民事诉讼法》第 78 条中，"鉴定人拒不出庭作证的"可以被要求"返还鉴定费用"，无论此鉴定费用是指对鉴定人履行陈述义务所支付的费用，还是兼有对鉴定人履行出庭义务所支付的费用，都不能与"鉴定人拒不出庭作证的"情形相匹配。《民事证据规定》第 81 条第 2 款也是同样的问题。

当然在此之前，我国民事司法实践中各方主体早已习惯将对鉴定人履行陈述义务所支付的费用，作为"诉讼过程中因鉴定""发生的依法应当由当事人负担的费用"，并称之为"鉴定费用"。这与鉴定人"在人民法院指定日期出庭发生的交通费、住宿费、生活费和误工补贴"不论是数量还是数额都较为稀少，而导致鉴定人出庭费受到忽视息息相关。因此，对鉴定人履行陈述义务所支付的费用作为"诉讼过程中因鉴定""发生的依法应当由当事人负担的费用"，在很长时间的民事司法实践中几乎囊括了所有的"鉴定费用"。

目前，我国民事诉讼领域对"鉴定费用"的提法存在如下问题：一是内容不全面，缺失了鉴定人出庭费。民事诉讼鉴定费用理应既包含对鉴定人履行陈述义务所支付的费用，又包含对鉴定人履行出庭义务所支付的费用，将鉴定人出庭费排除在鉴定费用之外实属不应该，可谓我国现行制度的疏漏。二是表述不严谨，容易引发歧义。从语义上理解，将"诉讼过程中因鉴定""发生的依法应当由当事人负担的费用"表述为"鉴定费用"本身无错，该说法确实覆盖了鉴定费用的应有之意。同时，鉴定人"在人民法院指定日期出庭发生的交通费、住宿费、生活费和误工补贴"也应属于"诉讼过程中因鉴定""发生的依法应当由当事人负担的费用"，特意将前者与后者区分开来，并将其排除在"鉴定费用"之外，造成了我国现行制度对该法律术语使用的错乱现状，进而妨碍了民事诉讼鉴定费用制度的施行。三是规定不合理，未正视鉴定费用的性质和本源。鉴定人的陈述义务和出庭义务同属于民事司法鉴定的必要义务，这两种义务应属于对鉴定人实施鉴定这同一行为的两项要求，法律性质相同，不可分而论之。相应地，对鉴定人履行陈述义务所支付的费用和对鉴定人履行出庭义务所支付的费用这两者也应得到同等的对待。

因此，本书所探讨的民事诉讼鉴定费用不同于现行制度所指"鉴定费用"，而是认为其既包含了对鉴定人履行陈述义务所支付的费用，亦包含了对鉴定人履行出庭义务所支付的费用，并可进一步细分为鉴定实费、鉴定报酬和鉴定人出庭费三个部分。这三个部分均是民事诉讼鉴定费用的必要组成部分，且应各有内蕴、各有标准。如此方能展现民事诉讼鉴定费用的全貌并构建完善的民事诉讼鉴定费用制度，这也是本书的研究重点和研究目标。

二、民事诉讼鉴定费用的特征

（一）法定性

民事诉讼鉴定费用的法定性是民事诉讼鉴定费用的基本准则和精神要求，贯穿于民事诉讼鉴定费用的始终。一方面，民事诉讼鉴定费用的"司法"性质决定其必须被规范化。民事诉讼鉴定费用与民事诉讼相关，且围绕审判权展开，因此相关内容不能随当事人意思自治而必须经由法定明确。民事诉讼鉴定费用的费用范围、费用标准、鉴定费用的给付和负担、鉴定费用请求权，以及各方主体的权利义务、争端解决方式等问题，都需要由法律法规给出规范化的指引，确保不同当事人得到公平公开、诚实信用、平等有偿的同一对待，以此保障民事诉讼鉴定费用的严肃性和权威性。

另一方面，民事诉讼鉴定费用的法定性表现于其确立、给付、请求、负担等全过程之中。具体包括：其一，民事诉讼鉴定费用的费用范围和费用标准必须符合法律法规的要求。对鉴定人履行鉴定义务所支付的费用，"有由法律一定之者，有依于实价及实费者，有以裁判所之意见，而定之者"[1]，针对不同情况有不同的规范指引，民事诉讼鉴定费用方谓正当。其二，民事诉讼鉴定费用的给付、请求、负担等各个环节必须遵循统一的费用程序。例如，一般而言，鉴定费用的给付和负担必须遵循法律原则并按照法定方式实

---

[1]　［日］高木丰三：《日本民事诉讼法论纲》，陈与年译，中国政法大学出版社 2006 年版，第 232 页。

施，该行为才具有诉讼法之作用和意义，只有在法律授权或未禁止的状况下才能采取变通的方式。又如，鉴定人行使鉴定费用请求权须按照法律规定的方式和要求完成相应的鉴定义务，否则就会丧失有关权利甚至需要担负起对应的责任。只有这样，才能保证民事诉讼鉴定费用中的各方主体各归其位，相应的权利得到切实的保障，义务能够尽职地履行，各个环节既合法又合理。

（二）公法性

民事诉讼鉴定费用的公法性体现于民事诉讼鉴定费用的给付、请求、负担等全过程均应以法院为主导。法院主导民事诉讼鉴定费用是源于法院在民事司法鉴定活动中所享有的支配性地位。大陆法系的国家和地区关于民事司法鉴定制度的诸多规定都强调了这一点，例如，法院认为有必要鉴定时可以依职权要求鉴定人履行鉴定义务，① 法院可以指派鉴定人②，等等。最终，法官还具有采信鉴定意见的自由裁量权，鉴定人出具的鉴定意见不是理所当然地被接受，而是由法官在自由心证的范畴之内独立作出判断而不受其局限。与此同理，关于民事诉讼鉴定费用的相关问题，如鉴定费用的数额、给付的程序、负担的方式、鉴定费用请求权的司法确认等问题，都应在法律法规的框架内由法院作出要求或作出裁决，本书将在以下章节中一一予以剖析。

两大法系中，都有关于法院主导民事诉讼鉴定费用的明确规定。大陆法系中，原则上只有民事司法鉴定才能受到国库偿付，"私鉴定"费用受偿的要求十分严格，如德国要求"只有在由于具体争议而委托进行鉴定并且当事人尽管有律师代理但不借助鉴定就不能恰当地准备、陈述诉讼资料、对对方的陈述进行辩护或者执行法院的命令时，私人鉴定费用才应当偿付"③。事实上，英美法系

---

① 参见德国民诉法第 144 条、我国台湾地区"民诉法"第 288 条、我国《民事诉讼法》第 76 条等。

② 参见德国民诉法第 404 条、日本民诉法第 213 条、我国台湾地区"民诉法"第 326 条、我国《民事诉讼法》第 76 条等。

③ ［德］罗森贝克、施瓦布、戈特瓦尔德：《德国民事诉讼法》，李大雪译，中国法制出版社 2007 年版，第 600 页。

也强调法院对民事诉讼鉴定费用的主导权，并通过对民事诉讼鉴定费用的限制这一重要经济调节手段来约束当事人对专家证人的运用。例如，英国规定法院可对民事诉讼鉴定费用的给付作出指令，不论胜诉与否可责令专家费用不被补偿，并且，对于负连带责任的各专家证人指示方当事人，法院可以"限制希望依赖鉴定结论的当事人可能向其他方当事人收取专家证人费用的金额"，也可以"在专家证人接受当事人指示之前，限制向专家证人支付的费用金额，以及责令指示方当事人向法庭支付上述金额"。①

民事诉讼鉴定费用的公法性还体现于民事诉讼鉴定费用的程序性上。司法活动具有"被动性"，若没有当事人主动提起诉讼，法院就不会对案件事实进行审查，也不会以司法鉴定开展证据调查，则诉讼程序的开启是司法鉴定启动的前置条件。民事司法鉴定被启动后，其成为该案诉讼程序的环节之一。司法鉴定作为一项证据调查方法，内含为获取某种东西或达到某种目的而实施的手段与行为之本意，具有过程性和方法性。存在于民事诉讼程序之内的民事司法鉴定的费用问题，不仅涉及费用范围和费用标准，更涉及收费方式、收费规则、收费路径等费用程序，本质上是一个程序性问题。因此，探讨民事诉讼鉴定费用，既应关注其费用范围和费用标准，更要从其费用程序上展开。

（三）补偿性

民事诉讼鉴定费用的补偿性是民事诉讼鉴定费用的主要功能，其包含法院对鉴定人开支的补偿和当事人对法院司法资源的补偿两个方面。对于鉴定人而言，民事诉讼鉴定费用的补偿性意味着，通过鉴定费用的支付可以弥补鉴定人履行鉴定义务之花费，使鉴定人的经济利益恢复到原有水平。民事诉讼鉴定费用的补偿性，强调民事诉讼鉴定费用原则上是对鉴定人实施鉴定而实际发生的各项支出的对价补偿，该开支是真实的而不是估算的，其补偿是对等的而非

---

① 参见徐昕：《英国民事诉讼与民事司法改革》，中国政法大学出版社2002年版，第352~353页。

虚高或者虚低。作为例外的是，由于鉴定人履行鉴定义务的必备条件和最主要消耗是其特殊的经验、智识或技能，所以鉴定人还有获取鉴定报酬的权利。① 民事诉讼鉴定费用的补偿性，还强调费用项目和费用标准的必要性和合理性，非必要项目、无法定理由或正当情势而超出适当标准的开支不应属于补偿的范围。

对于法院而言，民事诉讼鉴定费用的补偿性意味着，通过鉴定费用的负担可以弥补国家为当事人解决私权纠纷而运用司法鉴定这一证据调查方法之消耗，尽可能使国家的司法资源恢复至原有状况。民事诉讼中，当事人请求法院代表国家行使审判权为其解决私益冲突，而不得不消耗有限的司法资源，对此当事人应以经济补偿方式予以回报，尤其是在国家财政还无法完全负担所有诉讼成本的情形下，当事人所进行的这种补偿性交费是十分必要的。循此而言，当事人的经济补偿是为了确保法院代表国家行使审判权的行为质量以及诉讼效果不会因其消耗的司法资源而受到消减，且能够保障其余纳税者在未来诉诸法院的时候可以享有与之前同样的司法服务。若被消耗的司法资源不被合理补偿，将在客观上侵占该诉讼之外的其他诉讼参与人获得司法救济的权利。② 从这个意义上来说，当事人所负担的民事诉讼鉴定费用是具有补偿性的费用，其实质是最终负担鉴定费用的当事人对于该诉讼之外的其他诉讼参与人所需司法资源的合理性补偿，以此来实现通过费用负担保障诉权的价值。

---

① 　根据德国《司法收费和补偿法》第 8 条第 1 款对民事诉讼鉴定费用的原则性规定，鉴定人可受偿的项目有 " 1. 服务报酬（第 9 条~第 11 条）2. 交通费补偿（第 5 条）3. 开销补偿（第 6 条）以及 4. 其他开支补偿和特殊开支补偿"。从字面上即可知，对于鉴定人履行出庭义务的交通费、开销费以及履行陈述义务的相关费用的支付，是带有补偿性的。并且，鉴定报酬也是民事诉讼鉴定费用的必要内容之一。

② 　刘金华：《民事诉讼法专题研究》，中国政法大学出版社 2014 年版，第 229 页。

第二节　民事诉讼鉴定费用的性质

明确民事诉讼鉴定费用的法律性质，是正确构建民事诉讼鉴定费用制度的理论条件和根本要求。关于民事诉讼鉴定费用的法律性质，学界观点千差万别，有的学者认为，鉴定费用属于诉讼费用;[①] 有的学者认为，鉴定费用是民事委托费用;[②] 还有的学者认为，鉴定费用是当事人的一种损失。[③] 学界观点直接反映了我国现行制度、司法实践对民事诉讼鉴定费用的法律性质的界定不清。这种不当认知，导致现行制度存在规则不明、内容不全、表述不严谨、规定不合理等问题，进而引发民事司法实践中鉴定费用问题更加复杂多样，费用较高而缺乏标准、收费方式随意性大、现行制度形同虚设、相关权利无法实现等矛盾凸显，致使民事司法鉴定的应有机能或多或少被削弱甚至是被阻碍而无法完全实现。要想理顺这些问题，必须找到问题的根源，即从民事司法鉴定的证据调查属性出发，正视民事诉讼鉴定费用的法律性质，这是科学构建民事诉讼鉴定费用制度的逻辑起点，也是其不可或缺的前提条件。

一、民事诉讼鉴定费用的证据调查费用属性

（一）民事诉讼鉴定费用是鉴定人履行公法义务的费用

厘清民事诉讼鉴定费用的法律性质，需要将其放回民事司法鉴

---

① 有学者认为，当事人在诉讼中必然发生的费用，如鉴定费、公告费、勘验费、翻译费等均应当作为诉讼费用。参见范少恒:《民事诉讼中司法鉴定费负担问题探讨》，载《山东审判》2016 年第 3 期。

② 有学者认为，因鉴定人与委托人之间形成的是民事权利义务关系，则鉴定费用是民事委托费用。参见熊秋红:《我国司法鉴定体制之重构》，载《法商研究》2004 年第 3 期;拜荣静:《涉讼司法鉴定收费制度的检视与重构》，载《证据科学》2012 年第 3 期。

③ 有学者认为，司法鉴定费是当事人因陷入诉讼麻烦后为了推进诉讼程序而产生的直接损失。参见张文慧:《论我国民事诉讼司法鉴定费的分配》，山东大学 2016 年硕士学位论文。

定这一证据调查方法之中进行分析。诉讼法意义上的证据调查方法是指，法院在法定证据中获取证据资料以判断案件事实的过程和程序。在民事诉讼中，当案件事实涉及法官通常无法掌握的专门性知识时，法律规定通过鉴定人出具的鉴定意见呈现专业化结论，供法官参考判断，借此保障法官裁判的客观性、准确性和真实性，因此，鉴定人实施鉴定的行为具有协助法官进行证据调查的作用。

在证据调查过程中，民事司法鉴定的法官和鉴定人有着不同立场。法官是国家公权力的代表方和行使者，鉴定人是拥有特殊经验、智识或技能的协助者；法官以公权力授权鉴定人协助其开展证据调查，鉴定人接受公权力的委托协助法院进行证据调查而负有公法上的协力义务。循此而言，法院才是真正意义上的证据调查的行为实施主体以及相关程序的主导方，其深层次原因是我国的民事诉讼模式及其构造具有明显的职权主义色彩。由法院主导民事诉讼之证据调查不仅适用于书证、物证等物的证据调查方法，同样适用于证人等人的证据调查方法。鉴定亦是如此，鉴定意见的陈述、鉴定人的出庭等均是遵照法院所推进的证据调查程序的节奏进行，鉴定的启动权、鉴定人的选任权以及采信鉴定意见的自由裁量权均最终由法院掌控，鉴定人只是协助法官开展证据调查，以弥补法官判断能力之不足。

基于这种公法上的委托，鉴定人所履行的鉴定义务是公法义务，[①] 无论是鉴定人的陈述义务还是出庭义务皆是如此，且是"为确保裁判真实这一司法上的利益而设，以法院为相对人的诉讼法上的义务"[②]。相应地，鉴定人履行鉴定义务需要花费劳动成本、物质成本和经济成本，这些成本是用于协助法官开展证据调查的支出，成为了民事诉讼鉴定费用的基础部分。即民事诉讼鉴定费用是

---

① 既然鉴定人所负是公法义务，那么法院对鉴定人的委托绝非私法意义上的民事委托，其实质是法定义务，法院有权指导、督促和责令鉴定人。

② 参见［日］中野贞一郎、松浦馨、铃木正裕：《新民事诉讼法讲义》，有斐阁 2004 年版，第 311 页。转引自占善刚：《鉴定人出庭作证费用的补偿方式及具体路径》，载《烟台大学学报（哲学社会科学版）》2016 年第 4 期。

鉴定人向法院履行具有公法属性的鉴定义务时所产生的费用，实质上是用于证据调查的费用。

（二）民事诉讼鉴定费用是鉴定人履行公法义务的必要对价

根据权利义务相一致原则，法院委托鉴定人协助证据调查，作为换取鉴定人协助的代价，理应为鉴定人实施民事司法鉴定的开支付费。或者也可以说，鉴定人受托履行了公法上的陈述义务、出庭义务等鉴定义务后，相应地就能享有请求补偿实施鉴定的所有支出的权利。因鉴定人的鉴定义务是以法院为相对人的公法义务，所以鉴定人的鉴定费用请求权也是以法院为相对人。又者，鉴于公法的强制性和严肃性，基于公法义务的鉴定费用的给付也应符合必要原则和对等原则。必要原则是指鉴定费用的给付是合法必要的，既要严格遵循法律规定又要合乎鉴定人履行鉴定义务的必然要求。[1] 对等原则是指鉴定费用的给付是公平平等的，应与鉴定人协助证据调查所履行的义务内容及其开支相符。所以，法院向鉴定人给付的民事诉讼鉴定费用是对鉴定人向法院履行鉴定义务的必要的、对等的偿付。因鉴定人履行鉴定义务是协助法院开展证据调查，而具有证据调查费用属性。

如此，鉴定人在履行鉴定义务的过程中与委托法院形成公法上的法律关系。[2] 鉴定人和法院之间的权利义务关系表现为：鉴定人必须按照法定要求向法院履行鉴定义务，其后享有以法院为相对方的鉴定费用请求权；法院必须按照法定要求向鉴定人完成鉴定费用的给付。相关义务的履行和权利的行使应适用公法的要求，而不能适用雇佣合同或承揽合同的规定。法院和鉴定人的权利义务皆由法律直接规定，且双方所负义务具有强制性，不能随意变通，亦禁止

---

[1]　大陆法系关于民事诉讼鉴定费用的相关规定均强调鉴定费用的必要原则。例如，德国《司法收费和补偿法》第 7 条第 1 款明确规定鉴定费用是"法律明文规定的必要开支"或"其他必要费用"。又如，日本《关于民事诉讼费用等的法律》第 18 条第 2 款规定鉴定人可以接受在鉴定时"必要费用的支付或偿还"。

[2]　Vgl. Zimmerman, Müncher Kommentar zur zpo, §413 Rn. 2, 2012, 4Aufl.

无故不履行。任何一方对义务的违反，都会产生公法上的效果。当鉴定人未履行或未完全履行鉴定义务时，将面临公法上的制裁，其被追究的责任不是民事责任，而是依法予以拘传、罚款和通报批评等制裁措施。

二、民事诉讼鉴定费用的诉讼费用属性

（一）民事诉讼鉴定费用属于诉讼费用

民事诉讼是解决当事人私益冲突的诉讼程序。当权利享有者的民事权利被侵害，但在法律允许的范围内无法通过协商、调解、自助等更为灵活直接的自助行为进行私力救济时，其会转而向法院提起民事诉讼以寻求公力救济。因此，民事诉讼的本质是当事人为解决私权利纠纷提请法院代表国家行使审判权予以裁判的程序。根据权利义务相一致原则，当事人要求法院为其解决私权利纠纷，就必须交纳相应的民事诉讼费用。又因，民事诉讼无关于国家利益或公共利益，"由于诉讼最初是为当事人的利益而进行的，即是社会法治国家也要对法院的使用收取费用"[1]。若让所有纳税人共同为当事人自身私权利纠纷的解决负担民事诉讼费用，显然有失公允。

对此，世界各国民事诉讼秉持"不告不理"和"有偿主义"原则，即原则上不主动干涉私权利纠纷，且对于已提起诉讼的私权利纠纷原则上要求当事人预交和负担一定的民事诉讼费用。至于国家与当事人分别对于民事诉讼费用的负担比例，取决于各国的诉讼结构，[2] 还与一国的经济实力、社会条件等多种因素相关。这样，既可以通过民事诉讼费用相关规则提醒欲起诉或者上诉的当事人将

---

[1] ［德］罗森贝克、施瓦布、戈特瓦尔德：《德国民事诉讼法》，李大雪译，中国法制出版社 2007 年版，第 576 页。

[2] 相较而言，英美法系的国家对于民事诉讼费用的负担更多，如美国让国家和各州负担绝大部分的诉讼成本，当事人负担的民事诉讼费用仅具有象征意义；而大陆法系认为民事诉讼的获益者主要是纠纷当事人，当事人应承担更多的诉讼成本。参见廖永安：《民事诉讼理论探索与程序整合》，中国法制出版社 2005 年版，第 205 页。

来败诉的法律后果，藉以预防当事人随意发起诉讼的效果，① 也可以通过民事诉讼费用的收取降低国家财政支出以减轻纳税者的负担。② 从民事诉讼费用的负担比例看，我国现行做法可以归纳为"全部成本收回型"。③ 因此，在我国，法院代表国家行使审判权为当事人解决私权利纠纷，当事人则须向法院预交和负担相应的民事诉讼费用，当事人与受诉法院之间形成公法上的裁判关系。④

民事诉讼鉴定费用是法院用于证据调查的费用，也属于民事诉讼费用的一部分。因此，民事诉讼鉴定费用具有诉讼费用属性。循此而言，民事司法鉴定在当事人提起解决私权利纠纷的民事诉讼中起到证据调查的作用，民事诉讼鉴定费用理应作为民事诉讼费用的一部分由当事人预交和负担。大陆法系国家大多将民事诉讼鉴定费用归为民事诉讼费用的范畴，例如，德国的民事诉讼费用包括使用法院时的庭内费用（法院费用）和庭外费用，法院费用又包括案件受理费以及涵盖"鉴定人的补偿"的垫款。⑤ 又如，根据《法

---

① 参见杨建华主编：《海峡两岸民事程序法论》，台湾月旦出版社股份有限公司 1997 年版，第 148 页；陈计男：《民事诉讼法论》（下），台湾三民书局 2002 年版，第 137 页。

② 民事诉讼费用所具有的税费性质是指，民事诉讼费用既可以增加国家财政收入，又带有调节社会行为的功能，即可抑制滥诉行为。参见柴发邦主编：《体制改革与完善诉讼制度》，中国人民公安大学出版社 1991 年版，第 84 页。

③ 在国家与当事人分别对于民事诉讼费用的负担比例上，审判成本可以被划分为免费型（free access）和全部成本回收型（full cost recovery），分别代表诉讼免费与当事人完全负担诉讼成本两种诉讼费用类型。参见王福华：《论民事司法成本的分担》，载《中国社会科学》2016 年第 2 期。

④ 民事诉讼费用所具有的国家规费性质，也体现出当事人与国家的公法关系，即负担诉讼费用是当事人对国家所负的公法义务，若当事人不履行该义务则国家也无审判义务，当事人诉权的行使会受到阻碍。参见肖建国：《论民事诉讼费用的性质及其征收标准》，载陈光中主编：《依法治国 司法公正——诉讼法理论与实践（一九九九年卷·上海）》，上海社会科学院出版社 2000 年版，【法宝引证码】CLI. A. 026899。

⑤ 参见廖永安：《诉讼费用研究——以当事人诉权保护为分析视角》，中国政法大学出版社 2006 年版，第 259~260 页。

国民事诉讼法》第 695 条的规定，与诉讼、文书及执行程序有关的费用包括"鉴定人员的报酬"。①

如此，民事司法鉴定中，当事人和法院之间的权利义务关系表现为：当事人由法院代其解决私权利纠纷而负有民事诉讼费用负担义务，必须预交和负担包括民事诉讼鉴定费用在内的民事诉讼费用；受诉法院负有依法采取包括鉴定在内的证据调查方法，以公正裁决当事人之间私权利纠纷的义务。

（二）民事诉讼鉴定费用属于裁判费以外的其他诉讼费用

世界各国大多将民事诉讼费用区分为裁判费用和裁判费用以外的其他费用。裁判费用是指，当事人提起诉讼或相关申请时向法院交付的有关费用，如案件受理费、申请强制执行的费用等。通常认为裁判费用是当事人为国家行使审判权所支付的酬劳或者说是受益者利用国家司法程序的负担金。② 裁判费用以外的其他费用是指，诉讼过程中法院实际支出的应由当事人负担的费用，如公告送达费用、翻译人员的报酬、证人出庭费等。征诸大陆法系的相关规定，主要包括法院开展证据调查和进行送达等具体行为时需要支付的有关费用。③ 民事司法鉴定属于法定的证据调查方法之一，法院委托鉴定人实施鉴定所产生的全部费用理应归为裁判费用以外的其他诉讼费用范畴。

从费用性质而言，同属于民事诉讼费用的裁判费用和裁判费用以外的其他诉讼费用又有所差异性。前者具有国家规费或税金的性

---

① 参见张卫平、陈刚：《法国民事诉讼法导论》，中国政法大学出版社 1997 年版，第 157 页。

② 参见杨建华：《民事诉讼法要论》，北京大学出版社 2013 年版，第 106 页；占善刚：《民事诉讼鉴定费用的定性分析》，载《法学》2015 年第 8 期。

③ 参见德国《法院费用法》第 11 条、日本《关于民事诉讼费用的法律》第 11~13 条之二、我国台湾地区"民事诉讼费用法"第 23~28 条。德国实行律师强制代理，将律师的报酬也归入裁判费用以外的其他诉讼费用。

质，由法院收取后归入国家财政，而后者是对法院在民事诉讼程序
中实际开支的补偿，由法院收取后使用。[1] 但通常法院并非裁判费
用以外的其他诉讼费用的受付人，而法院将对向其履行公法义务的
相关人员进行偿付。例如，法院实行公告送达时，其收取的公告送
达费用将最终支付给负责公告送达的相关机构；法院聘请翻译人员
时，其收取的翻译费将最终支付给翻译人员。裁判费用以外的其他
诉讼费用的立法用语也可以说明这一点。例如，德国称之为
"Auslagen"，日本称之为"立替金"，这两者均可翻译成汉语里的
"垫付款"，[2] 意指需由当事人负担的法院支付给向其履行公法义
务的相关人员的必要费用。这也正印证了民事诉讼鉴定费用的另一
法律属性——证据调查费用属性，鉴定费用将由法院支付给履行了
鉴定义务的鉴定人，而最终由当事人负担。

第三节　民事诉讼鉴定费用的三方主体关系

　　通过对民事诉讼鉴定费用的双重法律属性予以阐明，法院与鉴
定人之间、法院与当事人之间的法律关系逐渐清晰。即从民事诉讼
鉴定费用的证据调查费用属性中可知，鉴定人和法院之间存在公法
上的委托关系；从民事诉讼鉴定费用的诉讼费用属性中可知，当事
人和法院之间存在公法上的裁判关系。那么，在民事司法鉴定中，
鉴定人与当事人之间的关系又如何呢？厘清民事诉讼鉴定费用中法
院、当事人、鉴定人三方主体的法律关系，使其得以清楚呈现，对
于更为准确地理解民事诉讼鉴定费用的法律性质，以及科学构建民
事诉讼鉴定费用的相关制度尤其是正确设置其费用程序，具有十分
重要的意义。

---

　　① 参见《中国大百科全书》编辑部：《中国大百科全书/法学》，中国大
百科全书出版社 1984 年版，第 567 页。
　　② 参见占善刚：《民事诉讼鉴定费用的定性分析》，载《法学》2015 年
第 8 期。此外关于裁判费用，德国《法院费用法》第 11 条中称之为
"Gebühren"，日本《关于民事诉讼费用的法律》第 3~10 条中称之为"手数
料"，我国台湾地区"民事诉讼费用法"第 2 条称之为"裁判费"。

在民事诉讼中，鉴定人所实施的民事司法鉴定必须经由法院委托，且鉴定人及其鉴定意见只对法院负责而不对任一方当事人负责，其完全不同于鉴定人受当事人自行委托的非"司法"性质的"私鉴定"。循此而言，鉴定人和当事人之间既没有公法上的义务亦没有私法上的合意，原则上鉴定人和当事人之间不存在任何直接的权利义务关系。① 需要注意的是，不能因为当事人预先交付或者最终负担民事诉讼鉴定费用，抑或因为在民事诉讼中当事人对鉴定的申请、对鉴定人的选任、对鉴定意见的发问和疑义等权利，抑或因为鉴定意见支持一方当事人的观点，就片面地断定鉴定人和当事人之间存在私法上的委托关系。

　　具言之，理由如下：其一，关于当事人预先交付或者最终负担民事诉讼鉴定费用。前文已清楚阐述，当事人预交或者负担民事诉

---

　　① 作为例外的是鉴定人的关照义务。不过，尽管各国对此有所规定，却因条件的严格限制而很少适用。例如，德国有学说认为，鉴定人应负有不侵害当事人法益的关照义务，若违反此项义务而出具错误的鉴定意见并致使法院作出错误裁判的，应对当事人承担侵权行为法上的损害赔偿责任。但由于如何认定鉴定人的错误鉴定与当事人的损害之间的因果关系非常困难，对此一直存在争议。2002 年 8 月 1 日《德国民法典》第 839 条之一新增了规定，将鉴定人的关照义务限定于因故意或者重大过失出具错误的鉴定意见的情形下，且该鉴定意见被法院采纳而作出错误裁判，则鉴定人需赔偿当事人之损失。参见 ［德］汉斯-约阿希姆·穆泽拉克：《德国民事诉讼法基础教程》，周翠译，中国政法大学出版社 2005 年版，第 260 页。又如，日本学说一般承认鉴定人在履行鉴定义务时负有不侵害当事人法益的关照义务，但基于鉴定意见须经法官依自由心证作出独立判断之考量，应当将鉴定意见的出具显著地违反了公序良俗，作为鉴定人对当事人的损害赔偿责任的条件。参见 ［日］中野贞一郎、松浦馨、铃木正裕：《新民事诉讼法讲义》（第 2 版），有斐阁 2004 年版，第 311 页。转引自占善刚：《证据协力义务之比较法研究》，中国社会科学出版社 2009 年版，第 209 页。我国也有学者认为，从《关于司法鉴定管理问题的决定》和《司法鉴定程序通则》的规定中不难发现，关于对错误鉴定责任的追究，强调以鉴定人因严重不负责任行为或因重大过错给当事人造成损失为条件，并以鉴定人在鉴定活动中是否有对注意义务的违反为前提。参见赵杰：《论司法鉴定人的注意义务》，载《中国司法鉴定》2010 年第 3 期。

讼鉴定费用，是当事人向法院所履行的负担义务，而鉴定人以法院为相对人履行鉴定义务，应向法院请求对应的偿付。因此，鉴定人和当事人不是鉴定费用的给付、请求和负担的相对方，当事人不应将鉴定费用直接支付给鉴定人。其二，关于当事人对鉴定的申请、对鉴定人的选任。以辩论主义为原则的民事诉讼中，为弱化法院的职权主义色彩而强化当事人的程序主体地位，当事人申请启动鉴定或双方当事人合意选择鉴定人受到允许。但这并不代表鉴定人实施鉴定是基于当事人的意思自治，当事人的申请或合意必须得到法院的批准才能实现，终归是法院决定了当事人意见的取舍，法院实际享有了民事司法鉴定的启动权、鉴定人的选任权等权利。① 鉴定人的回避制度亦可对此予以佐证。鉴定人是协助法官的公法义务人，为保证证据调查的准确和公正，应秉持中立性而尽可能客观、诚实地实施鉴定。为此，大陆法系的国家和地区都明确规定，鉴定人若存在法官回避事由时应当回避。② 因此，当事人对鉴定的申请、对鉴定人的选任的法律效果由法院主导，当事人的上述行为是以法院为相对方而与鉴定人无直接关系。其三，关于当事人对鉴定意见的发问、疑议等权利。为维护当事人所享有的关于证据的知情权和抗辩权，世界各国立法基本赋予了当事人参与证据调查的权利。具体到民事司法鉴定中，法院进行证据调查时会通知当事人到场，当庭宣读书面鉴定意见，或是若当事人申请或法院觉得有必要，还会要求鉴定人出庭说明鉴定意见的作出依据、原理等内容，经许可当事人及其诉讼代理人可以向鉴定人发问，并且当事人对鉴定意见还可以提出疑议以申请重新鉴定。然而需要明确的是，不论是当事人对鉴定人的发问还是对鉴定意见的疑议，都不能独立产生诉讼法上的效果，而仅仅是落实当事人参与证据调查的有关权利的方式，以此

①　参见我国《民事诉讼法》第76条，鉴定人可以由双方当事人合意确定。但这只是表明在法院指定之外可以由双方当事人合意产生鉴定人的人选。因此，不论哪种方式选任鉴定人，最终都是由法院决定是否对鉴定人委托。

②　参见德国民诉法第406条、日本民诉法第214条、我国台湾地区"民诉法"第331条、我国《民事诉讼法》第44条等。

来保障当事人在民事诉讼中的利益，以及方便法官更清楚地了解案件事实，最终的判断还是取决于法官的自由心证。因此，与当事人对鉴定人的选任同理，当事人对鉴定意见的发问和疑议的法律效果依然由法院主导，当事人的上述行为是以法院为相对方而与鉴定人无直接关系。其四，关于鉴定意见支持一方当事人的观点。当事人申请民事司法鉴定的初衷是为了证明自己的观点，事实上许多时候鉴定意见也确实证明了申请鉴定的当事人的观点乃至获得了法官的认可。但是，民事司法鉴定有利于一方当事人只是其协助法官查明事实真相的附随效果，① 也是证据共通原则②的应有之义，这并不能证明民事司法鉴定是帮助当事人获得胜诉的手段，是否采信鉴定意见取决于法官的自由心证，而不受当事人主张的约束。因此，鉴定意见支持一方当事人的观点，并不代表鉴定人与当事人之间存在民事委托关系或者其他私法关系。综上所述，民事诉讼鉴定费用中鉴定人与当事人之间不存在直接的关系。

　　一言以蔽之，在民事诉讼鉴定费用中，法院、当事人、鉴定人三方主体的权利义务关系是：法院和当事人之间存在公法上的裁判关系，法院对当事人负有裁判义务（包括证据调查义务），当事人对法院负有诉讼费用（包括鉴定费用）的预交和负担义务；法院和鉴定人之间存在公法上的委托关系，鉴定人对法院负有鉴定义务，并享有向法院请求受偿的鉴定费用请求权；当事人与鉴定人之间原则上不存在权利义务关系。因此，从民事诉讼鉴定费用的法律属性看，法院、当事人、鉴定人三方主体之间并没有形成俩俩互相联系、闭环的三角形协同，而应是以法院为衔接点和核心主体的背靠背式互动。（如图 1 所示）在这种背靠背式互动中，两种权利义务关系只能围绕审判权这一公权力展开，而没有其他直接交集，两

---

　　①　鉴定人不能与任一方当事人有利害关系，不得偏袒任一方当事人，这也是关于鉴定人中立性的要求。

　　②　证据共通原则具体到民事司法鉴定中，是指法官关于鉴定意见的证据调查结果既可成为申请鉴定的当事人所主张事实的证据资料，也可成为对方当事人所主张事实的证据资料。

种权利义务关系是民事诉讼鉴定费用的两大法律脉络，其通过当事人向法院履行鉴定费用的负担以实现鉴定人向法院履行公法义务的保障。本书将在第三章、第四章详细探讨以上两种权利义务关系及其相关规则，即民事诉讼鉴定费用的给付和负担、民事诉讼鉴定费用请求权及其规则。

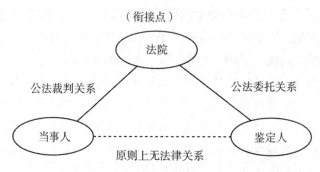

图 1　民事诉讼鉴定费用中三方主体的法律关系

第四节　民事诉讼鉴定费用的制度图谱

尽管为了有效规范和约束民事司法鉴定的收费，我国目前已在相关法律法规中对民事诉讼鉴定费用予以规制，诸多省市也都制定了相关的管理方法及费用标准。但是，民事诉讼鉴定费用问题依旧没有得到立法的足够重视，相关制度较为零散，制度层级普遍不高，体系化框架雏形仍未显现。分析民事诉讼鉴定费用的制度图谱，通过对民事诉讼鉴定费用的制度要素进行解构，对其主客观因素、制度因素和非制度因素进行多维度分析，有助于探寻民事诉讼鉴定费用的法律性质、费用构成和费用程序的应有之态。以此，深入探讨现行民事诉讼鉴定费用制度的突出问题和紧迫问题，提出明确的、有针对性的完善思路和改革路径，使最终的制度设计具有实效性和可操作性。

一、民事诉讼鉴定费用的制度要素

民事诉讼鉴定费用的制度要素应包含实体要素和程序要素两个方面。其实体要素决定了民事诉讼鉴定费用的数额大小，程序要素决定了民事诉讼鉴定费用的实现方式，这两个方面共同构成的制度图谱，从静态、动态两个角度，从是什么、为什么、怎么办三个层次，生动展现民事诉讼鉴定费用制度的系统性样貌。

（一）民事诉讼鉴定费用的实体要素

民事诉讼鉴定费用的组成部分、费用范围和费用标准，是民事诉讼鉴定费用的制度要素中的实体要素。为确保民事司法鉴定收费科学合理、公平公正，根据民事司法鉴定过程中的陈述义务（以及宣誓义务）、出庭义务，相应地将民事诉讼鉴定费用的内涵解构为鉴定实费、鉴定报酬、鉴定人出庭费三种费用后，还要进一步明确每个部分的费用范围和费用标准。

关于民事诉讼鉴定费用的组成部分，鉴定实费、鉴定报酬、鉴定人出庭费三者互为表里，缺一不可。作为证据调查方法，民事司法鉴定程序的运作不仅需要鉴定人借助鉴定所需的器材材料及方式方法，运用专门知识对专业性问题进行分析，从而得出鉴定意见，并向法官陈述鉴定意见；同时，为了让法官更准确地理解鉴定意见，在必要时还需要鉴定人当庭予以解释说明，并接受法官和当事人的询问。不论是调查分析，还是陈述意见抑或是出庭说明鉴定意见，鉴定人从事民事司法鉴定中任一行为目的都是为了协助受诉法院开展证据调查。因此，鉴定实费、鉴定报酬、鉴定人出庭费是民事诉讼鉴定费用不可或缺的三个组成部分。缺少三者中任何一部分的费用支出，都会影响民事司法鉴定活动的有序开展，对三者性质的人为分割和错误混淆将会直接导致无法统一规范管理鉴定费用的收取，从而造成司法实践中鉴定乱收费、乱管理的现象。

关于三大组成部分的费用范围和费用标准，应予逐一甄别和设置，力求费用范围和费用标准设置的精细化。构建体系化、精细化

23

的费用制度，可促使达致理论与实践、体系与技术的逻辑自洽。[①]
从补偿目的看，鉴定实费、鉴定报酬、鉴定人出庭费三项费用代表
的意义并不同。鉴定实费是鉴定人履行陈述义务的辅材消耗等方面
的对价支付，鉴定报酬是鉴定人履行陈述义务的脑力时间等方面的
对价支付，而鉴定人出庭费是当事人对鉴定人出庭花费的交通费、
住宿费、生活费和误工补贴费等实际支出的负担。循此而言，鉴定
实费、鉴定报酬、鉴定人出庭费三项费用所对应的费用内容及项目
特征也并不相同。有的是有形的可以直接被量化，如辅材消耗、交
通费、住宿费等；而有的是无形的难以直接衡量，如脑力时间必须
结合不同行业的专业能力予以考量。有的在全国范围内差别不大，
如书写成本、复印成本等；而有的因不同区域差距明显，如生活
费、误工补贴费等。鉴于此，应对鉴定实费、鉴定报酬、鉴定人出
庭费三项费用逐一解析，分别列明当前民事司法实践中常见的主要
项目类别，并根据不同费用中不同项目的具体要求，制定相应的项
目标准。尽管这样无法完全覆盖或枚举所有的鉴定费用项目类别，
但也能最大程度地展现民事诉讼鉴定费用的实体要素状况，如此，
才能真正实现民事诉讼鉴定费用制度的体系化、精细化设置。

（二）民事诉讼鉴定费用的程序要素

民事诉讼鉴定费用的费用程序，是民事诉讼鉴定费用的制度要
素中的程序要素，具体是指关于给付、负担以及请求受偿民事诉讼
鉴定费用的相关规则。

在民事诉讼鉴定费用制度中，最能体现民事诉讼模式特征的，
正是关于鉴定费用的给付、负担以及请求的程序要素规定。[②] 在大
陆法系的职权主义模式下，法官在诉讼中处于主导支配地位，当事
人推动民事司法鉴定进程的作用和空间十分有限，因而，民事诉讼
鉴定费用的给付、负担以及请求规则所体现的是，国家和当事人通

[①] 参见廖永安、段明：《民事诉讼费用交纳标准的设定原理与完善建
议》，载《烟台大学学报（哲学社会科学版）》2017年第5期。

[②] 参见汤维建、李海尧：《〈诉讼费用法〉立法研究》，载《苏州大学
学报（哲学社会科学版）》2017年第3期。

过何种方式实现对民事司法鉴定成本的分担。然而，在英美法系的对抗式诉讼模式下，当事人主义色彩明显，当事人主导程度高，因而，民事诉讼鉴定费用的给付、负担以及请求规则既需要调整国家和当事人之间的关系，也需要调整当事人与鉴定人之间的关系。

根据民事诉讼鉴定费用之证据调查费用、诉讼费用的法律性质可知，鉴定费用的给付、负担以及请求应遵循民事诉讼费用制度的原则性规定。一方面，鉴定人对法院负有公法协力义务，具体表现为鉴定人负有向受诉法院陈述鉴定意见的义务与出庭说明鉴定意见的义务，与此相应，鉴定人则有权请求受诉法院给付鉴定费与鉴定人出庭费这两种费用。另一方面，基于当事人对法院的公法上之费用负担义务，两种费用均应由当事人预交和负担。可以发现，民事诉讼鉴定费用的程序要素涵盖了法院、当事人、鉴定人三方主体，给付路径、请求路径、负担路径三维路径，以及履行费用程序的条件要求、具体方式、时间限制等详细规则。具有不同法律地位的三方主体，必须在遵循民事司法鉴定相关程序要求的基础上，采取更为科学适当的方式方法，正确实现鉴定费用的三维路径，才能更好地兼顾民事诉讼鉴定费用的程序要素的合法性和合理性、公平性和高效性。

二、两大法系民事诉讼鉴定费用的制度评析

在民事诉讼领域，大陆法系和英美法系都将鉴定视为一种法定的证据调查方法。因此，两大法系对民事诉讼鉴定费用制度的看法有许多相似之处，例如，无论是英美法系还是大陆法系都认为鉴定人可以获得鉴定费用的补偿，并且负有相应的义务，即鉴定人负有认真履行陈述鉴定的义务以及必要时出庭作证的义务。如果鉴定人无正当理由拒不出庭时，除了法院不得采纳其鉴定意见，该鉴定人还应依法承担一定的经济赔偿，或行政处罚，或刑事责任等方面的不利后果。

尽管如此，征诸域外立法例，两大法系中以民事司法鉴定为逻辑起点对民事诉讼鉴定费用予以不同的内涵界定以及制度安排。具言之，从民事诉讼鉴定费用的法律性质看，在大陆法系中，鉴定是协助法官查明案件事实的证据调查方法，其对鉴定人的定位是"法院的鉴定人"，鉴定人作为"法官的辅助者"进行鉴定是为了履行公法义务，因而，鉴定费用是法院对鉴定人履行鉴定义务后的必要费用补偿。在英美法系中，鉴定是协助一方当事人证明案件事实的证据调查方法，其对鉴定人的定位是"当事人的鉴定人"，又称为专家证人，[1] 鉴定人进行鉴定是为了帮助当事人获得胜诉，因而，鉴定费用是当事人对鉴定人的鉴定酬劳。严格意义上说，大陆法系中的民事诉讼鉴定费用才是对民事司法鉴定所支付的费用，而英美法系中的民事诉讼鉴定费用是对民事诉讼中专家证人作证所支付的费用。

相应地，在民事诉讼鉴定费用的程序要素方面，虽然两大法系的鉴定费用最终都由当事人负担，但不同的是，大陆法系的民事诉讼鉴定费用实行国库给付主义，而英美法系的民事诉讼鉴定费用实行当事人直接给付主义。大陆法系一般规定国库负有向鉴定人给付鉴定费用的义务，鉴定费用请求权由鉴定人向国库行使。又者，大陆法系认为鉴定费用是应由当事人负担的"诉讼成本"亦称私人成本，所以当事人负有向国库给付鉴定费用的义务，即鉴定费用最终由当事人负担。对此，英美法系一般规定当事人负有向鉴定人给付鉴定费用并最终负担的义务，鉴定费用请求权由鉴定人直接向当事人行使。由此可见，两大法系之所以会对民事诉讼鉴定费用的认识相异，并就民事诉讼鉴定费用的给付和负担、请求等方面设置了不同的立法模式，是因为两大法系对民事司法鉴定的法律定位有所区别。

在民事诉讼鉴定费用的实体要素方面，源于这一因素的深刻影响，尽管两大法系均认为民事诉讼鉴定费用由鉴定实费、鉴定报酬、鉴定人出庭费三项费用构成，但关于费用补偿的具体范围及标准，大陆法系国家主要以明文规定为主，针对不同类别的鉴定费用项目分别作出具体且详细的规定，而英美法系国家主要以法官决定

---

[1]　参见杜志淳等：《司法鉴定法立法研究》，法律出版社 2011 年版，第 48 页。

为主。

　　还应当认识到，两大法系关于民事诉讼鉴定费用的不同定位和制度安排，根源于两大法系在民事诉讼模式及其构造上的深刻差异。在大陆法系中，与职权主义模式相适应，民事司法鉴定由法院主导，反映出非常强烈的职权色彩以及中立地位。大陆法系国家一般实行法院委托鉴定制度，极少情况下当事人才可以委托鉴定。鉴定人必须保持中立，当事人可以要求鉴定人回避。因此，大陆法系中的民事司法鉴定及其鉴定费用的法律定位和制定安排理应以代表国家行使审判权的法院为中心。在英美法系中，对抗式诉讼模式下的鉴定基本受当事人主导，反映出明显的当事人主义色彩。英美法系国家的鉴定启动权掌握在双方当事人手中，主要由当事人聘用鉴定人。[1] 其将鉴定人归于证人，将鉴定意见类比于证人证言予以规制，而无需苛求完全公正。[2] 因此，英美法系中的当事人与民事诉讼中的鉴定及其鉴定费用密切相关。

　　以大陆法系和英美法系的上述情况为对照，可以发现，我国民事司法鉴定制度更接近于大陆法系的司法鉴定制度，而有别于英美法系的专家证人制度。主要理由如下：一是，从制度延承看，我国立法受大陆法系影响深刻，无论是民事司法鉴定制度本身还是支撑该制度的法律逻辑，均保有大陆法系的传统特征。二是，从制度安排看，我国注重法院对民事司法鉴定程序的掌控，将鉴定运用于法官查明事实真相，并针对鉴定人的中立原则设置了保障和督促措施，这都与大陆法系的民事司法鉴定制度相类似。三是，从证据形式看，鉴定意见作为法定证据种类之一，是一种独立性的证据，这

---

　　[1]　虽然根据英美法系国家的立法规定，法庭可以任命专家证人，但基于诉讼模式、司法公正、诉讼成本等因素的考虑，实践中这种现象并不常见。参见易延友：《证据法的体系与精神——以英美法为特别参照》，北京大学出版社2010年版，第206~208页。

　　[2]　尽管如此，随着当事人滥用专家证据的现象日益普遍，以及专家证据出现失真的问题愈发凸显，英美法系国家逐渐探索并限制当事人的鉴定人选任权，并强调鉴定人的客观中立性，要求其对相关事项作出全面、完整的结论，尽力避免在诉讼过程中扮演律师的角色。参见齐树洁：《英国证据法》，厦门大学出版社2014年版，第350~353页。

也是大陆法系的民事司法鉴定制度的显著特征。综合观之，以德国、日本和我国台湾地区为代表的大陆法系国家和地区对于民事司法鉴定的制度安排与我国更为契合，宜为我国适当借鉴。

从两大法系的民事诉讼鉴定费用的对比分析中还可以发现，民事诉讼模式及其构造将直接决定民事司法鉴定、民事诉讼鉴定费用的法律定位和立法模式，对民事诉讼鉴定费用的探讨必须围绕一国的民事诉讼模式及其构造。因此，本书关于民事司法鉴定的界定、民事诉讼鉴定费用内涵和特征的阐述均是以我国的民事诉讼模式及其特质为基础。循此而言，鉴于我国民事诉讼模式及其构造的特点，下文对民事诉讼鉴定费用的解析和评述，将主要以大陆法系的司法鉴定制度及其诉讼理念为参照标准，并结合英美法系的专家证人制度进行比对，力求理清和回归我国民事司法鉴定制度的应有定位和法律本源。

三、我国民事诉讼鉴定费用的制度解析

在我国，司法鉴定收费经历了一个从无到有的形成发展过程。20 世纪 50 年代至 70 年代末期，我国的司法鉴定职能内设于公检法等国家机关中，鉴定形式主要是内部鉴定，因而不存在司法鉴定费用问题。80 年代初期，我国重建司法行政机关，重建司法部司法鉴定科学技术研究所，主要用于开展关于司法鉴定的技术研究和科学研究，且少数情况下会从事公检法委托的鉴定事项，又者，当其极少涉及来自社会委托的司法鉴定之时，会仅仅收取一定的成本费用。时至 90 年代初期，随着我国上海、重庆等地区的法院恢复收取诉讼费用，司法系统中的法院、法医学会（公安）开始设置内部鉴定部门，① 并依据地方所规定的费用标准逐渐收取鉴定费用。根据 1998 年国务院《司法职能配置、内设机构和人员编制规

---

① 公检法各部门为保证侦查、检察、审判活动的顺利进行，分别设置了与本单位职能相适应的鉴定部门。但这种"自侦自鉴""自检自鉴""自审自鉴"的形式由于缺乏必要的制约和监督，难以有效地避免行政干预和人情鉴定，而致使鉴定结论有违诉讼原则和司法公正，同时也会降低司法鉴定的权威性。

定》，司法行政机关开始"指导面向社会服务的司法鉴定工作"，司法系统中的鉴定部门开始面向社会开展司法鉴定服务。① 其后，随着诉讼中当事人越来越多的鉴定需求，社会机构中的鉴定人②出

---

① 参见朱淳良：《司法鉴定收费管理访谈——访上海市司法局司法鉴定管理处李柏勤处长》，载《中国司法鉴定》2007年第4期。

② 本书中，除了在我国现行制度的原文中仍然使用"鉴定机构"这一提法，为叙述方便也为实现民事诉讼鉴定费用中权利义务主体的归一，将鉴定机构与鉴定人视为同一主体而统称为"鉴定人"。原因如下：第一，以"鉴定人"为统一的研究主体，有助于将我国制度与域外制度进行比较研究。我国的司法鉴定体制中存在鉴定机构和鉴定人双重主体，但该鉴定机构不同于其他国家和地区的鉴定机构。大陆法系和英美法系国家和地区的鉴定机构主要是政府投资的公益性机构，私立的鉴定机构一般只涉及文件检验等个别领域而作为公立的鉴定机构的补充；而我国大量的鉴定机构都是私立的社会机构，这两者的机构设置、运行机制、管理模式等方面显然不同。参见杜志淳等：《司法鉴定法立法研究》，法律出版社2011年版，第77~82页。第二，以"鉴定人"为统一的研究主体，可以实现民事诉讼鉴定费用所对应的权利享有者和义务承担者的归一。我国民事司法鉴定中，一般认为民事诉讼鉴定费用的受偿主体和对外责任主体为鉴定机构，如《司法鉴定机构登记管理办法》第39条第7项意指由鉴定机构收费，而鉴定人受偿于鉴定机构之中，如《司法鉴定人管理登记办法》明确指出鉴定人可获取合法报酬。然而事实上，是由鉴定人接受法院委托实施鉴定行为并出具鉴定意见，即民事司法鉴定的义务主体是鉴定人，这是毋庸置疑的。尽管民事司法实践中，鉴定人在将鉴定意见提交给法院之前，需要在鉴定机构盖章备案，但鉴定人依旧是鉴定意见的直接责任主体。民事诉讼立法也明确肯定了这一事实，2012年《民事诉讼法》第76条第2款规定法院"应当委托具备资格的鉴定人进行鉴定"，这是对2007年《民事诉讼法》第72条所规定的法院"应当交由法定鉴定部门鉴定；没有法定鉴定部门的，由人民法院指定的鉴定部门鉴定"的修正，将"鉴定部门"改为"鉴定人"的做法代表了立法者对鉴定人法律地位的认可。因此，从理论上说，根据权利义务相一致原则，鉴定人既然是履行鉴定义务的主体就应当是得到费用补偿的主体。而鉴定机构主要起到的是鉴定费用的费用审核、费用管理、费用手续办理的作用。当然，以鉴定机构为民事诉讼鉴定费用的受偿主体还源于我国司法鉴定体制的历史渊源、体制特征、司法鉴定管理的现实需要等原因，因不是本书主题便不在此继续深入分析。

现，司法鉴定费用问题进入市场化视野。

司法鉴定体制机制的发展演变对于民事诉讼鉴定费用的意义尤为深远。2005 年全国人大通过了《关于司法鉴定管理问题的决定》，对原来的司法鉴定体制进行了重大改革，规定法院和司法行政机关不得内设鉴定部门，检法为侦查工作内设的鉴定部门不再面向社会服务，同时肯定了社会机构中的鉴定人的法律地位。以此为界，司法鉴定开始走上社会化、中介化、行业化的道路。① 相较于刑事诉讼领域中原则上鉴定费用由国家负担的法定负担方式，以及司法实践中较为罕见的行政诉讼鉴定费用，民事诉讼鉴定费用普遍采取由鉴定人收取、由当事人负担的方式。民事诉讼领域的司法鉴定服务完全由社会机构中的鉴定人提供。鉴于民事诉讼鉴定费用的受偿方是市场中的经济个体，鉴定人不可避免地会对鉴定收费存有市场化期许，民事司法鉴定的收费及其管理也难免不受到市场经济的影响。随之，民事诉讼鉴定费用的收费标准和收费方式也变得更为复杂多样。

目前，我国民事诉讼鉴定费用制度的基本情况是，没有关于民事诉讼鉴定费用制度的统一立法或专门规定，各种规则散见于不同制定主体、不同制度层级的法律法规中。（详见表 1）严格意义上来说，涉及民事诉讼鉴定费用的法律只有 2 项，即《民事诉讼法》和《关于司法鉴定管理问题的决定》。在相当长的时期内，民事诉

---

① 中国的司法鉴定行业本身就是一个复合型的行业，行业化发展前景面临多元难题。一是，司法鉴定行业涉及双重主体，具有主体上的复杂性；二是，司法鉴定行业既属于社会中介服务行业，又具备协助行使司法权的职能，受到司法行政部门和法院的双重监管，因而其登记管理与委托使用存在"两张皮"现象，具有监管上的复杂性；三是，司法鉴定行业涉及门类较多，不同类别之间的业务需求、项目特点、技术要求差异较大，具有门类上的复杂性；四是，由于国家层面上关于司法鉴定行业的相关机制不够完善，全国各地的相关规定和发展状况并不均衡，带有明显的区域色彩，具有区域上的复杂性。

讼司法解释对此很少涉及，直至 2020 年 5 月新修订的《民事证据规定》① 开始施行，这一状况才得到很大改变。从具体条款比例上看，修订后的《民事证据规定》成为民事诉讼鉴定费用制度的主要规则来源，这也进一步印证了民事司法鉴定在当前审判实务中得到了更积极的应用以及更广泛的关注。具言之，修订后的《民事证据规定》有 8 条共 18 次直接提及鉴定费用事宜，② 涉及费用标准、给付规则、负担方式、请求权行使等多个方面，其中不乏新的鉴定费用程序要素及首创性的规定。2020 年 12 月，司法部公共法律服务管理局又印发了《司法鉴定与法律援助工作衔接管理办法（试行）》。这是首部关于司法鉴定费用的专项管理办法，对于进一步规范和促进鉴定费用的减免，理顺鉴定费用的减免与法律援助核报费用的衔接机制，着力维护困难群众合法权益，保障社会公平正义具有重要意义。

表 1　　　　　　我国民事诉讼鉴定费用的相关制度

法律文件名称	颁布单位	最新版时间	具体条款
《民事诉讼法》	全国人大常委会	2017.7	第 78 条
《关于司法鉴定管理问题的决定》	全国人大常委会	2015.4	第 15 条

---

①　原《民事证据规定》自 2002 年 4 月颁布，已实施 18 年，其间历经《民事诉讼法》的三次修改以及《民诉法解释》的出台，很多规则已明显滞后于民事司法实践和社会发展。为此，最高人民法院根据"四五改革纲要"关于"贯彻证据裁判规则、完善民事诉讼证明规则"的要求，历时 4 年，对原有制度进行了全面修订。修订后的《民事证据规定》共 100 条，仅完全保留原制度中的 11 条，并修改条文 41 条、新增条文 47 条。此次修订幅度较大，亮点纷呈，其中部分规定是针对民事司法实践中的新问题新热点进行的修订，也包含关于民事司法鉴定的新提法新规则，有的甚至是我国现有法律法规体系中的首次规定。

②　新修订的《民事证据规定》中，共有 15 条对民事司法鉴定作出规定，其中涉及民事诉讼鉴定费用的有 8 条，已是过半，充分说明民事司法鉴定收费问题是司法实践中亟待解决的痛点难点。

续表

法律文件名称	颁布单位	最新版时间	具体条款
《民事证据规定》	最高人民法院	2020.5	第31条、第33条、第35条、第38条、第39条、第40条、第42条、第81条
《诉讼费用交纳办法》	国务院	2007.4	第6条、第11条、第12条
《司法鉴定人登记管理办法》	司法部	2005.9	第21条
《司法鉴定机构登记管理办法》	司法部	2005.9	第39条
《司法鉴定程序通则》	司法部	2007.10	第8条、第16条、第29条、第44条
《司法鉴定与法律援助工作衔接管理办法（试行）》	司法部公共法律服务局	2020.12	第2条至第8条

鉴于诸多的民事诉讼鉴定费用制度依据分别来源于现行法律、司法解释以及行政法规、部门规章、地方性规章乃至地方制定的各种规范性文件。因此，本书关于我国民事诉讼鉴定费用的制度解析，将不局限于全国人大及其常委会制定的狭义立法，而是尽可能地梳理包含法律、司法解释、行政法规和部门规章，乃至地方性法规、地方政府规章、行业规范等最广义层面的立法背景，全面分析我国民事诉讼鉴定费用的制度情况。

（一）关于民事诉讼鉴定费用的费用范围和费用标准

国家层面上，民事诉讼鉴定费用的费用范围和费用标准没有单独规定，主要的制度渊源包括：（1）《关于司法鉴定管理问题的决定》第15条规定，"司法鉴定的收费标准由省、自治区、直辖市

人民政府价格主管部门会同同级司法行政部门制定"。其后，2015
年6月，根据国务院关于价格管理体制改革、关于司法鉴定管理体
制改革的总体部署要求，国家发改委、司法部将司法鉴定收费定价
权限从中央部委下放到省级政府相关部门，并要求各地尽快制定出
台本地的司法鉴定收费标准。① 2017年3月，司法部办公厅出台
《关于进一步加强司法鉴定收费管理的通知》，明确要求各地区在
制定鉴定费用标准时，以《司法部办公厅关于做好司法鉴定收费
标准制定相关工作的通知》的相关规定为依据，根据该地区的经
济社会发展水平，并综合考量鉴定成本、鉴定难易程度等多种因
素，制定合理、科学的鉴定费用标准。据此，鉴定费用主要采用
按项目收费的形式，针对单独某种鉴定项目设置最高的额度限
制。同时，为避免鉴定人实施压价等恶性竞争行为，还要设置鉴
定费用标准的"下浮浮动幅度"，以保障鉴定行业良性发展。
(2)《民事证据规定》第39条第1款②规定了鉴定人出庭费以证
人出庭费标准为参照。(3)《诉讼费用交纳办法》第6条、第11
条规定了鉴定人出庭费包括交通费、住宿费、生活费和误工补
贴。(4)《司法鉴定人登记管理办法》第21条③规定了鉴定人可
以获得合法报酬。

　　根据《关于司法鉴定管理问题的决定》的授权以及司法部的
通知，鉴定费用的定价权被下放，收费项目和收费标准主要"由

---

　　①　根据国家发改委、司法部的要求，各省、自治区、直辖市人民政府
价格主管部门会同同级司法行政部门于2016年5月1日前制定出台本地区司
法鉴定收费标准的，文件执行之日同时在本省范围内停止执行《国家发改委、
司法部关于〈印发司法鉴定收费管理办法〉的通知》（发改价格［2009］
2264号）。
　　②　《民事证据规定》第39条第1款规定，"鉴定人出庭费用按照证人
出庭作证费用的标准计算。……"
　　③　《司法鉴定人登记管理办法》第21条规定，"司法鉴定人享有下列
权利：……（八）获得合法报酬；……"

省、自治区、直辖市"价格主管部门会同同级司法行政部门制定。因此，要研究民事诉讼鉴定费用的具体收费标准，必须考察地方层面上的相关规定。根据司法部网站的公告，截至 2017 年 6 月 30 日，全国 31 个省（区、市）全部制定出台了"地方性司法鉴定收费标准"。① 这些"地方性司法鉴定收费标准"，主要涉及法医类、物证类、声像资料类这"三大类"② 司法鉴定，以及专门针对物证类的文书鉴定和痕迹鉴定中的手印鉴定给出了费用标准及其浮动幅度。定价方式是根据不同专业领域制定司法鉴定目录及基准收费标准，其本质是对已经废止的 2009 年《司法鉴定收费管理办法》的沿用、调整和细化。

除传统"三大类"之外，2015 年 12 月，司法部、最高人民法院、最高人民检察院联合印发了《关于将环境损害司法鉴定纳入统一登记管理范围的通知》，将环境损害类司法鉴定纳入统一登记管理范围。③ 环境损害类司法鉴定是《关于司法鉴定管理问题的决

---

① 新收费标准的制定着重解决群众反映强烈的突出问题，例如，文书笔迹鉴定按标的额收费导致收费水平高的问题，与 2009 年司法部、国家发改委颁布的标准相比，多数省（区、市）都下调了按标的额比例收费的标准；又如，鉴定人对于疑难复杂的鉴定案件可以上浮收费，但哪些案件属于疑难复杂又缺乏认定标准，致使一些鉴定人对一些简单的案件也按照疑难复杂案件的标准收费，新收费标准制定过程中，北京、上海等地都对疑难复杂案件的认定作出了相应规定。参见《各地司法鉴定收费新标准出台》，司法部政府网，http：//www.moj.gov.cn/pub/sfbgw/fzgz/fzgzggflfwx/fzgzggflfw/202101/t20210122_159467.html，2017 年 7 月 4 日。

② 尽管我国已将司法鉴定类别由传统的"三大类"提法改为"四大类"，在"三大类"基础上增加了"环境损害类"司法鉴定，但至今尚未出台关于"环境损害类"司法鉴定的费用范围和费用标准的规定，因此，本书对鉴定费用范围和费用标准的探讨还是以传统"三大类"为论。

③ 司法部不断加强工作力度，大力指导、推动环境损害类鉴定机构和鉴定人准入登记工作。截至 2020 年 12 月，全国经司法行政机关登记的环境损害类鉴定机构共 138 家，鉴定人 2400 余人，为包括环境公益诉讼在内的环境资源类诉讼提供了有力支撑。

定》颁布十年来第一个经过两高程序实行登记管理的鉴定事项。其后，司法部与生态环境部密切配合，先后联合出台《关于规范环境损害司法鉴定管理工作的通知》《环境损害司法鉴定机构登记评审办法》《环境损害司法鉴定机构登记评审专家库管理办法》《环境损害司法鉴定机构登记评审细则》等一系列规范性文件，推动环境损害类司法鉴定向规范化、制度化、科学化发展。

　　因环境损害类司法鉴定往往具有成本高、耗时长、区域广等特殊性，其鉴定费用高昂以及收费标准缺失等问题十分明显，引起社会广泛关注。针对这一问题，司法部与生态环境部共同研究制定了一些举措。2019年5月，司法部办公厅下发《关于进一步做好环境损害司法鉴定管理有关工作的通知》，鼓励引导综合实力强、高资质、高水平环境损害类鉴定人在不预先收取鉴定费的情况下，能够及时受理检察机关委托的环境公益诉讼案件，未预先收取的鉴定费待法院判决后由败诉方承担。经协商沟通，全国共有58家被纳入《检察公益诉讼中不预先收取鉴定费用的环境损害司法鉴定机构名单》，供各级检察机关在办理检察公益诉讼案件时选择委托。下一步，司法部公共法律服务管理局将加强与生态环境部、国家发展改革委等相关部门的沟通协调，研究制定环境损害类司法鉴定收费指导性目录，推动各地尽快出台收费标准，补齐收费标准缺失短板。

　　总体而言，我国的司法鉴定费用范围和费用标准十分庞杂。传统"三大类"以外的其他类别司法鉴定，依然是有的以司法行政管理部门指导价为标准，有的以物价部门指导价为标准，有的以行业条例或行业惯例为标准，有的甚至没有可供参照的具体标准，专业领域之间收费差异很大，不公平现象明显。即便是有费用标准的专业领域，也存在费用标准比较原则、操作性不强的问题，给鉴定人提供了太大的"合理操作"空间，鉴定费用范围不清、标准不详而导致定价随意的问题长期存在。例如，2017年初四川成都市中级人民法院审理的案件因"天价鉴定费"引起社会广泛关注，该新闻使"天价鉴定费"成为百度百科词条。① 案件中关于当事人的签名、指纹和两枚公司印章的司法鉴定，因以 3000 万元的诉讼标的额作为计价基数而需收取 17.28 万元的鉴定费用，接近于约 19 万元的诉讼费用。② 司法实践中，高额鉴定费用引发当事人不满的现象屡见不鲜却难以得到解决，问题的关键和根源究竟是民事诉讼鉴定费用的费用标准不合理，抑或是其定价方式不科学，还是其他原因？这些谜团需要一一解开。

以湖北省为例，根据 2016 年 6 月 1 日起施行的《湖北省司法鉴定收费管理办法》第 3 条至第 6 条规定，湖北省司法鉴定收费实行政府定价或经营者自主定价。政府定价实行目录管理，该目录及基准收费标准即指向"三大类"司法鉴定，并可以在基准收费标准基础上进行浮动，上下浮动幅度不超过 20%。对于目录以外的其他司法鉴定收费项目，实行"国家和省价格主管部门另有规定的从其规定"。具言之，湖北省层面上，民事诉讼鉴定费用涉及包括《湖北省资产评估机构法定业务服务收费标准》《湖北省建设工程造价咨询服务项目收费标准》《湖北省会计师事务所服务收费标准》等在内的，近 20 件关于费用范围和费用标准的制度文件；涉及包括资产评估的计价收费和计时收费的双重方式、工程造价按照鉴定标的额千分之三收费，会计外出按照 300 元/天收费等在内的，各种计价方式、计价基准的费用标准。并且，这些制度文件和费用标准还无法较好地规制绝大部分的鉴定项目，仍有一些专业领域的鉴定项目缺乏相应的费用标准。此外，"对于疑难、复杂和有重大社会影响的司法鉴定案件，鉴定机构可以依法自主制定收费标准"。无独有偶，其他地区民事审判实践中所依据的司法鉴定的费

---

① 参见"天价鉴定费"，https：//baike.baidu.com/item/天价鉴定费/20418358？fr=aladdin。

② 参见李秀荣：《"天价鉴定费"呼唤议价权落地》，载《人民法治》2017 年第 2 期。

用范围和费用标准也是如此纷繁复杂。①

　　由此可见，在如上所述的国家层面和地方层面的制度安排下，我国民事诉讼鉴定费用的费用范围和费用标准的主要特征，一是，以省、自治区、直辖市及以下的地方性规定为主，国家层面的规定简单粗放。二是，不论是典型的"四大类"还是其他类别的司法鉴定，我国均在不同专业领域实行不同的费用范围和费用标准，各专业领域费用标准不统一、差别较大而显失公平。三是，我国现行制度采取双重规制方式，对鉴定人出庭费不够重视或是区别对待，缺乏费用标准细则，可操作性不强。

（二）关于民事诉讼鉴定费用的费用程序

　　我国现行民事诉讼鉴定费用制度的费用程序比较零散，主要的制度渊源包括：（1）相关法律。我国《民事诉讼法》中仅有1个法条即第78条②涉及民事诉讼鉴定费用的费用程序，并且这是在

---

　　①　有学者曾经梳理过上海市的司法鉴定费用范围和费用标准。其认为上海市司法鉴定费用范围和费用标准主要有以下七种情况：一是法医、物证类，参照市财政局、市物价局有关文件中关于司法鉴定收费项目的有关规定执行；二是法医精神病类，按市卫生局核定的收费标准执行；三是司法会计类鉴定收费，按照市物价局、市财政局、上海市市场中介发展署、市高级人民法院等有关文件收费；四是知识产权、计算机类，依据司法部《司法鉴定程序通则》中关于"司法鉴定机构依法向委托人收取鉴定费用"的规定，经所务会确定收费标准，报物价局、财政局备案后收费；五是建筑工程类，依据2005年12月20日《上海市建设和交通委员会、上海市物价局联合发布的文件的通知》等规定收费；六是市司法鉴定专家委鉴定收费，主要依据上海市物价局、上海市财政局、上海市卫生局的文件，及市医学会医疗事故鉴定收费标准等收费；七是协议收费，部分鉴定人根据鉴定成本、案件疑难、复杂程度等实际情况与委托单位协议收费。参见朱淳良：《司法鉴定收费管理访谈——访上海市司法局司法鉴定管理处李柏勤处长》，载《中国司法鉴定》2007年第4期。
　　②　《民事诉讼法》第78条规定："经人民法院通知，鉴定人拒不出庭作证的，鉴定意见不得作为认定事实的根据；支付鉴定费用的当事人可以要求返还鉴定费用。"

《民事诉讼法》2012 年修改时新增的规定。其立法目的是，通过允许当事人请求返回鉴定费用，督促鉴定人履行鉴定人出庭作证义务。对于该项规定的正当性暂且不论，该法条的增加至少表明了立法者对民事诉讼鉴定费用及其费用程序的重视。（2）相关司法解释。《民事证据规定》第 31 条①、第 38 条第 1 款②、第 39 条第 2 款③规定了"鉴定费用"、鉴定人出庭费的预交以及不预交的法律后果；第 38 条第 2 款④、第 39 条第 1 款⑤规定了鉴定人出庭费的负担方式；第 33 条第 2 款⑥、第 35 条第 2 款⑦、第 40 条第 1 款和

----

① 《民事证据规定》第 31 条规定："当事人申请鉴定，应当在人民法院指定期间内提出，并预交鉴定费用。逾期不提出申请或者不预交鉴定费用的，视为放弃申请。对需要鉴定的待证事实负有举证责任的当事人，在人民法院指定期间内无正当理由不提出鉴定申请或者不预交鉴定费用，或者拒不提供相关材料，致使待证事实无法查明的，应当承担举证不能的法律后果。"

② 《民事证据规定》第 38 条规定："当事人在收到鉴定人的书面答复后仍有异议的，人民法院应当根据《诉讼费用交纳办法》第 11 条的规定，通知有异议的当事人预交鉴定人出庭费用，并通知鉴定人出庭。有异议的当事人不预交鉴定人出庭费用的，视为放弃异议。"

③ 《民事证据规定》第 39 条第 2 款规定："人民法院委托鉴定时已经确定鉴定人出庭费用包含在鉴定费用中的，不再通知当事人预交。"

④ 《民事证据规定》第 38 条第 2 款规定："双方当事人对鉴定意见均有异议的，分摊预交鉴定人出庭费用。"

⑤ 《民事证据规定》第 39 条第 1 款规定："鉴定人出庭费用……由败诉的当事人负担。因鉴定意见不明确或者有瑕疵需要鉴定人出庭的，出庭费用由其自行负担。"

⑥ 《民事证据规定》第 33 条第 2 款规定："鉴定人故意作虚假鉴定的，人民法院应当责令其退还鉴定费用，并根据情节，依照民事诉讼法第 111 条的规定进行处罚。"

⑦ 《民事证据规定》第 35 条第 2 款规定："鉴定人无正当理由未按期提交鉴定书的，当事人可以申请人民法院另行委托鉴定人进行鉴定。人民法院准许的，原鉴定人已经收取的鉴定费用应当退还；拒不退还的，依照本规定第 81 条第 2 款的规定处理。"

第 2 款①、第 42 条第 1 款②、第 81 条 2 款③分别规定了多种情境下的"鉴定费用"、鉴定人出庭费的退还。（3）相关行政法规。《诉讼费用交纳办法》第 6 条、第 11 条、第 20 条④规定了鉴定人出庭费的费用属性及其给付方式，又者，第 12 条⑤规定了"诉讼过程中因鉴定""发生的依法应当由当事人负担的费用"的给付方式。（4）相关部门规章。司法部作为监管部门，亦制定了相关管

---

①　《民事证据规定》第 40 条第 1 款和第 2 款规定："当事人申请重新鉴定，存在下列情形之一的，人民法院应当准许：（一）鉴定人不具备相应资格的；（二）鉴定程序严重违法的；（三）鉴定意见明显依据不足的；……存在前款第一项至第三项情形的，鉴定人已经收取的鉴定费用应当退还。拒不退还的，依照本规定第八十一条第二款的规定处理。"

②　《民事证据规定》第 42 条第 1 款规定："鉴定意见被采信后，鉴定人无正当理由撤销鉴定意见的，人民法院应当责令其退还鉴定费用，并可以根据情节，依照民事诉讼法第 111 条的规定对鉴定人进行处罚。当事人主张鉴定人负担由此增加的合理费用的，人民法院应予支持。"第 2 款规定："人民法院采信鉴定意见后准许鉴定人撤销的，应当责令其退还鉴定费用。"

③　《民事证据规定》第 81 条第 2 款规定："当事人要求退还鉴定费用的，人民法院应当在三日内作出裁定，责令鉴定人退还；拒不退还的，由人民法院依法执行。"

④　《诉讼费用交纳办法》第 6 条规定："当事人应当向人民法院交纳的诉讼费用包括：（一）案件受理费；（二）申请费；（三）证人、鉴定人、翻译人员、理算人员在人民法院指定日期出庭发生的交通费、住宿费、生活费和误工补贴。"第 11 条规定，"证人、鉴定人、翻译人员、理算人员在人民法院指定日期出庭发生的交通费、住宿费、生活费和误工补贴，由人民法院按照国家规定标准代为收取。"第 20 条第 3 款规定："本办法第十一条规定的费用，待实际发生后交纳。"

⑤　《诉讼费用交纳办法》第 12 条规定："诉讼过程中因鉴定、公告、勘验、翻译、评估、拍卖、变卖、仓储、保管、运输、船舶监管等发生的依法应当由当事人负担的费用，人民法院根据谁主张、谁负担的原则，决定由当事人直接支付给有关机构或者单位，人民法院不得代收代付。"

理办法。《司法鉴定机构登记管理办法》① 第 39 条②规定了不依法收取鉴定费用的法律后果；《司法鉴定程序通则》第 8 条和第 16 条规定了鉴定费用的收费要求，③ 第 29 条规定了当事人不预交鉴定费用的法律后果，④ 以及第 44 条规定了鉴定人出庭费的确认。⑤《司法鉴定与法律援助工作衔接管理办法（试行）》第 2 条至第 8 条规定了鉴定费用减免的前提条件、申请方式及要求、审查及实施方式、终止情形等多个方面的内容。

　　除此之外，国家发改委和司法部曾在 2009 年联合颁布《司法鉴定收费管理办法》⑥，该管理办法对于鉴定费用费用程序一直起

---

　　① 该管理办法替代了 2000 年《司法鉴定机构登记管理办法》。2000 年《司法鉴定机构登记管理办法》第 2 条第 2 款规定："司法鉴定机构是司法鉴定人的执业机构。司法鉴定机构统一接受委托，依法收取费用"，2005 年《司法鉴定机构登记管理办法》第 39 条的规定与已废止的 2000 年《司法鉴定机构登记管理办法》第 2 条第 2 款的规定是一脉相承的，表达的核心意思相同，即由鉴定机构收取鉴定费用。2019 年 8 月，司法部发布了《司法鉴定机构登记管理办法（修订征求意见稿）》，将"不依法收取鉴定费用的法律后果"的规定调整为第 37 条且具体内容未变，因而对该征求意见稿不作深入分析。

　　② 《司法鉴定机构登记管理办法》第 39 条规定："司法鉴定机构有下列情形之一的，由省级司法行政机关依法给予警告，并责令其改正：……（七）违反司法鉴定收费管理办法的；……"

　　③ 《司法鉴定程序通则》第 8 条规定："司法鉴定收费执行国家有关规定。"同时，第 16 条规定："司法鉴定机构决定受理鉴定委托的，应当与委托人签订司法鉴定委托书。司法鉴定委托书应当载明……鉴定费用及收取方式、双方权利义务等其他需要载明的事项。"

　　④ 《司法鉴定程序通则》第 29 条规定："司法鉴定机构在鉴定过程中，有下列情形之一的，可以终止鉴定：（四）委托人主动撤销鉴定委托，或者委托人、诉讼当事人拒绝支付鉴定费用的；……"

　　⑤ 《司法鉴定程序通则》第 44 条规定："司法鉴定机构接到出庭通知后，应当及时与人民法院确认司法鉴定人出庭的时间、地点、人数、费用、要求等。"

　　⑥ 《司法鉴定收费管理办法》共 23 条，从鉴定费用的费用原则、定价方式、费用标准、收费方式、监督管理等几个方面作出了明确规定。

到十分重要的作用。不过 2016 年 3 月 29 日，国家发改委印发《关于废止教材价格和部分服务收费政策文件有关问题的通知》，决定自 2016 年 5 月 1 日起废止《国家发改委、司法部关于〈印发司法鉴定收费管理办法〉的通知》等有关价格和服务收费政策文件，其后，国家发改委和司法部不再制定出台新的司法鉴定收费管理规定，改由各地针对地区情况依法制定出台本地区的司法鉴定收费管理规定以及收费标准。目前，这些地方性管理办法已颁布实施，并且，其关于鉴定费用的费用程序的规定仍然很大程度上沿用了《司法鉴定收费管理办法》的相关规定。例如，要求鉴定人与当事人在鉴定开始前签订"鉴定协议"，并明确约定关于鉴定费用的费用数额、支付方式、结算办法、争议解决方案等多方面的事宜；鉴定人应当依法对享有法律援助资格的当事人实施减免鉴定费用；等等。因此，在司法鉴定收费管理权限下放的过程中，鉴定费用的费用程序总体上延续原来的规定，并未发生根本性改变。

由此可见，我国现行制度中民事诉讼鉴定费用的费用程序的主要问题：一是，民事诉讼鉴定费用的费用程序的现行规定存在很多空白、模糊之处。例如，关于当事人对民事诉讼鉴定费用的给付方式、负担方式的规定比较简单，没有明确规定鉴定人的鉴定费用请求权以及其鉴定义务履行不当时的责任。二是，民事诉讼鉴定费用的现有费用程序界定不清，甚至存在相互抵触之处。例如，《诉讼费用交纳办法》认为"诉讼过程中因鉴定""发生的依法应当由当事人负担的费用"并不包括鉴定人出庭费，并在费用属性、给付方式、负担方式等方面将两者区别对待。但是，鉴定人出庭费理应是因鉴定发生的依法应当由当事人负担的费用。

第二章 民事诉讼鉴定费用的构成

民事诉讼鉴定费用由鉴定实费、鉴定报酬和鉴定人出庭费三部分构成，这三种费用为大陆法系的国家和地区的相关立法所确认。① 一般情况下，鉴定人向法院所负的公法协力义务主要包括陈述义务和出庭义务，而鉴定实费、鉴定报酬是对鉴定人履行陈述义务所支付的费用，鉴定人出庭费是对鉴定人履行出庭义务所支付的费用，这三种费用共同偿付了鉴定人在民事司法鉴定之中的各种成本。民事诉讼鉴定费用的数额由费用范围和费用标准所决定，是这三种费用的费用范围所涉及的费用项目②与其费用标准的集成之总和。本章将分别剖析鉴定实费、鉴定报酬和鉴定人出庭费的费用范围和费用标准，以全面了解民事司法鉴定的费用状况，并夯实构建民事诉讼鉴定费用制度的基础单元。

---

① 例如，德国《司法补偿与赔偿法》第 5 条规定了鉴定人出庭费，第 6、7 条规定了鉴定实费，第 9、10 条规定了鉴定人在一般领域及在医疗诉讼中的鉴定报酬。日本《关于民事诉讼费用的法律》第 18 条第一、二款分别规定了鉴定人出庭费、鉴定报酬和鉴定实费。我国台湾地区"民诉法"第 338 条第一、二款分别规定了鉴定人出庭费、鉴定报酬及鉴定实费。

② 此处的"费用项目"应与《关于司法鉴定管理问题的决定》第 15 条中关于"收费项目"的规定相区别，其认为"收费项目"是指某一种类的司法鉴定中具体的鉴定项目，如法医在活体、尸体及法医物证等鉴定项目。而此处的费用项目是指，鉴定人履行鉴定义务时因具体行为所产生的需要收费的项目，如鉴定人出具鉴定意见时的材料费、鉴定人出庭时的交通费等。

第一节　鉴定实费

一、鉴定实费的内涵

鉴定实费是指，鉴定人在实施民事司法鉴定过程中为出具鉴定意见所实际支出的成本费用。鉴定实费是鉴定人实施鉴定不可缺少的必要费用。鉴定实费的内涵可从以下两个方面加以阐述：

（一）鉴定实费是对鉴定人为履行陈述义务所支出费用的补偿

鉴定实费对应的是鉴定人的陈述义务。陈述义务即鉴定人陈述鉴定意见的义务，是指鉴定人通过自己的专业性知识对专门性问题得出判断结论并向法院陈述。鉴定人向法院陈述的方式有两种，即"审判长使鉴定人，可以以书面或口头发表意见"①。不论鉴定人是以书面方式还是出庭以口头方式陈述鉴定意见，抑或以书面方式陈述鉴定意见后出庭接受询问，都需要以其实施鉴定所得出的鉴定意见为基础，都要为得出鉴定意见而花费器材使用费、材料费、调查费等成本。准确地说，鉴定实费针对的是鉴定人为履行向法院的陈述义务而得出鉴定意见的过程中所产生的费用支出。

在鉴定人仅需以书面方式履行陈述义务而不用出庭的情形下，鉴定人应受偿的民事诉讼鉴定费用只包括鉴定实费、鉴定报酬而不包括鉴定人出庭费。虽然根据民事诉讼的直接原则、言词原则的要求，鉴定人出庭以口头方式陈述鉴定意见可以更清楚地说明鉴定理由②并接受当事人的询问，然而，鉴定人出庭以口头方式陈述鉴定意见并非在任何场合都是必须的，书面鉴定仍然有其独立存在的作用和意义。要求鉴定人提交书面的鉴定意见可以促使其尽可能以严

---

①　白绿铉编译：《日本新民事诉讼法》，中国法制出版社 2000 年版，第 86 页。

②　鉴定人向法院履行陈述义务一般会提交鉴定理由和鉴定意见两个方面的内容，鉴定理由是鉴定人对得出鉴定结论的推导过程的阐述，鉴定意见则是鉴定人对鉴定事项之结论的概要式回答。

谨、周全的语言表述鉴定理由和鉴定结论，并用文字的形式固定下来。这样既便于法官和当事人准确地了解鉴定意见，也便于法官对其斟酌和考量，许多情况下由鉴定人以书面方式呈现鉴定意见更为妥帖。

　　两大法系都认可鉴定人以书面形式向法院陈述其鉴定意见。大陆法系的国家和地区大多在民事诉讼立法中明确规定法院可以命令书面鉴定。① 大多数时候法院会命令鉴定人提交书面鉴定，以便当事人的鉴定意见是深思熟虑的并可在必要时对自己的陈述进行补充。② 实际上，在德国和日本的民事审判实务中，大部分鉴定人也会采取书面鉴定方式来履行陈述义务，这已经成为一种惯例。③ 英美法系国家在近些年关于专家证人制度的改革中，出于诉讼效率和诉讼经济的考虑，越来越多地鼓励专家书面证言的使用。④ 此外，我国民事诉讼立法明确规定，鉴定人必须提供书面的鉴定意见以向法院履行其鉴定义务。⑤ 法院对鉴定意见的法定证据调查方式是"宣读"，⑥ 换言之，一般情况下鉴定意见在法庭上被宣读之后，

---

　　① 例如，《德国民事诉讼法》第 441 条规定，法院命为书面鉴定时，鉴定人应将其署名的鉴定书留交书记科。《日本民事诉讼法》第 215 条第 1 款规定，受诉法院、受命法官或受托法官得命鉴定人书面陈述鉴定意见；第 132 条第 2 款规定，鉴定人书面陈述鉴定意见时，应同时确定鉴定人提出鉴定意见的期间；我国台湾地区"《民事诉讼法》"第 335 条第 1 款规定，受诉法院、受命法官或受托法官得命鉴定人具鉴定书陈述意见。

　　② 参见［德］罗森贝克、施瓦布、戈特瓦尔德：《德国民事诉讼法》，李大雪译，中国法制出版社 2007 年版，第 917 页。

　　③ 参见［德］奥特马·尧厄尼希：《民事诉讼法》，周翠译，法律出版社 2003 年版，第 290 页；［日］门口正人：《民事证据法大系》（第 5 卷），青林书院 2005 年版，第 29 页。转引自占善刚：《证据协力义务之比较法研究》，中国社会科学出版社 2009 年版，第 215 页。

　　④ 参见徐昕：《英国民事诉讼与民事司法改革》，中国政法大学出版社 2002 年版，第 353~356 页。

　　⑤ 我国《民事诉讼法》第 77 条第 2 款规定："鉴定人应该提出有关的书面鉴定意见，并且要在鉴定文件上签上自己的名字或者盖上相关的印章。"

　　⑥ 我国《民事诉讼法》第 138 条规定："法庭调查按照下列顺序进行：……（四）宣读鉴定意见；……"

鉴定人所负陈述义务即履行完毕，其为出具书面的鉴定意见所产生的鉴定实费应受到偿付。

（二）鉴定实费补偿的是鉴定人履行陈述义务的物质成本和经济成本

鉴定实费补偿的是物质成本和经济成本这种有形支出。这些物质成本和经济成本通常是实际可见、有迹可循的，例如，鉴定人为得出鉴定意见所花费的器材使用费、材料费等费用，抑或是为调查作为鉴定标的物的某建筑的情况而花费的调查费等费用，抑或是为了解作为鉴定目标的某患者的现状而花费的检查费等费用。① 需要注意的是，鉴定实费针对的是鉴定人得出鉴定意见的物质成本和经济成本，因而即使是在鉴定人出庭以口头方式陈述鉴定意见的场合，鉴定实费也不包含鉴定人出庭所支出的相关费用。

鉴定实费补偿的物质成本和经济成本可以直接予以量化。物质成本和经济成本的有形属性决定了鉴定实费的计价方式，往往可以清楚明白地细分为数个费用项目及项目数量。鉴定实费应以鉴定人履行陈述义务的实际开销为基础，在法定的范围内根据实际支出的费用项目及项目数量，结合每个费用项目的法定费用标准进行统计和计价。则每个费用项目的鉴定费用＝项目数量×费用标准，鉴定实费为数个费用项目的鉴定费用之和。因此，圈定鉴定实费的费用项目并合理设置相应的费用标准，是规范鉴定实费的重要前提。

二、鉴定实费的费用范围和费用标准

（一）域外规定及其评析

征诸大陆法系的国家和地区的相关规定，鉴定实费的费用范围包括材料成本、助手成本、书写成本、相片成本、复印成本、电子成本、交通成本等方面的费用。关于鉴定实费的费用范围和费用标准，德国是以立法形式明确规定的。德国《司法收费和补偿法》

---

① 参见［日］门口正人：《民事证据法大系》（第5卷），青林书院2005年版，第31页。转引自占善刚：《民事诉讼鉴定费用的定性分析》，载《法学》2015年第8期。

第 12 条和第 7 条分别详细规定了"特殊开支补偿和其他开支补偿"。具体包括：（1）材料成本，即"用于勘验、化验所耗费的材料和工具"。（2）助手成本，这是因为"聘请杂工并不会造成经常性开支增多或者只会造成无关紧要的经常性开支增多"。（3）书写成本，对于书面的鉴定意见按照"1000 字符补偿 0.75 欧元"，如若字符数量未知则予以"估算"。（4）相片成本，对于必要的洗照片或者打印照片，第一次"补偿 2 欧元"，之后每次"补偿 0.5 欧元"。（5）复印成本，对于黑白复印或者打印的按照"首 50 页每页 0.5 欧元、之后每页 0.15 欧元"予以补偿；对于彩色复印或者彩色打印的按照"每页 2 欧元"予以补偿。德国立法还对复印成本作出严格限定，认为该类别的开支补偿只能针对复印或者打印机关档案和法院档案，又要求制作复印件或者打印件是为了妥善准备和处理案件所用，或者复印和额外打印是依照提出机关发布的命令而进行的。并且，复印成本的费用总额应当在同一个案件中统一计算。（6）电子成本，即转为"电子形式存储"而替代复印成本的文件"按照每个文件 2.5 欧元进行补偿"。

日本《关于民事诉讼费用等的法律》第 20 条亦明确提出应支付"文书复印件制作的必要费用"，即复印成本。但与德国不同，日本认为法院对鉴定实费的费用范围和费用标准起决定作用，其在《关于民事诉讼费用等的法律》第 26 条中规定，鉴定实费"依法院认为合适之处而定"。我国台湾地区则赋予鉴定人更多的定价权，不过在费用标准不明的情况下依旧以法院的自由裁量为准。我国台湾地区"法院办理事件证人鉴定人日费旅费及鉴定费支给标准"①（以下简称"支给标准"）第 12 条规定，法院选任鉴定人陈述鉴定意见，若鉴定人"对于鉴定工作有一定之收费标准"可以按其收费；若鉴定人"无收费标准之规定，而又需支给者"，鉴定人应向法院提交"民事鉴定事件申请鉴定费用报告表"或提出

---

① 我国台湾地区"司法院"于 2003 年颁布的"法院办理事件证人鉴定人日费旅费及鉴定费支给标准"是对我国台湾地区"民诉法"第 323 条关于证人出庭费用和第 338 条关于鉴定费用的解读。

"总费用数额"，"由承办法官审核后送总务科签注意见"并"报请院长或其授权代签人核准"。

　　此外，鉴定实费还包含差旅成本和专家辅助人成本。差旅成本是指鉴定人异地鉴定的差旅费。民事司法实践中，因鉴定人资质、鉴定标的物所在地、案件类型等多方面的原因，① 有时鉴定人与鉴定标的物不在同一个地方，此时鉴定人必须去异地开展鉴定活动而需要花费差旅费，费用范围涉及交通费、住宿费、补贴费等方面的费用。因异地鉴定的差旅费的费用范围和费用标准可以类推适用鉴定人出庭费的相关规定，具体将在本章第三节"鉴定人出庭费"中探讨，在此不再赘述。专家辅助人成本是指，在证据调查过程中法官委托向其解释鉴定意见的专家所支出的费用。由于部分鉴定意见所涉及的知识专业性非常强，法官即使询问鉴定人也无法完全理解，可能需要委托鉴定人以外的专家辅助人进行解释性说明，抑或当存在数个相互矛盾的鉴定意见时，法官可以委托鉴定人以外的专家辅助人归纳鉴定意见的技术要点，以供法官决定是否采纳鉴定意见或采纳哪个鉴定意见。德国《司法收费和补偿法》第 7 条第 1 款就规定，"未特别提及的现金形式的垫款也应当进行补偿，只要该款项系必要费用"，尤其是"必要的陪同人员的费用"。

（二）我国制度现状及其反思

　　如前所述，我国现行制度中的"鉴定费用"是指对鉴定人履行陈述义务所支付的费用，而不包括对鉴定人履行出庭义务所支付的费用。对鉴定人履行陈述义务所支付的费用应当包括鉴定实费、鉴定报酬，因为鉴定人实施鉴定而得出鉴定意见必须一并付出物质成本、经济成本和劳动成本。然而，我国现行制度中的"鉴定费用"并没有进一步区分为鉴定实费、鉴定报酬，而是将两者概念混淆为一体，笼统论之。尤其是，鉴定实费对应的是鉴定人履行

---

　　① 根据调研，异地鉴定的情形有：譬如，工程造价鉴定的工程项目在外地，属于鉴定标的物在异地的情况；又如，特殊类别的种子鉴定属于偏门冷门知识，本地鉴定人无法胜任，法院只能委托外地鉴定人，这属于鉴定人资质问题。

陈述义务的物质成本和经济成本，是鉴定人履行鉴定义务的最直接、最基本、最必要的有形支出，应该首先以立法的形式明确认定。因此，我国现行制度未将鉴定实费单独列明，是我国民事诉讼鉴定费用制度的费用项目不清、费用标准过高的源头，致使民事诉讼鉴定费用的收取具有极大的随意性。除此之外，我国现行制度中的"鉴定费用"的费用范围和费用标准还存在如下三个方面的问题。

1. 由不同专业领域自行定价

如前所述，我国现行制度中的"鉴定费用"的费用范围和费用标准以省、自治区、直辖市及以下的地方性规定为主，且不论是传统"三大类"、环境损害类还是其他类别的司法鉴定，均在不同专业领域实行不同的费用范围和费用标准，十分庞杂且差异较大。具言之，目前我国传统"三大类"司法鉴定的费用范围和费用标准大体上沿用了已经废止的2009年《司法鉴定收费管理办法》的相关规定。而"三大类"以外的其他类别司法鉴定的费用范围和费用标准由省、自治区、直辖市及以下的地方决定，其制度源头是国务院各部门的规章，相关确定和修改的情况、时间均或以国务院各部门的规章为准或自行决定，呈现出多样性和混乱性，难以统一协调。

又者，国家发改委、司法部将司法鉴定收费定价权限从中央部委下放到省级政府相关部门的初衷是，让各地方政府制定和监控鉴定费用的费用标准，使其能更好地符合该地区的经济发展要求、符合该地区的民众支付承受能力，也便于地方政府及时有效地监测民事司法鉴定的成本变化，引导有关资源合理布局。由于我国面积辽阔且不同区域经济情况、司法情况差异较大，在民事鉴定诉讼费用中考虑不同地区的社会经济差别，值得肯定。但是，由于现行制度中的"鉴定费用"对鉴定实费、鉴定报酬予以混淆，相应的费用范围和费用标准也不够明确，又没有立法的权威性指引，于民事诉讼鉴定费用之中如何呈现不同地区的社会经济差异最为合适，需要认真思考。直接授权各地区自主决定社会经济差异的体现方式和体现程度，是一件非常冒险和无法掌控的事情，事实也是如此。

2. 部分专业领域以标的额为基数计价

对于某些同一专业领域中涉及财产案件的民事司法鉴定，我国现行制度实行以标的额为计价基数计算"鉴定费用"的方式。例如，关于涉及财产案件的物证类的文书鉴定和痕迹鉴定中的手印鉴定，北京市规定"可以按照标的额比例分段累计收取"，"标的额为诉讼标的和鉴定标的两者中的较小值"；湖北省还规定"收费金额每件最高不得超过 10 万元"；上海市、山东省等地区也有类似规定。① 又者，关于涉及财产案件的建筑工程造价鉴定，湖南省规定"按标的实行差额定率累计收费"。② 此种费用标准在涉及财产案件的民事司法鉴定中并不少见，但其实际效果在司法实践中广受非议。

该费用标准或许是受到案件受理费的收费标准的启发。然而，按诉讼标的额征收案件受理费尽管有一定的科学性，但也一直是具有争议的问题。③ 况且，相较于案件受理费对私权利侵害方的惩罚作用，鉴定实费只是一种证据调查成本，补偿的是鉴定人得出鉴定意见的物质成本和经济成本，该物质成本和经济成本决定于不同鉴定事项的鉴定要求及其行为方式的实际花费。在同一专业领域中，鉴定人实施鉴定的专业性处理方式或许相同，但案件的不同情况会导致鉴定的难易程度不一，随之，具体的鉴定要求及其行为方式有

---

① 参见《北京市司法鉴定收费标准（试行）》《湖北省实行政府指导价的基层法律服务收费标准》《上海市司法鉴定项目基本目录和收费标准》《山东省司法鉴定指导收费标准（试行）》等省、自治区、直辖市及以下的地方性规定。该项关于涉及财产案件的物证类的文书鉴定和痕迹鉴定中的手印鉴定的规定，其实是对已经废止的 2009 年《司法鉴定收费管理办法》第 8 条的沿用、调整和细化。

② 参见《湖南省司法鉴定收费项目目录和收费标准》附注三。

③ 例如有学者认为，尽管通常而言诉讼标的额越大，当事人从诉讼中的获益越多，而应承担更多的诉讼费用，但就诉讼所占用的司法资源来说，个案中诉讼标的额的大小与其所耗费的司法资源之间并非正比关系，诉讼标的额大的案件所耗费的司法资源不一定多于标的额小的案件。参见傅郁林：《诉讼费用的性质与诉讼成本的承担》，载《北大法律评论》2001 年第 4 卷第 1 辑。

可能相同也有可能不同，实际支出的物质成本和经济成本就会或许相似或许存在各种大小的差异。这绝不是以诉讼标的额或鉴定标的额的差异可以直接替代的问题。因此，以标的额为计价基数计算鉴定实费十分片面而并不可取。

3. "异地鉴定差旅费"单独存在

我国并未对鉴定实费、鉴定报酬予以区分，也并未对鉴定实费所包含的物质成本和经济成本明确罗列，却将"异地鉴定差旅费"单独提出，并排除在现行制度的"鉴定费用"之外，实属不妥。如是规定较为普遍地存在于上海市、天津市、湖北省、湖南省、山西省等地区的地方性司法鉴定收费管理办法之中。① 从费用属性和费用用途而言，"异地鉴定差旅费"对应的是鉴定人在异地履行陈述义务时花费的交通费、住宿费、补贴费等差旅费，与材料费、调查费等其他鉴定实费并无区别。我国现行制度这样安排或许是因为，随着鉴定事项的复杂化和鉴定要求的现代化，异地鉴定的情况越来越多、费用越来越高，异地鉴定差旅费逐渐成为鉴定人履行陈述义务过程中一笔不可忽视的开支，挤占了鉴定人实施鉴定的费用空间。可以想象的是，如果我国相关制度继续不对鉴定实费、鉴定报酬加以区别并分别厘清、列明，以后还会有更多具体形式的鉴定实费无处安放，而不得不被错误地排除在外。因此，将"异地鉴定差旅费"单独排除于"鉴定费用"之外的现行制度安排，也是未区分鉴定实费、鉴定报酬以及未列明鉴定实费的不利后果。

第二节　鉴定报酬

一、鉴定报酬的内涵

鉴定报酬是指，鉴定人在实施民事司法鉴定过程中为出具鉴定

---

① 该规定继承了已经废止的《司法鉴定收费管理办法》第 12 条的规定，即"司法鉴定机构在为委托人提供司法鉴定服务过程中，代委托人支付给司法鉴定人的异地鉴定差旅费，不属于司法鉴定收费范围，由委托人另行支付"。

意见所付出劳动的必要回报。鉴定报酬是以费用来衡量鉴定人鉴定行为的专业性差别。鉴定报酬的内涵可从以下两个方面加以阐述。

（一）鉴定报酬是对鉴定人为履行陈述义务所付出劳动的补偿

鉴定报酬对应的也是鉴定人的陈述义务。不论是以书面方式还是鉴定人出庭以口头方式陈述鉴定意见，抑或以书面方式陈述鉴定意见后出庭接受询问，鉴定人的劳动成本都是花费在履行陈述义务上，鉴定报酬是也针对陈述义务的报酬。民事司法鉴定不同于其他证据调查方法，法官开展证据调查的基础是当事人提供的鉴定资料与鉴定人所拥有的特殊经验、智识或技能的结合体，并且鉴定人的专门性知识因其弥补法官判断能力的不足而对鉴定意见起到决定性作用，循此而言，鉴定意见的证据力兼具客观因素和主观因素，这也是鉴定意见与证人证言的主要区别所在。因此，对鉴定人得出鉴定意见的鉴定行为的费用补偿亦应兼顾其客观方面和主观方面，在补偿鉴定人的物质成本和经济成本的同时还需补偿鉴定人的劳动成本。

大陆法系的国家和地区的相关立法都明确规定了鉴定报酬，例如，德国《司法收费和补偿法》第 8 条第 1 款罗列鉴定人可受偿的项目时首先提及了"服务报酬"，并在第 9~11 条中作出详细规定；日本《关于民事诉讼费用等的法律》第 20 条明确规定了鉴定人"基于专门知识经验的意见陈述时，依请求，支给报酬"；我国台湾地区"民诉法"第 338 条规定鉴定人"得请求相当之报酬"。此外，我国《司法鉴定人登记管理办法》第 21 条规定了鉴定人具有"获得合法报酬"的权利。

（二）鉴定报酬补偿的是鉴定人履行陈述义务的劳动支出

鉴定报酬补偿的是劳动支出这种无形支出。相较于鉴定实费所补偿的物质成本和经济成本，鉴定报酬回报的是鉴定人提供的专业性服务。鉴定人得出鉴定意见的过程中需要运用到普通人无法掌握的特殊经验、智识或技能，鉴定报酬所补偿的劳动支出出自这些专业性强、"含金量"高的劳动，其核心内容是非物质的意识层面的智力输出，无法直接被人所感知而属于无形支出。

鉴定报酬补偿的劳动支出无法直接予以量化。劳动支出因其无形属性而难以捕捉难以量化，既不像某些鉴定实费那样直接具化为某物，也不像鉴定人出庭费那样直接表现为经济成本。同时，民事司法鉴定专业性非常强，其所涉及的专业领域呈现出范围广泛、科别众多等特征，且各专业领域技术差别大，实施鉴定活动的行为方式千差万别，即使是在同一专业领域的不同案件、不同鉴定事项的难易程度、时间成本也不尽相同。因此，必须寻找一种科学合理的计价方式，既能体现同种鉴定的劳动支出同一性，又能体现不同鉴定的专业差异性，以尽可能简便的方式对鉴定报酬进行量化。

　　鉴定报酬补偿的劳动支出因服务于司法权而具有公益性。司法鉴定是围绕审判权展开的鉴定活动，其与一般意义上的商业性鉴定不同，是被允许涉及国家公共利益和社会公共利益的鉴定活动，即便民事诉讼领域的司法鉴定涉及的是私权利纠纷的解决，亦是被委托协助审判权这一公权力而具有服务于司法职能和公共利益的社会价值。民事司法鉴定的公益性主要体现于民事诉讼鉴定费用中的鉴定报酬之中。法律赋予鉴定人享有鉴定报酬的权利，但因民事司法鉴定具有公益性，所以无须将鉴定人的劳动与报酬完全画上等号，[1] 鉴定报酬只是一种补偿性收费，仅是为了在一定程度上弥补和体现鉴定人特殊的专业性的劳动支出而已。鉴定报酬的公益性在我国具有历史渊源，[2] 在当前也同样符合诉讼法理和实践需求。随着司法鉴定体制的不断革新，尽管我国民事司法鉴定中的鉴定人已被归入具有社会机构性质的各机构中，从执业资格上与律师、会计师等人员类似，可以自由地参与市场竞争自由定价，但就鉴定人所从事的司法鉴定活动而言，如果完全依照市场规律定价而罔顾鉴定报酬的公益性，就会导致趋利避害的势头而造成各种收费问题，不

---

　　① 参见上海市司法局：《司法鉴定机构管理和改革探讨》，《建立具有中国特色的统一司法鉴定管理体制——司法鉴定管理工作手册：第一辑》，中国政法大学出版社 2005 年版，第 82 页。

　　② 从历史角度看，我国民事司法鉴定的鉴定人在其所属机构归入社会机构之前，主要任职于国家司法机关中而属于公务人员身份，其鉴定费用从不收费过渡到收取少量的费用，该收费显然具有行政事业费用性质和公益性定位。

利于维护审判公正和司法权威。因此，在设置鉴定报酬的费用标准之时，必须考虑鉴定报酬的公益性，使鉴定报酬只需与鉴定人的劳动支出相匹配，而不须完全等同于劳动支出。

二、鉴定报酬的费用范围和费用标准

（一）域外规定及其评析

关于鉴定报酬的费用范围和费用标准，大陆法系的国家和地区的做法并不完全相同。日本和我国台湾地区强调法院对于鉴定报酬的自由裁量权。日本《关于民事诉讼费用等的法律》第 26 条规定鉴定报酬"依法院认为合适之处而定"。在日本的民事审判实务中，法官在确定鉴定报酬前一般会先征求申请鉴定的当事人和鉴定人的意见，再将鉴定事项的具体要求与以往相同类别的鉴定事项的鉴定报酬进行比对，予以参考和借鉴，根据这些情况确定鉴定报酬的费用标准。例如，关于不动产租赁额的鉴定报酬约为 30 万日元，关于医疗关系诉讼案件的鉴定报酬约为 50 万日元，关于建筑关系诉讼案件的鉴定报酬约为 40 万日元。① 我国台湾地区"支给标准"第 10 条第 2 款规定，关于鉴定报酬标准是否相当，法院应审查斟酌"鉴定事件之繁简、所费劳力之大小及社会一般薪资状况等因素"。并且，对于鉴定报酬的核准有一定的程序要求。即鉴定报酬核定后，"送会计室签注意见，报请院长或其授权代签人核准，并以一份送原承办书记官附卷，一份附传票移总务科付款"，其后依付款程序办理。

德国则设置了详细的鉴定报酬计价规则。首先，德国根据民事司法实践需求将鉴定事项的费用范围分为数个专业领域或进一步细分为数个专业科目，并归为常规鉴定和特殊鉴定两大类别。德国《司法收费和补偿法》第 9 条和第 10 条分别以附表形式罗列出项目类别以及每小时的费用标准。其中，第 9 条规定的鉴定报酬标准

---

① 参见［日］门口正人：《民事证据法大系》（第 5 卷），青林书院 2005 年版，第 32 页。转引自占善刚：《民事诉讼鉴定费用的定性分析》，载《法学》2015 年第 8 期。

共十三种，从 50 欧元至 95 欧元不等。其附表 1 中对应的项目类别共几十种，譬如，涉及测量领域的鉴定报酬费用标准是每小时 50 欧元，涉及建筑领域的鉴定报酬费用标准是每小时 70 欧元，等等。又者，第 10 条规定于附表 2 中罗列了特殊服务报酬，并在第 2 款中特别指出"对于医疗服务资费表（《医疗收费法》的附件）O 段中载明的服务类型，准用前述资费表之规定按照 1.3 倍费率计算报酬"。对于未罗列的专业领域的鉴定报酬费用标准，《司法收费和补偿法》第 9 条作出详细的补充说明："如果所提供的服务属于某一专业领域，而该专业领域在各报酬类别中均未提及，则应充分考虑法院和机关以外的用户为该类服务一般约定的每小时价格，经过合理测算后将之归入某一报酬类别；如需对标的进行医学或心理学鉴定，而该标的在各报酬类别中均未提及，则准用前述规定。如服务涉及多个专业领域或者医学或心理学鉴定涉及多个标的，这些专业领域或标的分属不同的报酬类别，则根据总的必要时间按照所涉及的报酬类别中的最高标准统一进行计算报酬；但如鉴于服务的重点不同而导致机械计算会产生不合理的结果的，则准用第 3 句的规定。"

其次，在同一专业领域内，德国依据时间的花费计算鉴定报酬。德国《司法收费和补偿法》第 8 条第 2 款明确规定，"只要报酬应当按照小时计算"，包括"必要的在程时间和必要的等待时间"在内的必要时间内每小时都应当给予报酬。该规定还非常详细地说明了鉴定报酬的终止时间，指出"已经开始的最后一小时，如果该时间对于提供服务有必要超过 30 分钟，则按照整小时计算；其他情况下，报酬按照整小时报酬金额减半计算"。由此可见，德国以不同费用标准来衡量不同专业领域或进一步细分的专业科目的鉴定人的专业性知识，并认为原则上同一专业领域或进一步细分的专业科目的鉴定人具有基本平均的专业性水平，对其而言专业领域内的鉴定事项所具有的难度强度大致均同，则某一专业领域的费用标准与鉴定人所用的必要时间之乘积，可以代表鉴定人出具鉴定意见的劳动支出。

（二）我国制度现状及其反思

我国现行制度只在《司法鉴定人登记管理办法》第 21 条中提

出鉴定人具有合法报酬①，但没有关于鉴定报酬的进一步规定，其费用范围和费用标准完全不明。现行制度中的"鉴定费用"没有区分鉴定实费、鉴定报酬，鉴定报酬在"鉴定费用"中含糊不清而缺乏具体指向、具体标准，这并在一定程度上加剧了"鉴定费用"的高额现状。但是，现行制度按照专业领域规定"鉴定费用"的费用标准的方式，却恰好契合了以鉴定费用体现不同类别鉴定事项的专业性差异的诉讼法理，也是我国由不同专业领域自行制定费用标准的原因之一。这与德国对鉴定报酬的费用范围的分类方式不谋而合。可是，由不同专业领域自行定价，费用范围和费用标准主要遵循行业惯例，费用标准及计算方式多种多样，不同行业之间的鉴定费用标准失衡，鉴定收费的公平性、合理性难以保障。因此，不同专业领域的鉴定人会获得不同的鉴定费用补偿，这本身并没有问题，需要厘清的是，应由统一的立法部门对不同专业领域设置体现其专业性差异的费用标准，而不是由不同专业领域自行制定，并且，不同专业领域的专业性差别应体现于补偿劳动支出的鉴定报酬之中，而不是体现于补偿实际支出的物质成本、经济成本的鉴定实费、鉴定人出庭费之中。此外，按照我国现行制度的规定，鉴定人实施司法鉴定和非司法鉴定时参照的是同样的鉴定费用标准，这明显忽略了民事司法鉴定的公益性，具体来说即是忽视了鉴定报酬的公益性。

第三节　鉴定人出庭费

一、鉴定人出庭费的内涵

鉴定人出庭费是指，鉴定人在协助法院开展证据调查的过程中为陈述鉴定意见或接受询问而依法在法定期日内出庭所实际支出的

---

① 囿于我国司法鉴定体制中存在鉴定机构与鉴定人双重主体，而鉴定人受偿于鉴定机构之中，该合法报酬的内涵与本书所探讨的鉴定报酬的内涵不大相同。

成本费用。鉴定人出庭费体现了鉴定人协助证据调查的直接言词原则。鉴定人出庭费的内涵可从以下两个方面加以阐述：

（一）鉴定人出庭费是对鉴定人为履行出庭义务所支出费用的补偿

鉴定人出庭费对应的是鉴定人的出庭义务。尽管在各国的民事司法实践中鉴定人向法院提交书面的鉴定意见已经成为惯例，但是鉴定人履行出庭义务仍然具有必要性和重要性。根据民事诉讼的直接原则和言词原则，证据调查应以言词方式为主，且法官亲自听取诉讼参与人的口头陈述为宜，以便形成最接近案件真实的内心确信。同时，各国采取证据结合主义以强化法院开展证据调查的效果，即原则上法院的证据调查过程必须于言词辩论期日与当事人的言词辩论相结合，而法院指定某一独立期日在庭外开展证据调查仅为例外。① 从反面来说，如若以书面的鉴定意见完全替代鉴定人出庭作证，即是把鉴定意见作为一种书证对待，这有违鉴定意见的人的证据方法的本性。鉴定意见是鉴定人运用特殊经验、智识或技能针对专门性问题所出具的结论，难免专业性较强而晦涩难懂，很多时候单凭书面的鉴定意见难以完整解释其中蕴含的信息和专业性知识，其作为人的证据方法，应以与人证相似的方法如命证人出庭来实施证据调查。因此，鉴定人履行出庭义务十分必要，鉴定人出庭费就是对鉴定人出庭的经济开支的费用补偿。

征诸大陆法系的相关立法，鉴定人履行出庭义务存在两种不同情况，即"法院根据自己的裁量也可以满足于口头鉴定结论或者请鉴定人对书面鉴定结论进行解释"②。其一，关于口头鉴定。③虽然书面鉴定更为妥帖，但在有些情况下因鉴定事项较为简易，鉴

---

① 参见占善刚：《证人出庭作证费用的性质及其给付路径》，载《烟台大学学报（哲学社会科学版）》2014年第3期。

② ［德］罗森贝克、施瓦布、戈特瓦尔德：《德国民事诉讼法》，李大雪译，中国法制出版社2007年版，第918页。

③ 参见《德国民事诉讼法》第402条的规定，在仅仅进行口头鉴定时，应当给当事人发表实体意见的机会，到场的鉴定人与证人一样接受询问。

定人以口头方式陈述鉴定意见就能够清楚地让法官了解相关结论。此时，对于鉴定人需要履行的鉴定义务而言，口头鉴定已经足够，既方便快捷又更符合民事诉讼中直接原则和言词原则的实质性要求，既不影响法官对鉴定意见的理解，也于当事人所享有的证据法上的利益无害，实属诉讼经济之举。其二，关于对书面鉴定的询问。这是大陆法系的国家和地区的立法通例。① 在一定情形下，针对已经提交给法院的书面的鉴定意见，鉴定人应出庭接受当事人和法院的询问。从以上内容可以看出，在口头鉴定的情形下，鉴定人在同一期日内同时履行了陈述义务和出庭义务；在对书面鉴定的询问的情形下，鉴定人是在履行了陈述义务之后履行的出庭义务。但不论哪种情况，出庭义务和陈述义务都是鉴定人必须履行的鉴定义务，是民事司法鉴定中并行不悖的两种义务。此时，鉴定人享有一并受偿鉴定实费、鉴定报酬和鉴定人出庭费的权利。

反观我国，书面鉴定在我国民事诉讼领域备受推崇的同时，鉴定人出庭以口头方式陈述鉴定意见却受到忽视。严格来说，我国没有口头鉴定这一鉴定方式，② 鉴定人必须提交书面的鉴定意见以履行陈述义务，鉴定人出庭只是为之前提交的书面的鉴定意见而接受法院和当事人的询问。根据我国现行制度的要求，民事诉讼中的鉴

---

① 例如，《德国民事诉讼法》第 411 条第 3 款规定，鉴定意见存在不清楚之处或者对其提出抗辩的，法院应当命令鉴定人到场作出解释。第 411 条第 4 款规定，双方当事人可以在适当的期间内申请法院传唤鉴定人到场口头解释鉴定意见并回答问题。又如，日本民诉法第 215 条第 2 款规定，在鉴定人书面陈述鉴定意见之场合，为明了该鉴定意见的内容或者确认其根据，法院认为有必要时，可依当事人之申请或依职权让鉴定人进一步陈述鉴定意见。再如，我国台湾地区"民诉法"第 335 条第 3 款规定，鉴定书须说明者，法院得命鉴定人到场说明。

② 回顾我国民事诉讼立法，从 1982 年《民事诉讼法》（试行）到现行《民事诉讼法》的相关规定可以看出，鉴定人必须以书面的鉴定意见向法院履行陈述义务，而鉴定人出庭直接以口头形式陈述鉴定意见则一概不被允许。例如，现行《民事诉讼法》第 77 条第 2 款的规定，以及第 138 条将"宣读鉴定意见"列为法定的法庭调查程序之一，均佐证了这一点。

定人负有出庭义务，前提条件是"当事人对鉴定意见有异议的"①或"人民法院认为鉴定人有必要出庭的"②。这与域外"关于对书面鉴定的询问"的相关规定类似，其目的都是让鉴定人于法庭调查期日当面接受法官和当事人的询问，向法官进行详细解释，对鉴定意见进行说明和补充，以进一步优化书面鉴定的证据调查效果。此外，关于哪些情形下鉴定人可以不出庭，我国现行制度还并未作出明确规定，③ 明确鉴定人出庭义务的例外情形也应是强化鉴定人出庭义务的法律措施之一。因此，在我国，鉴定人出庭作证应属于民事司法鉴定的必要环节，鉴定人出庭义务需要得到应有的重视。因我国实行法定的书面鉴定方式而没有口头鉴定方式，陈述义务、出庭义务是随着诉讼程序的推进相继出现的，则鉴定人出庭费是在鉴定人在法定情形下履行出庭义务时应当受到补偿的费用。

（二）鉴定人出庭费补偿的是鉴定人履行出庭义务的经济成本

鉴定人出庭费补偿的是经济成本这种实际支出。鉴定人出庭的经济成本应当是事实上已经支付或者必须支付的费用，而不能是随意估算的、泛泛而论的费用，例如，鉴定人为位移至法庭所花费的汽车费、火车费等交通费用，抑或是鉴定人为到外地法庭出庭而滞

---

① 2005 年《关于司法鉴定管理问题的决定》第 11 条就规定："在诉讼中，当事人对鉴定意见有异议的，经人民法院依法通知，鉴定人应当出庭作证"，正面强调了一定条件下的鉴定人出庭义务。2015 年修改后的《关于司法鉴定管理问题的决定》第 11 条沿用了前项规定。

② 2012 年修改后的《民事诉讼法》第 78 条规定："当事人对鉴定意见有异议或者人民法院认为鉴定人有必要出庭的，鉴定人应当出庭作证。"其是对 2005 年《关于司法鉴定管理问题的决定》第 11 条规定的延续和完善，在"当事人对鉴定意见有异议"的基础上增"人民法院认为鉴定人有必要出庭的"为鉴定人出庭义务的前提条件，一定程度上扩宽了鉴定人出庭义务的履行范围。

③ 因鉴定人与证人同属于人的证据方法，关于鉴定人出庭义务的例外情形可以考虑类推适用关于证人的相关规定。即根据《民事诉讼法》第 73 条的规定，证人可以不履行出庭义务的情形包括：（1）因健康原因不能出庭的；（2）因路途遥远，交通不便不能出庭的；（3）因自然灾害等不可抗力不能出庭的；（4）其他有正当理由不能出庭的。

留外地所花费的餐饮费、住宿费等生活费用，抑或是对鉴定人出庭所支付的补贴费、误工费等补贴费用。原则上，鉴定人出庭费的费用项目必须采取适当的费用标准进行补偿，以生活中的普通标准为宜，而不能随意超标。

鉴定人出庭费补偿的经济成本可以直接予以量化。鉴定人履行出庭义务的经济成本取决于鉴定人出庭作证的行为，行为的数量和具体方式都将直接决定鉴定人出庭费的数额。因鉴定人出庭行为可拆分，相应的鉴定人出庭费可被细分为数个费用项目及项目数量，行为方式对应费用项目，行为数量对应项目数量。结合不同行为方式的法定费用标准，即可对鉴定人出庭费进行统计和计价。则每个费用项目的鉴定费用＝项目数量×费用标准，鉴定人出庭费为数个费用项目的鉴定费用之和。因此，合理确定鉴定人出庭的行为方式所对应的费用项目以及相应的费用标准，方能使鉴定人出庭费的收取有章可循。

二、鉴定人出庭费的费用范围和费用标准

（一）域外规定及其评析

关于鉴定人出庭费的费用范围和费用标准，无论是德国、日本还是我国台湾地区均作出了较为详细的规定。例如，德国《司法收费和补偿法》第 5 条和第 6 条分别规定了"交通费补偿"和"开销补偿"；日本《关于民事诉讼费用等的法律》第 18 条规定了鉴定人可以请求"旅费、日津贴以及住宿费"，而后在第 21 条至第 25 条中予以具体阐述，且《关于民事诉讼费用等的规则》第 6 条至第 8 条对前者进行了解释说明；我国台湾地区"支给标准"第 3 条至第 6 条亦对鉴定人出庭费进行了明确规定。征诸大陆法系的国家和地区的相关规定，鉴定人出庭费的费用范围包括交通费、每日补贴、住宿费、就餐费等方面的费用。

1. 交通费

一般而言，交通费是鉴定人履行出庭义务的基本费用，交通费的费用标准取决于鉴定人出庭作证往返所使用的交通工具，以及该交通工具对应的费用支出。大陆法系的国家和地区均是从交通工具

的种类入手探讨鉴定人出庭作证所支出的交通费。

德国将交通费根据交通工具的类型，分为普通公共交通工具使用费用和机动车使用费用两种类型。对于使用普通公共交通工具的，《司法收费和补偿法》第 5 条第 1 款规定：“补偿实际产生的垫款，最高包括第一次使用火车一等车厢的相应成本以及订座位和运输必要的行李物所产生的垫款”。对于“使用自有的机动车或者免费使用受转让的机动车的”，第 5 条第 2 款规定：“应当补偿购置成本、维持成本和运营成本并补偿机动车损耗每行驶 1 公里 0.3 欧元”，且“还要另外补偿使用机动车行驶中常规累计的以现金形式支付的垫款，特别是停车费”，前提是“只要上述费用系由权利人不得不承担”。并且，“如果系多人共同使用，只能主张一次总额支付费用”。

日本《关于民事诉讼费用等的法律》第 21 条规定了“路费的类型及金额”，其将旅费分为“铁路费、船费、路程费以及航空费”① 四种。其中，铁路费、船费包括根据其旅行区间路程的长短相应产生的客运费②、快车费③，以及法院认为适额的特别车费、特别船客舱费和坐席指定费④；路程费在最高法院限定的数额范围

---

① 日本认为，铁路费是对在铁路线道区间的陆路旅行，船费是对在通船区间的水路旅行，路程费是对在非通铁道的陆路旅行或者非通船的水路旅行，航空费是对有必须乘坐飞机的事由时的航空旅行所进行的支付。参见日本《关于民事诉讼费用等的法律》第 21 条的规定。

② 所谓客运费具体是指，在运费分级别的线路或乘船旅行的情况下，运费分为三级时，由法院认定的中级以下的运费；运费分为两级时，由法院认定的等级运费，包含驳船费和栈桥费。参见日本《关于民事诉讼费用等的法律》第 21 条的规定。

③ 所谓快车费具体是指，在特别快车运行路线的线路区间内旅行，单程在 100 千米以上的为特别快车费；在普通快车或准快车运行路线的线路区间内旅行，单程在 50 千米以上的为普通快车费或准快车费。参见日本《关于民事诉讼费用等的法律》第 21 条的规定。

④ 所谓坐席指定费具体是指，仅限在收取座位指定费的普通快车运行线路的区间内，单程 100 千米以上或收取座位指定费的船舶航行线路的区间内的座位指定费。参见日本《关于民事诉讼费用等的法律》第 21 条的规定。

内由各法院具体规定；航空费根据实际支付的费用各自计算。又者，《关于民事诉讼费用等的规则》第 6 条对"路费"的解释说明是，《关于民事诉讼费用等的法律》第 21 条第（二）项中的路费为"每千米不超过 37 日元，不足 1 千米部分舍去"。并且，由于自然灾害和不可抗力导致前项规定的费用不足以支付实际路费支出时，"路费以实际支出为准"。

我国台湾地区对交通费采取实报实销的方式。"支给标准"第 4 条要求，鉴定人所乘坐的交通工具，"市内以搭乘公共汽车、大众捷运系统，长途以搭乘火车、高铁、公共汽车、轮船"为原则，且座位等次标准为"以中等等位标准支给"。作为例外，"身体残障或行动不便者，市内得搭乘计程车"，又者，"住居所在离岛或国外地区，必须搭乘飞机者"，或是"水陆交通阻隔无法通行或指定到场之期日甚为急迫时"，得"搭乘经济舱等级之飞机"。① 这些情形下，法院还应在审核鉴定人的单程费用证明或收据后"发给返程之交通费"。

2. 每日补贴

鉴定人的出庭补贴是指，鉴定人因误工或到异地出庭可以获得开销补偿。对此，德国《司法收费和补偿法》第 6 条规定，"非在约定发生的社区之内居住或者工作的人可就其在获悉约定期日而必须离开居住地或者缺席工作场所的时间获得每日补贴"，每日补贴的数额"依照《所得税法》第 4 条第 5 款第 1 句第 5 项第 2 句确定"。日本《关于民事诉讼费用等的法律》第 22 条规定了"日津贴的支付依据及数额"，即日津贴根据"出庭、讯问以及为这些行为进行的旅行所必要的日数支付"，日津贴的数额"由法院在最高法院限定的数额范围具体规定"。又者，《关于民事诉讼费用等的规则》第 7 条对"日津贴"的解释说明是，《关于民事诉讼费用等的法律》第 22 条第（二）项中的日津贴为"每日不超过 7600 日元"。我国台湾地区"支给标准"第 3 条规定，鉴定人到场之日

---

① 对于法定允许搭乘飞机的鉴定人，法院应要求其提出足够的证明文件予以审核。参见我国台湾地区"支给标准"第 4 条的规定。

费，每次"依新台币 500 元支给"。

3. 住宿费及就餐费

鉴定人异地履行出庭义务会涉及住宿费及就餐费，毫无疑问住宿费的计价方式是按天数支付，其费用标准是决定住宿费费用的关键所在。德国、日本和我国台湾地区均规定住宿费的费用标准援引已有的国家或地区公职人员的法定费用标准，这同样适用于日本、我国台湾地区的就餐费的费用标准。

德国《司法收费和补偿法》第 6 条规定，"如果必须在外地过夜，依照《联邦出差费用法》的规定给予过夜费"。日本《关于民事诉讼费用等的法律》第 23 条规定了"住宿费的支付依据及数额"，即住宿费根据出庭所必要的天数支付，住宿费的数额"由法院在最高法院限定的数额范围具体规定"。又者，《关于民事诉讼费用等的规则》第 8 条对"住宿费"的解释说明是，《关于民事诉讼费用等的法律》第 23 条第（二）项中的住宿费应"按照《关于国家公务员等路费的法律》附表一中所规定的甲地区每晚不超过8700 日元，乙地域每晚不超过为 7800 日元"[1]。

4. 变通规定

为应对鉴定人出庭的各种情形，大陆法系的国家和地区的民事诉讼立法还设置了变通处理方案。例如，日本《关于民事诉讼费用等的法律》第 25 条规定了"旅费等的计算"，明确指出计算鉴定人出庭费中的旅费、日津贴和住宿费的天数时，应以"最经济的通常路线和方式"的出庭情况为例。但是，因自然灾害和不可抗力的原因导致很难以最经济的通常路线和方式出庭的情况下，则以"实际线路和方式"产生的费用计算。又如，我国台湾地区"支给标准"第 6 条第 1 款规定，当事人申请鉴定人出庭的，应视"事件之繁简，鉴定人路途之远近"计算其费用额。

鉴于交通费的重要性，德国专门针对交通费规定了变通处理情

---

① 日本对鉴定人出庭费中的住宿费实行参照国家公务员的费用标准的方式。需要关注的是，日本国家公务员的住宿费的费用标准是以法律的形式确定的，具有统一性、稳定性和权威性等特征。

形，具体包括：（1）超额交通费。《司法收费和补偿法》第5条第3款规定，补偿金额可以超过本条第1款或者第2款规定的交通费额度，前提条件是"这样的额外款项都被用于合法的收费或补偿"，或者"较高的交通费系由于特殊情况产生的必要费用"。（2）按时间计算交通费。《司法收费和补偿法》第5条第4款规定，对于"定期期限内"的行程应当视情况补偿交通费，前提条件是该额外款项"均被用于合法的收费或补偿"，且是"为在定期单位驻留而应当给予的"。（3）起始点不同的交通费。《司法收费和补偿法》第5条第5款规定，若"前往约定地点的行程是从与传唤到庭或期日通知中所标明的地点或者从应当立即告知相关负责单位的地点不同的地点启程"，或者其后"须回到一个不同于前述地点的地点的"，且前提条件是"惟在特殊情况下鉴定人有必要进行这样的行程安排"，才能在经过合理测算之后对额外费用予以补偿。

（二）我国制度现状及其反思

在《民事证据规定》修订之前，关于鉴定人出庭费的费用范围和费用标准，主要是在《诉讼费用交纳办法》中作出原则性规定。即《诉讼费用交纳办法》第6条规定了鉴定人出庭费的费用范围包括"交通费、住宿费、生活费和误工补贴"。2016年10月，最高人民法院与司法部联合发布《关于建立司法鉴定管理与使用衔接机制的意见》，重申了鉴定人出庭费是"鉴定人在人民法院指定日期出庭发生的交通费、住宿费、生活费和误工补贴"。由此可见，我国所规定的鉴定人出庭费的费用范围与大陆法系的立法通例所确定的费用范围大致相当。

值得肯定的是，《民事证据规定》第39条第1款简单而又清晰地指明，鉴定人出庭费与证人出庭作证费在费用标准核算上的统一性，促使我国鉴定人出庭费的费用范围更为明确。这是因为，《诉讼费用交纳办法》对鉴定人出庭费设定了"生活费"一项，语义模糊。按照常规理解，"生活费"是指维持生活的费用，所指范围十分广泛。鉴定人出庭费中的"生活费"具体所指为何，是实际支出的餐饮费还是生活补贴，抑或是其他的生活开销？我国现行制度尚未给出法定解释，致使该规定难以执行。那么，鉴于《诉讼费用交纳办法》第 6 条对证人和鉴定人的出庭费的费用范围一并规定，是否可以类推适用《民事诉讼法》第 74 条所规定的证人出庭费是指"交通、住宿、就餐等必要费用以及误工损失"，而认为"生活费"即"就餐等必要费用"？对此，我国民事审判实务中各地法院观点不一致，民事司法鉴定中的各方主体也认识不一，对"生活费"的处理方式各式各样，不可避免地引发了各种疑议和矛盾。《民事证据规定》第 39 条第 1 款的规定，使上述猜测有了明确的指向，将促进关于鉴定人出庭费的费用范围和费用标准的制度理解的统一和适用规则的协调。

尽管如此，我国现行制度并没有进一步细化鉴定人出庭费的具体费用项目及标准，现有规定仍然存在很大的实施障碍。即使已知鉴定人出庭费的费用范围是交通费、住宿费、就餐费、误工补贴等类别，但因以上费用项目都没有对应的费用标准，面对民事司法实践中多种多样的交通、住宿、生活和误工开支，实际上依旧无章可循。譬如，对于毫无费用标准的交通费，鉴定人可以随意采取汽车、火车、飞机等各种交通工具以及各种座位等次，① 而不同地区的法院对其的处理、认定方式也会不同。这就违反了公平公正的法律原则，有损当事人对司法的信赖以及司法权威。鉴定人出庭费缺乏费用标准的制度现状，也会对鉴定人出庭的积极性造成负面影响。鉴定人可以当事人未向法院预付足够的鉴定人出庭费为由，或是以当事人未向法院预付鉴定人出庭费中的某项费用为由，而拒绝履行出庭义务，在缺乏明确的费用标准的情况下，法院也难以对此进行裁决。鉴定人出庭费的费用标准不清晰致其可操作性不强，也进一步加剧了民事司法实践中鉴定人出庭率低的状况。

----

① 民事司法实践中，有的法院以"中央和国家机关国内差旅费标准"作为鉴定人出庭费的费用标准。这种做法与域外立法对住宿费的做法类同，虽有一定的合理性如考虑到了各地费用的不同和座位等次的不同，比没有费用标准要好，但也存在不小的问题。例如，全国法院和法院之间的处理方式不一致，这有违公平审判原则；又如，有的法院按照鉴定人的职务、级别来比照适用不同级别公务员的座位等次，却忽略了在协助法院开展证据调查而履行鉴定义务的过程中，每个鉴定人的身份相同，这有违平等性法律原则。

第三章　民事诉讼鉴定费用的
给付和负担

依据民事诉讼鉴定费用的诉讼费用属性，法院与当事人之间存在公法上的裁判关系，为实现向法院请求裁判以及开展证据调查的公法负担，当事人应当遵循有关诉讼费用的原则和规则，对民事诉讼鉴定费用进行预交和负担。民事诉讼鉴定费用的给付制度和负担制度就是关于当事人向法院履行公法上的负担义务的相关制度。所谓民事诉讼鉴定费用的给付制度，是要求当事人向法院预付鉴定费用，意在避免民事司法鉴定开始后当事人拒不交纳或无力交纳鉴定费用时，由法院承担民事诉讼鉴定费用的情况发生。所谓民事诉讼鉴定费用的负担制度，是为了解决鉴定费用最终应由哪一方当事人承担以及承担份额的问题，意在厘清双方当事人实体权利义务关系的基础上，将民事诉讼鉴定费用的负担加诸于部分当事人，以实现实体正义。

民事诉讼鉴定费用的给付制度与负担制度实际是同一个问题的两个阶段、两个层面，民事诉讼鉴定费用的给付和负担均是基于当事人与法院之间的公法关系，为实现当事人的公法负担义务，而形成的一系列相互区别的民事诉讼鉴定费用的给付规则和负担规则。可以说，民事诉讼鉴定费用的负担制度是当事人履行公法义务之关键，而给付制度是实现负担制度的前提和保障。相较而言，在发生时间上，民事诉讼鉴定费用的给付发生在鉴定实施之前，而其负担发生于鉴定实施之后的诉讼程序终结之时；在费用承担上，民事诉讼鉴定费用的给付仅具有暂时性，而其负担具有终局性；在制度功能上，民事诉讼鉴定费用的给付是为了适时推进民事司法鉴定的顺利开展，而其负担则在一定程度上体现了民事司法鉴定的效果；在义务主体上，民事诉讼鉴定费用的给付一般采取"申请者预交原则"，而其负担一般采取的是"败诉者负担原则"。

第一节　民事诉讼鉴定费用的给付

一、民事诉讼鉴定费用的给付原则

（一）预交原则

在采取有偿主义的各国民事诉讼中，用于协助法院开展证据调查的民事诉讼鉴定费用理应由当事人负担，以此弥补法院为当事人解决私权利纠纷所需要耗费的司法资源。为确保当事人的负担最终能够顺利得以实现，而不会因为当事人的个人意愿或经济能力随意受到影响，导致法院不得不面对越来越多的诉讼成本和司法消耗，相关当事人应于民事司法鉴定正式实施之前就预先向法院交纳与鉴定人所需履行的鉴定义务相对应的民事诉讼鉴定费用。因此，当事人须以预交的方式给付民事诉讼鉴定费用，这与法律对其他类型的民事诉讼费用的给付要求一致。若是当事人不预交相应的民事诉讼鉴定费用，鉴定人履行相关鉴定义务后法院又无法收回其委托，将可能导致最后由国家负担相应的鉴定费用，这就与民事诉讼费用制度的主旨相违背。① 循此而言，民事诉讼鉴定费用的给付原则即当事人预交原则，当事人对民事诉讼鉴定费用的预交义务是其负担义务的引申要求和前提条件。

同时，当事人预交民事诉讼鉴定费用是民事司法鉴定程序的启动条件之一，以此强调国家实施诉讼行为的严肃性。在民事诉讼费用制度中，负担诉讼费用是当事人对法院的公法上的单纯义务，预交诉讼费用应当属于当事人开始诉讼或续行诉讼的条件之一。② 即

---

① 参见［日］圆尾隆司：《注解民事诉讼法》（Ⅱ），青林书院2000年版，第8页。
② 参见肖建国：《民事诉讼程序价值论》，中国人民大学出版社2000年版，第303页。

当事人对民事诉讼费用的预交是当事人提起诉讼、上诉或者提出其他申请的形式要件之一，如若当事人不预交相关民事诉讼费用，则其相关申请会因不满足法定的合法性要件而被法院予以驳回。依据上述法理，具有诉讼费用属性的民事诉讼鉴定费用的预交同样是民事司法鉴定程序开始的形式要件之一。当事人必须根据法律要求预交鉴定人履行陈述义务或出庭义务所需要的鉴定实费、鉴定报酬或鉴定人出庭费，否则法院有权不进行相应的证据调查活动，这已成为大陆法系的国家和地区的立法通例。

（二）申请者预交原则

当事人履行民事诉讼鉴定费用的预交义务，是为了保障民事司法鉴定程序的顺利推进，该义务具有暂时性特征，原则上采取"申请者预交"方式，即由提出相关鉴定义务的申请方当事人预先交纳相应的民事诉讼鉴定费用。这也符合我国民事诉讼费用制度的基本规则，即由提起诉讼、上诉或者提出其他申请的当事人预交相应的民事诉讼费用。在民事诉讼费用制度中，"受益者负担原则"要求向法院提起民事诉讼的当事人应承担一部分的民事诉讼费用，以此来调整国家与当事人之间的纵向费用分担。[1] 遵循我国现行制度中由申请方预交民事诉讼费用的给付规则，[2] 应由申请鉴定或申请鉴定人出庭的当事人预交相应的民事诉讼鉴定费用。

由申请鉴定或申请鉴定人出庭的当事人预交相应的民事诉讼鉴

---

[1]　参见廖永安：《民事诉讼费用制度》，载杨荣馨主编：《民事诉讼原理》，法律出版社 2003 年版，第 545 页。

[2]　当然，由申请人预交诉讼费用的规则也受到诸多争议。例如有学者认为，如果诉讼费用的给付是个人和法院之间的公法关系，在申请诉讼的当事人胜诉的情况下，法院应在裁判生效之后先将诉讼费用返还给预交的胜诉方，再向败诉方征收诉讼费用。但是，法院直接判决由败诉方承担意味着：法院将其对败诉方的债权转让给预交诉讼费用的胜诉方，胜诉方取代法院而成为败诉方的债权人。那么，这种债权转让不仅是一种可以通过诉讼争辩的关系，也受到民法中债权转让规则的约束，法院本身将因为行使司法职能而不断陷入诉讼之中。参见方流芳：《民事诉讼收费考》，载《中国社会科学》1999 年第 3 期。

定费用，不仅具有诉讼法理上的正当性，也有助于民事司法鉴定程序的快速推进。民事诉讼鉴定费用是当事人向法院所负公法上的负担义务，根据诉讼费用负担规则，民事诉讼鉴定费用的负担在诉讼程序终结之时由法院裁判，原则上由败诉方负担，然而当事人申请鉴定或申请鉴定人出庭在法院裁判之前，彼时还无法准确判断哪一方当事人是最终的败诉方。又者，申请鉴定或申请鉴定人出庭的当事人是本着利于己方的初衷提出的申请，由申请方预先交纳而暂时承担相应的民事诉讼鉴定费用符合彼时的权利义务相一致原则，也便于法院对民事诉讼鉴定费用的收取。在此意义上，"申请者预交原则"不仅体现了申请方当事人推动民事司法鉴定程序的动机和积极性，也呈现出民事诉讼鉴定费用给付制度的便利主义特点，一定程度上符合民事诉讼的公平原则和效率原则。

需要进一步明确的是，当"法院依职权"启动鉴定或要求鉴定人出庭时，应由法院指定一方当事人预先交纳民事诉讼鉴定费用。即使双方当事人均不申请鉴定或鉴定人出庭，为查明事实真相以保证公正裁判，大陆法系的国家和地区的民事诉讼立法原则上均认可"法院依职权"启动有关鉴定程序。[①] 此时，若法院不实施民事司法鉴定，负证明责任的当事人得承担相关鉴定事项未经法院

---

① 关于"法院依职权"启动鉴定程序，大陆法系的国家和地区的有关规定不完全一致。德国民诉法第 144 条明确规定，法院可依职权开始鉴定。我国台湾地区"民诉法"第 28 条第 1 款也有类似规定。但是，日本民诉法于昭和 23 年（1948 年）废除法院依职权调查证据的规定，而仅允许法院可依职权开始"作为阐明处分"的鉴定。学说上的观点也不同：有学者认为从严格遵守辩论主义出发，不应承认法院可依职权进行鉴定；但更多的学者认为，从鉴定是为了弥补法官专门性知识的不足而给予法官辅助性判断的主旨出发，应当承认法院可依职权开始鉴定。另外，在当事人不申请鉴定的情形下，法官只能依据证明责任规范就鉴定事项作出认定，其结果很难保证裁判真实。为求裁判结果正确，法院不应完全恪守辩论主义的要求，而是可以依职权开始鉴定。参见〔日〕兼子一等：《条解民事诉讼法》，弘文堂 1986 年版，第 102 页；〔日〕中野贞一郎编：《科学裁判と鉴定》，日本评论社 1988 年版，第 94~96 页。转引自占善刚：《证据协力义务之比较法研究》，中国社会科学出版社 2009 年版，第 193~194 页。

调查而无法认定的不利后果。也可以说,"法院依职权"所推进的民事司法鉴定活动是有利于对鉴定事项负证明责任的一方当事人的,该方当事人因从相关民事司法鉴定程序中获益而应暂时承担相应的鉴定费用给付义务。又者,当"法院依职权"启动鉴定或要求鉴定人出庭时,若让法院垫付相关鉴定费用,存在国家最终负担民事诉讼鉴定费用的风险,这有违民事诉讼鉴定费用预交原则的初衷,即由法院垫付鉴定费用并不合适。因此,类推"申请者预交原则"的有利者预交方案,① 当"法院依职权"启动鉴定或要求鉴定人出庭时,应由法院指定对鉴定事项负证明责任的一方当事人预先交纳民事诉讼鉴定费用。此规则是"申请者给付原则"的例外。

二、民事诉讼鉴定费用的给付规则

(一) 给付时间

1. 预交规则

从理论上说,根据民事诉讼鉴定费用的预交原则,当事人应在民事司法鉴定正式实施之前向法院预先交纳相应的民事诉讼鉴定费用,这是预交的"预先""预备"之本意所在。具体而言,当事人应在鉴定人履行陈述义务之前向法院预交鉴定实费、鉴定报酬;当事人应在鉴定人履行出庭义务之前向法院预交鉴定人出庭费。又者,基于民事司法鉴定程序肇始于法院命令,民事诉讼鉴定费用的预交作为民事司法鉴定程序启动的形式要件之一,应于法院命令之后的法定时间内完成,使鉴定程序启动的合法性要件得以满足。因此,在鉴定人履行相关义务是由当事人申请的场合,于法院准许当事人申请的法定时间内,民事诉讼鉴定费用须得预付;在鉴定人履行相关义务是由法院依职权决定的场合,于法院决定的法定时间

---

① 证据调查有利于一方时,法院"得命以调查为有利之一方预纳,将来作为诉讼费用而计算,实际上无损失也"。参见蒋澧泉编著:《民刑诉讼证据法论》,吴宏耀、魏晓娜点校,中国政法大学出版社 2012 年版,第 193~194 页。

内，民事诉讼鉴定费用须得预付。

征诸域外立法例，许多国家和地区的相关立法均明确规定了当事人对民事诉讼鉴定费用的预交义务。例如，法国民诉法第 269 条、日本《关于民事诉讼费用等的法律》第 12 条第 1 款、我国台湾地区"支给标准"第 6 条第 3 款均有此规定。此外，根据德国《司法收费和补偿法》第 13 条第 1 款的规定，当事人"若有足够的金额向国库交纳全部收费，则在法院许可这种收费的情况下才能聘请鉴定人"，亦可知当事人预交民事诉讼鉴定费用属于法定要求。

反观我国大陆地区制度，在《民事证据规定》修订之前，关于鉴定实费、鉴定报酬，① 根据原《民事证据规定》第 25 条第 2 款关于"不预交鉴定费用"的法律后果的规定，可知我国民事诉讼立法中存在预交民事诉讼鉴定费用的要求。然而，根据司法部《司法鉴定程序通则》第 29 条的规定，当事人拒绝支付鉴定费用时鉴定人"可以终止鉴定"，可推知，其针对鉴定费用提出的是"按期"给付的要求而非必须"预交"的要求，因鉴定程序已经开始且尚未结束之间的任何阶段，鉴定程序均可被"终止"。② 虽然依据特别法优于普通法的原则，民事诉讼领域应优先适用《民事证据规定》，但这两部规定提法上的不一致会导致民事审判实务中各地法院的不同做法而造成审判不公，也会导致民事司法鉴定中各方主体的不同理解而引发冲突。另一方面，关于鉴定人出庭费，根

---

① 如前文所述，我国现行制度中的"鉴定费用"局限于对鉴定人履行陈述义务所支付的费用，即鉴定实费、鉴定报酬，而不包括鉴定人出庭费，不论是我国民事诉讼立法还是关于司法鉴定的专门规定，皆是如此。

② 当然，根据《司法鉴定程序通则》第 16 条规定的当事人与鉴定人于鉴定开始前所签订的"鉴定协议"，鉴定人大多会要求当事人预先交纳鉴定费用，以减少其为实施民事司法鉴定的垫付，保障其履行鉴定义务后能够受到相应的费用补偿。但是很多情况下当事人都不会预交或是不完全预交，这或多或少与第 29 条的规定有一定关系。

据《诉讼费用交纳办法》第 20 条第 3 款所规定的"待实际发生后交纳",鉴定人出庭费是在鉴定人出庭之后支付而不需要预交。①彼时,严格意义上说,我国并未建立起民事诉讼鉴定费用的预交制度,对鉴定实费、鉴定报酬的预交规定不够严谨,且未对鉴定实费、鉴定报酬和鉴定人出庭费予以区别对待。

新修订的《民事证据规定》明确提出"预交规则",从时间维度上促使民事诉讼鉴定费用制度的程序要素更加完善,也让鉴定费用的民事诉讼费用属性更为凸显,是此次修订的重大成果之一。一方面,预交规则对应的费用范围大致涵盖了鉴定人的陈述义务、出庭义务两个方面。《民事证据规定》第 31 条第 1 款规定"当事人申请鉴定"的,"预交鉴定费用";第 38 条第 1 款又规定"当事人在收到鉴定人的书面答复后仍有异议的","预交鉴定人出庭费用"。作为例外,第 38 条第 2 款还规定了"对鉴定意见均有异议"时,双方当事人"分摊"鉴定人出庭费的连带"预交"方式,不足的是,该规则未具体说明"分摊"预交的比例依据。据上述条款设置即可推断,此"鉴定费用"对应的是鉴定人的陈述义务,"鉴定人出庭费用"对应的是鉴定人的出庭义务。其后,第 39 条第 2 款规定,法院"委托鉴定时"已经确定"鉴定人出庭费用包含在鉴定费用中的",不用预交。可以看出,《民事证据规定》在区分这两种费用的基础上,同时对两种费用设置了预交规则。遗憾的是,对于"鉴定费用"的用语仍然存在模糊不清的问题。另一方面,为强化预交规则的法律效果,《民事证据规定》还进一步勾勒了当事人不预交鉴定费用的后果。

2. 不预交的后果

当事人之所以被要求预先交纳民事诉讼鉴定费用,就是为了防

---

① 关于出庭作证费用,我国《民事诉讼法》第 74 条明确规定了证人出庭费的预交制度,即"当事人申请证人作证的,由该当事人先行垫付"。从本质上看,证人和鉴定人同为人的证据方法,证人出庭费和鉴定人出庭费同属于诉讼费用,但我国立法对此设置了不同的给付规定,实属不合理。

止当事人在民事司法鉴定实施之后拒不支付鉴定费用，而由法院负担相应的鉴定费用。换言之，当事人若不预交民事诉讼鉴定费用，防止目的即无法达成。征诸大陆法系的相关立法例，为敦促当事人预交民事诉讼鉴定费用，各国均规定当事人若不预交鉴定费用可导致程序法上和实体法上的双重法律后果。程序法上，当事人若不预交鉴定费用，法院有权拒绝实施相关证据调查程序；相应的，程序法上的法律后果也会给当事人带来实体法上的不利益，即根据"申请者预交原则"中有利者预交的理论依据，可推知，相关鉴定程序的缺乏将导致申请人承担事实真伪不明所带来的不利益。例如，《法国民事诉讼法》第271条规定，当事人不按照规定的期限与支付方式寄存预付款时，"鉴定人之指定事由失去效力"；作为例外，"法官应当事人之一的请求，依据该当事人提出的合法理由"，可以"决定延长期限或者决定撤销前述失效事由"。此时诉讼继续进行，"但未寄存款项或者拒绝寄存款项的人应承担一切后果"。又如，日本《关于民事诉讼费用等的法律》第12条第2款规定，依照规定应缴纳而不缴纳费用时，"法院可不为需要缴纳该费用的行为"。再如，根据我国台湾地区"支给标准"第14条第1款的规定，当事人未预交足额的鉴定费用时，法院可视情形"依民事诉讼法第94~1条规定①办理"，不实施相关鉴定程序，甚至终止诉讼。

　　针对当事人不按期交纳鉴定费用，我国现行制度分别从实体法和程序法两个方面明确规定法律后果的做法，值得肯定。实体法

---

　　①　我国台湾地区"民事诉讼法"第94~1条规定："诉讼行为须支出费用者，审判长得定期命当事人预纳之。当事人不预纳者，法院得不为该行为。但其不预纳费用致诉讼无从进行，经定期通知他造垫支亦不为垫支时，视为合意停止诉讼程序。"因此，我国台湾地区对民事诉讼鉴定费用的预交作出更为严格的规定，以及对当事人不预交鉴定费用设置更为严重的实体法上的后果，即在不得不鉴定的情况下必须由任一方当事人预交鉴定费用，否则法院可依职权终止诉讼程序。

上，根据《民事证据规定》第 31 条第 2 款①的规定，"致使对案件争议的事实无法通过鉴定结论予以认定的，应当对该事实承担举证不能的法律后果"。但程序法上，现行制度存在两种表述方式：根据《司法鉴定程序通则》第 29 条的规定，鉴定人"可以终止鉴定"；根据《民事证据规定》第 31 条第 1 款、第 38 条第 1 款的规定，对当事人而言"视为放弃"。显而易见，鉴定人"可以终止鉴定"，是将终止鉴定程序的权力赋予鉴定人，是对法院关于司法鉴定程序的主导作用的忽视，有违民事诉讼鉴定费用的诉讼费用属性。所以，《民事证据规定》的相关规则更为合适，不过制度冲突问题依然存在，特别法优于普通法的原则也不能完全排除民事司法实践中的理解偏差和适用不同。

（二）给付路径

所谓民事诉讼鉴定费用的给付路径，是指当事人预先交纳鉴定费用时，由谁给付、向谁给付、怎么给付的问题。民事诉讼鉴定费用的预先交纳是为了保障当事人对鉴定费用的最终负担，是当事人需要向法院所履行的公法义务的实现方式。从理论上说，其应以当事人为给付主体，且必须以法院为给付相对方，方能体现民事诉讼鉴定费用的诉讼费用属性，即给付路径原则上应为"由当事人向法院预交"。不论鉴定实费、鉴定报酬抑或鉴定人出庭费皆是如此，都是当事人对法院为其私权利纠纷的解决而开展证据调查所需要花费的支出的预付。

其一，关于由谁给付民事诉讼鉴定费用的问题。大陆法系的通行做法是遵循申请者给付原则，明确规定"由提出申请的当事人"预交。这是关于民事诉讼鉴定费用的给付路径的原则性规定，针对的是当事人申请鉴定或申请鉴定人出庭的情形。作为例外，域外立

---

① 新修订的《民事证据规定》第 31 条第 2 款沿用并丰富了原制度第 25 条第 2 款的规定，也就是说，修订之前《民事证据规定》就规定了实体法上的不按期交纳鉴定费用的法律后果，修订后的《民事证据规定》通过第 31 条第 1 款、第 38 条第 1 款的规定，进一步增加了程序法上的不按期交纳鉴定费用的法律后果。

法也充分考虑了法院依职权启动鉴定或要求鉴定人出庭的情形。对此，不同国家和地区存在不同的做法：（1）规定"由法院决定的当事人"预交，此时法院决定的主要依据是当事人的证明责任。例如，日本《关于民事诉讼费用等的法律》11 条第 2 款指出，法院实施证据调查的费用交纳人，除其他法律特别规定外，"在依申请实施行为时为申请人，依职权实施行为时为法院规定的人"；又如，我国台湾地区"支给标准"第 6 条第 3 款规定，法院依职权调查证据，"认有命行鉴定必要时，亦得斟酌情形，命当事人一造单独缴纳或两造平均缴纳"。（2）规定"由法院付"。例如，我国台湾地区还规定了如果当事人执意不缴纳民事诉讼鉴定费用，但法院认为鉴定十分必要时，而由法院垫付鉴定费用的情形。① "支给标准"第 14 条第 2 款规定，当法院需要实施鉴定，却不按照"当事人不预纳者，法院得不为该行为"的规定处理时，"承办书记官应开列详细项目及其金额，经科长、法官、庭长审核，并经会计室签注意见报请院长或其授权代签人核准后，由法院经费内报支"。

其二，关于向谁给付民事诉讼鉴定费用的问题。大陆法系的国家和地区的相关立法大多明确规定"应向法院"预交。例如，《法国民事诉讼法》第 269 条作出如上规定，第 248 条还要求"禁止技术人员以任何形式直接从当事人那里接受报酬，即使是偿还垫付

---

① 虽然我国台湾地区"支给标准"第 14 条第 2 款的规定中没有明确指出该规定所对应的情形是"法院依职权"启动鉴定或要求鉴定人出庭，只是提到"法院如需为该项调查证据之行为"。但是，"当事人不预纳"的情况大致可分为当事人提出申请却不预交鉴定费用，或是法院依职权启动相关鉴定程序并要求当事人预交鉴定费用但当事人不预交的情形。关于前者，当事人不预交鉴定费用的行为造成鉴定相关程序的启动不具备形式要件，不管当事人出于何种原因不预交鉴定费用，都应视为当事人已向法院表达其对申请的放弃，此时若法院仍然启动相关鉴定程序则必有"法院依职权"启动之意。关于后者，其前提本身就是"法院依职权"启动相关鉴定程序。因而，本书将我国台湾地区"法院依职权"启动相关鉴定程序的鉴定费用给付问题归为"由国家财政垫付"一类。

款名义给付的报酬"①；日本《关于民事诉讼费用等的法律》第12条第1款规定，对于"法院为进行证据调查"的行为，除其他法律特别规定以及最高法院规定外，法院必须命令当事人等预先交纳该费用的概算额；根据我国台湾地区"支给标准"第6条第1款的规定，当事人申请讯问鉴定人的，于鉴定人请求日费、旅费或鉴定人请求报酬时，"通知当事人径向法院"缴纳。

其三，关于怎么给付民事诉讼鉴定费用的问题。大陆法系的部分国家和地区还规定了关于民事诉讼鉴定费用的给付方式的程序性要求，主要涉及给付账户和具体时间。以立法的形式明确怎么给付的问题，是为了避免民事司法实践中各式各样的做法会给当事人的操作或法院的管理带来不便。例如，法国民诉法第269条规定，法官指定由哪一方当事人或诸当事人"在其确定的期限内向法院书记屋寄存预付款"。如指定多名当事人寄付预付款，法官应指明"他们各自寄存预付款的比例"；如有必要，法官可安排"寄存预付款的期日"。

反观我国大陆地区，现行制度明确规定了民事诉讼鉴定费用的给付路径，即《诉讼费用交纳办法》第11条所规定的鉴定人出庭费"由人民法院按照国家规定标准代为收取"，以及第12条所规定的鉴定实费、鉴定报酬"由当事人直接支付给有关机构或者单位"。由此可见，我国现行制度将鉴定实费、鉴定报酬与鉴定人出庭费区别对待，采取了不同的给付方式。其中，鉴定人出庭费遵循的是"由当事人向法院交纳"的给付路径，并无不妥。该给付路径在新修订的《民事证据规定》中也有所体现，其第38条第1款、第39条第2款规定，由法院"通知有异议的当事人预交"，凸显法院对于民事司法鉴定程序的主导作用。据此可推断，当事人接到预交通知后将向法院交纳鉴定人出庭费。

关于鉴定实费、鉴定报酬，"由当事人向鉴定人支付"的给付路径是否符合诉讼法理和实践要求，值得反思。主要问题包括：

---

① 参见罗结珍译：《法国新民事诉讼法典》，中国法制出版社1999年版，第50页。

（1）"由当事人向鉴定人支付"有违民事诉讼鉴定费用的诉讼费用属性以及三方主体的权利义务关系。如第一章第二节"民事诉讼鉴定费用的性质"中所述，根据民事诉讼鉴定费用的诉讼费用属性，负担鉴定费用是当事人对法院应履行的公法负担义务，法院才是当事人给付和负担的相对方。又者，民事诉讼鉴定费用中三方主体的权利义务关系以法院为中心和衔接点，当事人和鉴定人之间原则上不具有权利义务关系，当事人直接向鉴定人支付没有正当法理依据。（2）"由当事人向鉴定人支付"会造成当事人负担上的不公平，以至于影响当事人行使诉权的积极性。虽然基于民事诉讼有偿原则，民事诉讼鉴定费用的给付和负担均应由当事人完成，但是在我国民事诉讼鉴定费用的负担规则尚不明确之时，若给付鉴定费用的当事人最终胜诉时法院未通过裁判对该鉴定费用的负担作出调整，就会引起负担上的不公平。这种情况下，那些可能胜诉但主要依赖于民事司法鉴定这一证据调查方法的当事人，尤其是经济能力欠缺的当事人，在行使诉权时就不得不先评估鉴定成本，也有可能因为鉴定成本而放弃诉讼，导致当事人的合法权益无法得到司法的有效保障。（3）"由当事人向鉴定人支付"使法院无法主导和监控鉴定实费、鉴定报酬的费用标准和收费情况。当事人直接向鉴定人支付民事诉讼鉴定费用，其费用数额是鉴定人根据现行费用标准及其浮动空间自行决定的，除了我国现行制度中费用标准的不合理、不完备因素外，费用数额的浮动缺乏具体的法定依据而大多受鉴定人的主观影响，浮动情况差异很大，且超出浮动空间的情况也并不少见。缺乏法院的审核和监督，"天价鉴定费"的类似情况难免不会产生。（4）"由当事人向鉴定人支付"给当事人与鉴定人的不正当交往提供机会。在民事司法鉴定中，鉴定人与当事人之间不应存在任何利害关系，以避免鉴定人的主观态度影响鉴定意见的客观公正。基于此，大陆法系的相关立法例均设置了鉴定人回避制度，我国也不例外。因此，应禁止鉴定人与当事人的私下接触，这也是民事司法鉴定中以法官作为当事人与鉴定人的衔接点的重要原因。然而，当事人直接向鉴定人支付鉴定费用时，两者必然会私下接触，有的甚至多次接触，当事人出于胜诉的私心难免不会对鉴定人以各种方式尤其是经济方式示好，这将可能给鉴定工作、鉴定结论、鉴定费用的数额等各方面带来负面影响。

此外，在我国现行制度所规定的"由当事人"给付民事诉讼鉴定费用的给付方法中，并没有区分"由当事人申请"还是"法院依职权"启动相关鉴定程序的情形。那么，"法院依职权"启动鉴定或要求鉴定人出庭时，民事诉讼鉴定费用是由法院垫付，还是依法院决定由负举证责任的当事人给付，抑或是其他给付方式？我国现行制度没有作出统一、明确的规定。① 我国还缺乏关于"怎么给付"民事诉讼鉴定费用的相关规定，这也是源于我国现行制度中鉴定实费、鉴定报酬所遵循的是由当事人直接向鉴定人给付的错误路径，其具体给付方式完全由鉴定人决定而无法规制。

（三）给付数额

1. 给付数额的确定方式

因当事人对民事诉讼鉴定费用的预交早于民事司法鉴定的实施，则对当事人所预交的鉴定费用的费用数额的确定只会更早，此时鉴定人尚未履行相关鉴定义务，其劳动成本、物质成本和经济成本还未实际产生，只能根据鉴定费用的费用标准予以预估。因此，本质上给付数额的确定是根据法定标准对给付数额进行预先估算。

鉴于民事司法鉴定中法院的主导作用，民事诉讼鉴定费用的给付数额的确定也应以法院为主导，强调预估鉴定费用数额的职权性

① 关于"法院依职权"启动鉴定或要求鉴定人出庭的，目前我国只有少数地区、行业对民事诉讼鉴定费用的给付方式作出规定，且规定并不相同。例如，2002 年 4 月江苏省出台的《江苏省高级人民法院适用〈关于民事诉讼证据的若干规定〉应当注意的有关问题（一）》第 4 条规定，"涉及可能有损国家利益、社会公共利益的事实，人民法院可以依职权委托鉴定，并根据举证责任分配的原则，指令一方当事人预交鉴定费。该当事人不预交鉴定费的，由人民法院先行垫付，由败诉一方当事人负担。"又如，2005 年 7 月北京市出台的《北京市高级人民法院关于审理医疗损害赔偿纠纷案件若干问题的意见（试行）》第 14 条规定，"人民法院认为确有必要依职权委托医疗鉴定的，鉴定费由双方当事人预交"，但是，2017 年 12 月颁布施行的《最高人民法院关于审理医疗损害责任纠纷案件适用法律若干问题的解释》对该问题依旧没有涉及。

和精确性。大陆法系的国家和地区均规定由法院依职权确定民事诉讼鉴定费用的费用数额，德国和我国台湾地区还提出了法官在预估鉴定费用时需要重点考虑的因素。譬如，德国《司法收费和补偿法》第13条第7款规定，法院"首先确认向国库支付金额数"，同时还应决定"在不考虑当事人或参与人的声明的情况下将鉴定人提供的服务归入哪个报酬类别"；法国民诉法第269条规定，法官在任命鉴定人时应确定鉴定报酬比例中"应当预付的数额"，且该数额应"尽量"与最终的鉴定报酬数额"相接近"；日本《关于民事诉讼费用等的法律》第26条规定，鉴定费用的金额"依法院认为合适之处而定"；我国台湾地区"支给标准"第6条第1款规定，关于鉴定人的日费、旅费或报酬，承办书记官应"视事件之繁简，鉴定人路途之远近，鉴定人请求之报酬及鉴定所需之费用"计算费用数额。

反观我国大陆地区，现行制度明确要求在鉴定人履行相关鉴定义务之前确定相关费用，即提出了预先确定鉴定费用的费用数额的要求。例如，关于鉴定实费、鉴定报酬，《司法鉴定程序通则》第16条要求在鉴定开始前当事人与鉴定人之间签订"鉴定协议"，并载明鉴定费用及其收取方式；关于鉴定人出庭费，《司法鉴定程序通则》第44条要求鉴定人与法院确认鉴定人出庭费。由此可见，与民事诉讼鉴定费用的给付路径相似，我国在其费用数额的确定方面也采取了双重标准。具言之，鉴定实费、鉴定报酬由鉴定人与当事人协议，其实质是费用数额由鉴定人主导，尽管当事人可以通过提出异议对此产生影响，但这依然有违法院主导民事司法鉴定的证据法要求，以及鉴定人与当事人之间原则上不存在权利义务关系的本质。鉴定人与当事人直接通过"鉴定协议"确定费用数额，还会导致各方主体将其误认为民事委托协议，而造成对民事司法鉴定及其鉴定费用的法律性质的错误认知，并对民事司法实践中的费用定价和费用管理造成不利影响。与此不同的是，鉴定人出庭费由鉴定人与法院确认。从表面上看这并无不妥，但该规定也没有强调法院在鉴定费用的给付数额确定之中的主导作用，而是使用了"确认"这一中立表达，似有确认费用有无之意，这导致法院会对其确定鉴定费用数额的主导作用形成理解模糊，在民事司法实践中实则管也不好、不管也不好。

2. 给付数额的确定标准

为规范民事诉讼鉴定费用的收费，大陆法系的国家和地区原则上都按照法定的费用标准预估三种鉴定费用的各自数额以及民事诉讼鉴定费用的总数额。该法定的费用标准即本书在第二章"民事诉讼鉴定费用的构成"中所详细探讨的，各国和地区关于民事诉讼鉴定费用的费用范围和费用标准。这是因为，对预交的鉴定费用的费用数额采取不同的确定标准，则会产生完全不同甚至差别巨大的预估结果。只有依据法定的、明确的、统一的费用标准来确定需要预交的费用数额，才能最大程度地保障司法的公平公正。

惟在特殊情形下，民事司法鉴定所需要花费的劳动成本、物质成本和经济成本多于常态，以至于按照法定的费用范围和费用标准所预估的鉴定费用明显不足以支付实际所需要的鉴定费用时，法律允许根据不同的具体情况而采取不同的预估方式。例如，根据德国《司法收费和补偿法》第 8 条第 4 款的规定，"鉴定人、口译人、笔译人的经常居住地在外国的，可以充分考虑其个人境况特别是他的常规职业收入，经合理测算后按照高于本条第 1 款规定的收费标准给予收费"。又如，第 13 条还规定了"特殊收费"，并与法定收费相对照，设置了一定的条件。其中，第 13 条第 1 款规定，当事人"向法院声明同意依照法律规定"或者"依照与法律规定不同的方法"测算收费金额的，必须"有足够的金额向国库支付全部收费"，且"在法院许可"后才能聘请鉴定人。具体到鉴定报酬，第 13 条第 2 款规定，当事人"参照本法第 9 条规定的小时费率支付报酬的"，经法院许可的"单方声明即有效"；但是，当事人声明"金额不超过本法第 9 条规定的报酬金额的 1.5 倍"的，法院应当听取"另一方当事人"的意见才可许可该声明。

3. 补交或退费

既然鉴定费用的给付数额的确定是根据法定的费用标准结合鉴定项目的实际情况所进行的预先估算，必然会存在与实际费用的偏差，就会产生民事诉讼鉴定费用的补交和退还问题。若当事人按照预估的费用数额所预交的民事诉讼鉴定费用不足以支付实际所需要的鉴定费用时，法院须命令当事人补交费用差额；而若当事人按照预估的费用数额所预交的民事诉讼鉴定费用多于实际所需要的鉴定费用时，多余部分法院应予以退还。例如，根据《法国民事诉讼法》第280条、第284条的规定，鉴定人认为预付款数额不够的，"法官得命令追加"，否则产生"鉴定人得按现有状况提交其报告"的后果；反之，如有必要，法官在鉴定意见提交后将"命令返还原寄存的剩余款项"。又如，我国台湾地区"支给标准"第13条规定，法院支付鉴定人日费、旅费、报酬均在当事人缴纳之费用中扣还，如有不足，"应命当事人再行补缴"；① 如有余额，"即以主动汇还余款之收据凭证或通知当事人领回余款之领款收据作为付款凭证，办理退库发还之"。与法国民诉法的上述规定不同，关于当事人不补交鉴定费用的法律后果，我国台湾地区"支给标准"第14条第1款规定，"经通知补缴而未补缴，法院得视其情形，依民事诉讼法第94~1条规定办理"，即当事人不补交鉴定费用与不预交鉴定费用产生相同的法律后果，将可能导致鉴定程序不实施甚至诉讼终止。

第二节　民事诉讼鉴定费用的负担

一、民事诉讼鉴定费用的负担原则

（一）整体性原则

当事人对民事诉讼鉴定费用的最终负担，是当事人履行对法院的公法义务的核心内容，也是其诉讼费用属性的直接体现。根据民事诉讼费用制度的相关规则，民事诉讼费用原则上应作为一个整体

---

① 我国台湾地区"支给标准"第6条第2款也有相同规定，即鉴定人的日费、旅费和报酬"如有不足支付之情形，仍得命当事人再行补纳"。

由法院统一作出裁判，此谓"费用一体性原则"①。该原则至少有两层含义，一是民事诉讼费用作为一个整体而由法院作出同一裁判，二是民事诉讼费用作为一个整体而具有同一的费用负担方式。该原则明确强调了民事诉讼费用之不可分割的整体性。循此而言，对于民事诉讼鉴定费用而言，是指其中的鉴定实费、鉴定报酬和鉴定人出庭费原则上应作为一个整体，其负担方式不仅应都由法院的同一个裁判所决定，且最终应按照相同的负担方式由当事人负担。此即民事诉讼鉴定费用的整体性负担原则。

民事诉讼鉴定费用的整体性负担原则，源于民事诉讼鉴定费用产生根源的同一性。民事诉讼鉴定费用由鉴定实费、鉴定报酬和鉴定人出庭费三部分组成。鉴定实费、鉴定报酬是鉴定人向法院履行陈述义务所产生的物质成本、经济成本和劳动支出，鉴定人出庭费是鉴定人向法院履行鉴定义务所产生的经济成本，这三者均是鉴定人对法院履行公法上的鉴定义务时所产生的费用。依同等事务应予以同等处理的原则，鉴定人履行陈述义务和出庭义务都是其为了协助法院开展证据调查所实施的行为，那么，鉴定实费、鉴定报酬和鉴定人出庭费亦同根同源，原则上属于一个整体，应给予相同的对待而遵循整体性负担原则。若这三种鉴定费用的任一部分被随意分割而适用不同的给付方式②或负担方式，都是有违民事诉讼鉴定费用的整体性负担原则的做法，将造成民事司法实践中鉴定费用收费不公、管理混乱的问题，进而给民事司法鉴定活动的有序开展带来负面影响。

---

① "费用一体性原则"是德国民事诉讼费用制度的核心原则。参见[德] 狄特·克罗林庚：《德国民事诉讼法律与实务》，刘汉富译，法律出版社 2000 年版，第 34 页。

② 根据诉讼费用的"费用一体性原则"，以及鉴定实费、鉴定报酬和鉴定人出庭费的同根同源的整体性，不但民事诉讼鉴定费用中三种费用的负担方式不能采取不同方式，三种费用的给付方式亦不能被区别对待。因此，从这个角度看，我国现行制度对三种费用设置了两种不同给付方式，不具有合理性。

（二）败诉者负担原则

无论是英美法系还是大陆法系，"败诉方负担"是众多国家和地区关于民事诉讼费用负担的基本原则，我国也不例外。① 败诉方负担是指，负担民事诉讼费用的当事人原则上应是诉讼中的败诉方，即法院通过裁判程序确定诉讼中的败诉方为民事诉讼费用的负担义务人。如若调节国家与当事人之间的纵向费用分担的依据是"受益者负担原则"，那么，调节双方当事人之间的横向费用分担的依据则是"败诉者负担原则"。民事诉讼起源于当事人之间的私权利纠纷，大多是因败诉方侵害了胜诉方之私益，根据法院的裁判，败诉方应对其行为所造成的损失承担相应的赔偿责任，以此作为惩罚。负担民事诉讼费用的实质，是对侵害他人私益而违反法律规定的当事人的一种经济制裁，② 亦是对侵害他人私益还以应诉形式来抵制救济要求的人所给予的负担双重诉讼成本的制裁。③ 与此同时，"败诉者负担原则"使胜诉方可在零成本的基础上实现对其私益的保护，而具有促进私益享有者积极主张自身权利的意义。

民事诉讼鉴定费用既然具有诉讼费用属性，其费用负担理应遵循"败诉者负担原则"。尽管依"申请者预交原则"，民事诉讼鉴定费用是由申请方当事人预交或是依法院指定而由负证明责任的一方当事人预交，但鉴定费用的预交只是为了满足民事司法鉴定活动的经费保障，其最终还须被纳入整个案件的诉讼费用范畴之中，由法院根据双方当事人的权利义务关系裁判究竟由谁承担更为合适。对此，民事诉讼鉴定费用不应区别于其他民事诉讼费用而具有不同的负担方式，其三种鉴定费用均应适用"败诉者负担原则"。

---

① 参见《美国联邦民事诉讼规则》第 54 条第 4 款第（一）项、俄罗斯民诉法第 98 条、意大利民诉法第 91 条、德国民诉法第 91 条、法国民诉法第 696 条、日本民诉法第 61 条、我国台湾地区"民诉法"第 78 条、我国《诉讼费用收费办法》第 29 条的规定等。

② 这也是诉讼费用的惩罚性质。参见谭兵：《中国民事诉讼法要论》，西南财经大学出版社 1991 年版，第 292 页。

③ 参见［日］棚濑孝雄：《纠纷的解决与审判制度》，王亚新译，中国政法大学出版社 1994 版，第 289 页。

二、民事诉讼鉴定费用的负担规则

（一）败诉者负担及例外

依据"败诉者负担原则"，具有诉讼费用属性的民事诉讼鉴定费用应与其他民事诉讼费用一样，原则上由败诉方当事人承担，这是毋庸置疑的。败诉方为共同诉讼当事人的，共同诉讼当事人应当承担连带责任而共同负担民事诉讼费用。大陆法系的相关立法还专门就民事诉讼鉴定费用的"败诉者负担"方式进行了细化，以明确法定特殊情形下当事人的费用分担。例如，德国规定了按案件数量分担和连带承担的情形。《司法收费和补偿法》第 8 条第 3 款规定，若"收费性服务或者开支分摊进了同时承办的多个案件"，则应根据案件数量分摊费用。第 13 条第 6 款规定，超额鉴定报酬中"提交声明的多个人"应作为"在内部关系中按人头数向国库"承担连带责任。将法院用于证据调查等的鉴定实际成本纳入民事诉讼费用并要求当事人承担，已经成为当事人诉讼保障的必要举措。①

"败诉者负担原则"同样适用于民事诉讼鉴定费用"由法院垫付"的情形。例如，根据我国台湾地区"支给标准"第 14 条第 3 款的规定，当事人不预交民事诉讼鉴定费用但法院仍需实施民事司法鉴定时，鉴定费用"由法院经费内报支"，但诉讼终结后，第一审法院应裁定"向应负担诉讼费用之当事人征收"该费用额。因此，不论是在当事人申请鉴定或鉴定人出庭的场合，还是在法院依职权启动鉴定或要求鉴定人出庭的场合，皆最终由法院依职权裁判民事诉讼鉴定费用由"败诉者负担"为宜。

惟在法定特殊情形下，法院才会裁判由双方当事人分担或由胜诉方负担等其他负担方式，以此作为民事诉讼费用"败诉者负担"的例外。"败诉者负担"强调的是对挑起私权利争端的全部责任的败诉方的惩罚和警示，但更多情况是，双方当事人都对私权利纠纷存在过错抑或囿于案件事实、举证情况等情形，完全由一方当事人

---

① 参见廖永安：《诉讼费用交纳办法之检讨》，载《法商研究》2008 年第 2 期。

承担民事诉讼费用并不合理。在这些特殊情况下，民事诉讼鉴定费用的负担亦应具有特殊性。大陆法系的国家和地区的相关立法均针对民事诉讼费用明确罗列了"败诉方负担原则"的例外情形，这些规定原则上同样适用于民事诉讼鉴定费用。结合我国现行关于民事诉讼费用负担的规定，如下几种方式可以予以明确：（1）按胜败诉比例分担。① 即当事人均部分败诉时，依据双方当事人的败诉比例来分担民事诉讼鉴定费用。（2）协商分担。一是胜诉方自愿承担民事诉讼费用的情形，② 二是案件达成和解或调解的情形，③ 三是离婚案件的情形，④ 应提倡采取灵活方式而尊重当事人的自主意愿，由双方当事人协商确定民事诉讼鉴定费用的负担，以减少讼累并提升审判效率。（3）撤诉案件的负担。原告或上诉人撤诉时，民事司法鉴定中已经花费的民事诉讼鉴定费用⑤原则上应由原告或

---

① 对此，可以参照我国《诉讼费用交纳办法》第 29 条第 2 款的规定："部分胜诉、部分败诉的，人民法院根据案件的具体情况决定当事人各自负担的诉讼费用数额。"

② 对此，可以参照我国《诉讼费用交纳办法》第 29 条第 1 款的规定："诉讼费用由败诉方负担，胜诉方自愿承担的除外。"以及 2015 年《最高人民法院关于适用〈中华人民共和国民事诉讼法〉的解释》第 207 条第 1 款的规定："判决生效后，胜诉方预交但不应负担的诉讼费用，人民法院应当退还，由败诉方向人民法院交纳，但胜诉方自愿承担或者同意败诉方直接向其支付的除外。"

③ 例如，德国立法规定和解结案时诉讼费用的负担以双方当事人合意为主，没有合意时则视为相互抵消；日本立法规定双方当事人和解时原则上诉讼费用由当事人各自负担，不过当事人亦可以合意确定诉讼费用的负担问题。参见常怡：《比较民事诉讼法》，中国政法大学出版社 2002 年版，第 489 页。

④ 对此，可以参照我国《诉讼费用交纳办法》第 33 条的规定："离婚案件诉讼费用的负担由双方当事人协商解决；协商不成的，由人民法院决定。"

⑤ 所谓民事司法鉴定中已经花费的民事诉讼鉴定费用，包括两种情况：一种是相关鉴定程序已经完成时所有法定的鉴定费用；一种是相关鉴定程序未完成时，按照相关规定应支付的部分鉴定费用。

上诉人负担。① （4）非必要费用的负担。民事诉讼鉴定费用应是符合法定要求的、必要的且合理的费用，若当事人非因权利的伸张或防御而花费的费用则属于非必要费用，② 不应纳入民事诉讼费用的范畴而按照"败诉者负担原则"负担，胜诉方须依法院裁判负担部分或全部。③ （5）不正当行为的负担。④ 若当事人在民事司法鉴定过程中实施了不正当行为，例如，故意提供错误的鉴定资料、向鉴定人行贿等，由此产生的民事诉讼鉴定费用应由实施不正当行为的当事人承担。

　　反观我国，我国现行制度中并没有关于民事诉讼鉴定费用负担

---

　　① 对此，可以参照我国《诉讼费用交纳办法》第 34 条的规定："民事案件的原告或者上诉人申请撤诉，人民法院裁定准许的，案件受理费由原告或者上诉人负担。"根据民事诉讼费用负担的"费用一体性原则"，原则上，用于证据调查的其他诉讼费用应与案件受理费遵循一致的费用负担原则，即民事诉讼鉴定费用也应由原告或者上诉人负担。而对于被告申请鉴定所产生的鉴定费用的负担是否有例外情形，还需进一步推敲。

　　② 例如，德国规定败诉方负担的费用必须是因诉讼行为所支出的，其在费用范围和费用数额上应符合立法规定，但不包括因过失产生的费用。参见常怡：《比较民事诉讼法》，中国政法大学出版社 2002 年版，第 489 页。

　　③ 例如，根据日本学说，诉讼费用应由败诉者承担，依裁判所之意见，限于相当之权利伸张或权利防御必要之费用也。故不必要之费用，虽属胜诉者亦当负担，至判定为必要与否，亦从裁判所之意见。参见［日］高木丰三：《日本民事诉讼法论纲》，陈与年译，中国政法大学出版社 2006 年版，第 232~233 页。又如，根据我国民国时期的学说，非为伸张或防御权利所必要，纵该当事人胜诉，法院仍得命胜诉之当事人负担费用之全部或一部。参见蒋澧泉编著：《民刑诉讼证据法论》，吴宏耀、魏晓娜点校，中国政法大学出版社 2012 年版，第 195 页。

　　④ 在我国民事诉讼立法的历史上，1984 年最高人民法院《民事诉讼收费办法（试行）》第 7 条第 4 款、1989 年最高人民法院《人民法院诉讼收费办法》第 25 条都有类似规定。尽管我国现行制度不再对此专门进行规定，但若遇到有关情形，除了依据相关制度予以更为严厉的处罚外，其鉴定费用的负担也应该予以考虑。

方式的具体规定，且对鉴定实费、鉴定报酬和鉴定人出庭费的规制方式并不相同。关于鉴定人出庭费，《诉讼费用交纳办法》第 6 条明确将其纳入诉讼费用的范畴。新修订的《民事证据规定》第 39 条第 1 款更是直接指出，"鉴定人出庭费用""由败诉的当事人负担"的基本原则，以及"因鉴定意见不明确或者有瑕疵"而需要鉴定人出庭时，由当事人"自行负担"鉴定人出庭费的例外规定。由此，鉴定人出庭费的负担应当遵循民事诉讼费用的负担方式即适用"败诉者负担"及其例外规则。

然而，关于鉴定实费、鉴定报酬，我国现行规定却疑点重重。其一，《诉讼费用交纳办法》未直接将鉴定实费、鉴定报酬纳入民事诉讼费用之中，① 而缺乏直接适用"败诉者负担"及其例外规则的法律依据。其实从历史角度看，我国民事诉讼立法曾一度、并在相当长的一段时间内将鉴定实费、鉴定报酬纳入民事诉讼费用的范畴。历史上第一个关于民事诉讼费用的全国统一规定是 1984 年最高人民法院的《民事诉讼收费办法（试行）》,② 其第 2 条第（二）项规定了"财产案件的鉴定费"属于诉讼费用；该办法于 1989 年由最高人民法院《人民法院诉讼收费办法》所替代，其第 2 条第（一）项、第（二）项在"财产案件的鉴定费"之外，将"鉴定人出庭费"也列为诉讼费用；十多年之后，1999 年最高人民法院《〈人民法院诉讼收费办法〉补充规定》作为对前项办法的补充，第 1 条第 1 款就增加了"非财产案件鉴定所实际支出的费用"。从以上规定的演变可以发现，我国民事诉讼立法的历史发展趋势是，逐渐将民事诉讼鉴定费用的全部内涵纳入民事诉讼

---

① 《诉讼费用交纳办法》第 6 条对于诉讼费用的界定以及第 7 条、第 10 条、第 11 条的说明，都没有将鉴定人出庭费以外的其他民事诉讼鉴定费用纳入诉讼费用的范畴，而该办法在第 12 条单另规定了"因鉴定"发生的费用，并采取与鉴定人出庭费不同的给付方式以示区别，据此，鉴定人出庭费以外的其他民事诉讼鉴定费用并未被直接纳入诉讼费用的范畴。

② 1984 年最高人民法院《民事诉讼收费办法（试行）》的制定依据是 1982 年《民事诉讼法（试行）》。

费用的范畴。① 可惜的是，当 2006 年国务院公布的《诉讼费用交纳办法》成为国家层面上关于民事诉讼费用的主要规定之后，其并没有沿用以上司法解释的规定，而仅是保留了在民事诉讼费用中列明鉴定人出庭费的做法。尽管，依据体系解释和目的解释，因《诉讼费用交纳办法》第 12 条规定了鉴定人出庭费以外的"因鉴定"发生的费用，可以推断立法者认为鉴定实费、鉴定报酬也属于诉讼费用的范畴并以其为调整对象进行规范，而对其适用"败诉者负担"及其例外规则。可惜的是，这只是一种根据法律解释方法所作的推断，不具备足够的确定性和权威性，导致民事审判实务的适用情况亦不够理想。

其二，《诉讼费用交纳办法》第 12 条所规定的法院"根据谁主张、谁负担的原则"决定给付方式，这一提法容易引发关于鉴定实费、鉴定报酬的负担方式的歧义，② 引致"主张者负担"的负担方式。应当注意的是，鉴定实费、鉴定报酬适用"主张者负担"方式是明显不合理的，这是因为：（1）这种负担方式不符合诉讼法理。之所以要求"败诉者负担"诉讼费用，就是因为一般而言败诉方对于诉讼开启及其诉讼成本具有不可推卸的责任，而应成为当事人公法负担义务的最终承担者，这是民事诉讼费用负担规

---

① 从以上规定的演变还可以发现，在我国民事诉讼立法的历史发展中，民事诉讼鉴定费用的内涵是逐渐扩充的，即在"鉴定费"基础上增加鉴定人出庭费、从财产案件扩展到非财产案件，这或许与彼时民事司法鉴定的程序要求和实践需求相关。

② 有学者也持有不同观点，认为《诉讼费用交纳办法》第 12 条中的"谁主张、谁负担"，只是以此决定鉴定实费、鉴定报酬的给付方式为申请方交纳。"谁主张、谁负担"只是一方当事人为维护私益主张引入司法鉴定以加强证明效果，并期望据此使法官形成有利于自己的心证。此时法院判决还未作出，申请鉴定的当事人的诉讼请求能否得到法院支持尚不确定，则该提法是指应先由申请方交纳相关鉴定费用。并且，鉴定实费、鉴定报酬应属于诉讼参与人辅助诉讼的费用而属于诉讼费用的范畴，应遵循诉讼费用的负担规则。参见《人民司法》研究组对于黑龙江省牡丹江市东安区人民法院法官温晨洪的回复：《本案的鉴定费用应由谁负担?》，载《人民司法》2010 年第 1 期。

则的基本出发点和法律依据。"主张者负担"则完全打破了这一规则而于法无据。(2)这种负担方式有违民事诉讼鉴定费用的整体性原则。根据民事诉讼鉴定费用的整体性原则,鉴定实费、鉴定报酬与鉴定人出庭费同根同源,原则上属于一个整体,应遵循相同的费用负担方式。当鉴定人出庭费被纳入诉讼费用而应适用"败诉者负担"及其例外规则时,鉴定实费、鉴定报酬适用"主张者负担"就显得格格不入了。(3)这种负担方式会引起当事人负担上的不公平,以至于影响司法公正和司法权威。如果说"由当事人向鉴定人支付"的给付方式是可能造成当事人负担不公的前提条件,那么,"主张者负担"的负担方式则会直接形成当事人负担不公的法律效果。依据权利义务相一致原则,应由"败诉者"负担民事诉讼费用而受到经济制裁,若"主张者"胜诉时仍需负担鉴定实费、鉴定报酬,显然不公正且影响当事人对国家司法权的信任感。此外,当"法院依职权"启动鉴定时,"主张者"的不明将使鉴定实费、鉴定报酬的负担变得更加难以决定。因此,鉴定实费、鉴定报酬的负担方式的不清晰不明确,将导致我国民事司法实践中各地法院的不同理解及不同做法,造成审判结果的截然不同和混乱现状。

(二)鉴定费用的减免

征诸域外立法例,现代国家的民事诉讼立法均会顾虑"确有困难"当事人的诉讼成本,而在法定情形下设立民事诉讼费用的减免制度。诉讼免费意味着诉讼成本完全由整个社会承担,诉讼依法院实际支出全额收费则意味着法院代表国家行使审判权的成本完全由诉讼个体承担,司法政策总试图在两个极端之间寻求合理的折中办法。① 尤其是随着科技发展,当前民事诉讼中越来越需要通过司法鉴定运用专门性知识来证明事实真伪,民事诉讼鉴定费用在诉讼成本中也占据越来越重要的比例,不小的鉴定成本会加剧"确

---

① 参见方流芳:《民事诉讼收费考》,载《中国社会科学》1999年第3期,第130页。

有困难"当事人的经济负担。为更全面地保障诉权和司法正义，"确有困难"当事人可以向法院申请减交、免交民事诉讼鉴定费用。这就把应由当事人负担的一部分或全部诉讼成本转嫁给诉讼外的第三者，可以更好地促进当事人积极参与审判。① 当然，民事诉讼鉴定费用的减免既可能发生于鉴定费用的给付阶段也可能发生于负担阶段，本书在此一并进行探讨。

德国对民事诉讼鉴定费用的减免进行了专门规定，其设置了较为严格的适用条件，并强调法院享有费用减免的决定权。《司法收费和补偿法》第13条第3款作出规定，"诉讼费用扶助或程序费用扶助获得批准的一方仅可"依照法定的不同预估方式②计算鉴定报酬，假如当事人"肆意利用诉讼费用扶助或程序费用扶助之便不承担预付收费款之义务的，则其应当向国库足额支付法定或者约定（第14条）的可期待的额外报酬金额"，该金额"由法院作出的不可上诉的裁定予以确认"。又者，第13条第4款规定，如果"诉讼费用扶助或程序费用扶助获得批准的一方"无力支付第3款第2句规定的必要费用，若法院许可其声明则"无需支付"。从上述规定中可知，民事诉讼鉴定费用应作为民事诉讼费用的一部分，而在诉讼费用扶助程序中实现鉴定费用的减免。

反观我国，根据我国现行制度的相关规定，鉴定费用的减免原则上被划入法律援助的范畴，并在部分地区归为更广泛意义上的鉴定救助。2004年司法部和财政部等九部委《关于贯彻落实〈法律援助条例〉切实解决困难群众打官司难问题的意见》第6条规定

---

① 参见〔日〕棚濑孝雄：《纠纷的解决与审判制度》，王亚新泽，中国政法大学出版社1994年版，第291页。

② 民事诉讼鉴定费用的法定的不同预估方式，是指根据德国《司法收费和补偿法》第13条第1款的规定，当事人"向法院声明同意依照法律规定测算收费金额或者依照与法律规定不同的方法测算收费金额的，若有足够的金额向国库支付全部收费，则在法院许可这种收费的情况下才能聘请鉴定人"。

的是对"法律援助案件所涉"鉴定的费用减免,① 2020年司法部公共法律服务管理局《司法鉴定与法律援助工作衔接管理办法(试行)》直接明确适用对象为"法律援助案件受援人"。并且,上海市、广西、甘肃省等地区在地方性司法鉴定收费管理办法中规定"不符合法律援助条件但确有困难的,司法鉴定机构可以酌情减收或者免收相关的司法鉴定费用"②。

鉴定费用的减免规则方面,《司法鉴定与法律援助工作衔接管理办法(试行)》的出台一定程度上填补了鉴定费用的减免规则空缺,使司法实践中鉴定费用的减免有章可循。具言之,其第2条规定,适用范围是"法律援助案件"中的"法医类、物证类、声像资料、环境损害'四大类'司法鉴定";第3条第1款规定,审核主体是"给予其法律援助决定的司法行政部门法律援助机构";并且,鉴定费用的减免存在限制性要件,即第3条第2款规定的减免申请只能"提交一次",以及第6条规定的因"法律援助案件受援人""鉴定人"的主观因素、案件终止或撤销的客观因素而被终止的几种情形。尽管如此,我国关于民事诉讼鉴定费用的减免的规

---

① 2004年司法部和财政部等九部委发布的《关于贯彻落实〈法律援助条例〉切实解决困难群众打官司难问题的意见》第6条规定:"加强法律援助机构与有关鉴定机构的沟通与协调,减免收取或缓收法律援助案件的相关鉴定费用。为了解决法律援助案件的受援人因交不起鉴定费用而无法进入诉讼程序,从而无力维护自己合法权益的问题,各鉴定机构应当对法律援助案件所涉及事项的鉴定给予减免的优惠。司法行政部门管理的面向社会服务的司法鉴定机构,对法律援助案件受援人申请司法鉴定的,应缓收或免收鉴定费。受援人胜诉后,应向鉴定部门补交实际需交纳的费用,受援人败诉,交纳鉴定费用确有困难,鉴定部门给予减免。其他非财政拨款的鉴定机构对法律援助案件受援人申请人身伤残鉴定、亲子鉴定、笔迹鉴定以及财产评估等,实行缓收相关费用。受援人胜诉后,应向鉴定部门补交实际需交纳的费用。受援人败诉,交纳鉴定费用确有困难,由法律援助机构承担相关费用。"

② 该规定是对已废止的《司法鉴定收费管理办法》第17条的沿用。不过根据初步统计,更多的地方性司法鉴定收费管理办法去掉了该规定而只规定了对"法律援助受援人"的费用减免,这很大程度上是源于非法律援助案件的相关规则几乎空白的现状,会导致鉴定费用的减免无序的乱象。

定，至少存在如下几个方面的问题：（1）鉴定人不应是鉴定费用的减免的主要承担方。不论是法律援助还是更广泛意义上的鉴定救助，国家才是通过司法权对弱势群体进行费用救助的主要责任方。虽然民事诉讼鉴定费用是鉴定人履行公法义务的费用补偿，因其对司法权的协助而具有公益性，但这种公益性具有普遍性并体现于鉴定报酬之中，而不应重点针对诉讼中的某个个体或某个群体。即使鉴定人因现实需要而成为法定的鉴定救助主体，其也应在国家财政之外承担补充责任，且应对其予以一定的税收、补贴等经济补偿。因此，我国应建立起"国家主导、鉴定人配合、社会参与"的混合救助模式。① （2）鉴定人不应是鉴定费用的减免的决定方。根据上述地方性司法鉴定收费管理办法的相关规定，对于非法律援助案件所涉及的鉴定费用的减免，由鉴定人决定。然而，鉴定人对鉴定费用的减免的决定权缺乏正当性。民事诉讼鉴定费用具有公法性而应由法院主导，在遵循我国现行制度的基础上，其预交、负担、数额确定、费用减免等具有法律效力的事宜均应决定于法官的自由裁量权，而不该由鉴定人酌情处理。（3）鉴定人不应是当事人申请鉴定费用的减免的相对方。因鉴定人直接承担乃至决定鉴定费用的减免，一般当事人会直接向鉴定人提出鉴定费用的减免要求。这不符合民事诉讼鉴定费用的诉讼费用属性。鉴定费用作为民事诉讼费用的一部分，根据《民事诉讼法》第 118 条第 2 款②的规定，应当遵循由当事人向法院提出减免申请的要求。当事人与鉴定人之间原则上没有权利义务关系而不应直接接触，若民事诉讼鉴定费用的减免由鉴定人主观判断而缺乏要求和约束，既会因司法不公引发冲突，也会使鉴定腐败有机可乘。（4）鉴定费用的减免的具体规则不够完善。关于鉴定费用的减免，我国尚未在立法层面上予以统一规定，也未将其引入诉讼费用救助的框架之中。尽管《司法鉴定

---

① 参见陈如超：《司法鉴定救助的实践性反思与制度改进》，载《甘肃政法学院学报》2017 年第 6 期。

② 《民事诉讼法》第 118 条第 2 款规定："当事人交纳诉讼费用确有困难的，可以按照规定向人民法院申请缓交、减交或者免交。"

与法律援助工作衔接管理办法（试行）》已出台，但其主要目标为"加强司法鉴定与法律援助工作衔接"，相关规则设置得较为简单而不够系统，这导致鉴定费用的减免规则总体上仍然处于"自发状况"，即国家层面上的制度没有起到主导性作用，且地方层面上的制度仅是一种地方性反映。① 具言之，鉴定费用的减免中"确有困难"当事人的认定标准、审核权限、确认程序及其异议等各种细节都缺乏明确的权威性规则。例如，有学者曾对全国 19 个地方性司法鉴定援助办法进行统计，其中没有进一步规定援助对象的占 73.68 ％。② 我国现行制度的规则缺失导致民事司法实践中民事诉讼鉴定费用的减免被随意处理。

---

① 　参见张景峰、胡楠：《我国司法鉴定法律援助：尚处于未脱离自发状态的社会救助》，载《中国司法鉴定》2016 年第 5 期。

② 　73.68％的地方性司法鉴定援助办法没有具体规定援助对象，仅是参照《法律援助条例》第 10 条关于法律援助范围的规定，即"当受援人具有特定案由，如国家赔偿、社保、'三费两金'（赡养费、抚养费、扶养费、抚恤金、救济金）、劳动报酬等，方可申请鉴定救助"。参见张芳芳、林北征：《论司法鉴定救助制度再完善——以〈民事诉讼法〉解释为视角》，载《中国司法鉴定》2015 年第 6 期。

第四章 民事诉讼鉴定费用
请求权及其规则

依据民事诉讼鉴定费用的证据调查费用属性，法院与鉴定人之间存在公法上的委托关系。与鉴定人应向法院履行鉴定义务相对应，鉴定人享有以法院为相对方的鉴定费用受偿权，为实现受偿权鉴定人应向法院提出支付申请而具有鉴定费用请求权。民事诉讼鉴定费用请求权不但保障鉴定人的合法权益，也关乎民事司法鉴定程序的证据规则和进展节奏，还影响民事司法鉴定制度的功能发挥。正因为此，鉴定人的鉴定费用请求权应满足一定的必要条件才能够享有，并且，因鉴定人的主观过错造成不利后果时，鉴定人还面临丧失鉴定费用请求权的境况。在民事诉讼中，鉴定人行使鉴定费用请求权应当遵循关于请求时间、请求方式、请求数额和请求时效的要求。法院作为相对方，应通过司法裁定对有疑议的鉴定费用请求权予以确认或驳回，以判断鉴定人是否享有该权利，而鉴定人可以针对该项司法裁定提起抗告以资救济。这些方面均是民事诉讼鉴定费用请求权的内在要求及其制度体现。

第一节 民事诉讼鉴定费用请求权

一、鉴定费用请求权的享有

（一）鉴定费用请求权的内涵

鉴定费用请求权是指，鉴定人因向法院履行鉴定义务而具有向法院请求受偿的权利。鉴定费用请求权的内涵可以从如下三个方面加以阐释：

第一，鉴定费用请求权的本质属性是，鉴定人对法院所享有的与鉴定义务相符的对价给付请求权。民事诉讼鉴定费用请求权产生于鉴定人与法院之间的公法上的委托关系，在该委托关系下，鉴定人负有协助法院开展证据调查的公法义务，是其必须履行的法定义务。但是，鉴定人完成鉴定义务需要耗费不少的物质成本和经济成本，还需要耗费与其特殊经验、智识或技能相关的劳动成本，这些劳动成本、物质成本和经济成本应由委托方法院以民事诉讼鉴定费用的方式予以补偿。换言之，鉴定人与法院之间的公法上的权利义务关系应当符合权利义务相一致原则。循此而言，从公平原则看，法院对于鉴定人的费用补偿应与鉴定义务的成本和属性相符，在考虑民事司法鉴定的公益性的基础上，若是鉴定成本由鉴定人独自承担或是过多承担，就会使鉴定人劳动上、物质上或经济上的消耗得不到应有的法定补偿，以至于影响鉴定人履行公法义务的积极性，并对鉴定效果和司法公正带来不利的后果。

第二，鉴定费用请求权以民事诉讼鉴定费用受偿权这一基础权利为存在前提。请求权是有赖于一定的基础权利而存在的权利，这是请求权的突出特点。[1] 请求权的权利人首先具备基础权利，并且，该权利人必须按照法律规定以向他人提出请求的方式获取有关基础权利，而同时具备请求的权利，即请求权的双重权利属性。民事诉讼鉴定费用请求权的基础权利是，鉴定人因履行鉴定这一公法义务而应受到相应的民事诉讼鉴定费用补偿的权利，即鉴定人履行鉴定义务的受偿权。民事诉讼是为了解决当事人私权利纠纷而启动的，鉴定人是与案件无利害关系的诉讼参与人，其履行陈述义务或出庭义务纯粹是为了完成法定的义务，相应的亦应受到法定的补偿。

第三，鉴定费用请求权具有公法性，这与民事诉讼鉴定费用的公法性息息相关。民事诉讼鉴定费用请求权针对的是鉴定人所履行的公法义务的费用补偿，因而，鉴定费用请求权的产生根源是鉴定

---

[1] 参见江伟、段厚省：《请求权竞合与诉讼标的理论之关系重述》，载《法学家》2003 年第 4 期。

人的鉴定义务，相对方是法院，法律属性是对具有证据调查费用属性的民事诉讼鉴定费用的请求权，体现出显著的公法性。请求权不只是实体性权利，同时也具有程序法功能，请求权能够作为桥梁以达到在法庭中表达诉求和实现权利的效果。[1] 民事诉讼鉴定费用请求权并不是私法中的、对于实体性权利侵害人的私法权利保护的请求权，[2] 而是公法中的、对于代表国家的法院这一鉴定费用给付义务方的公法权利确认的请求权。循此而言，虽然不论是当事人的私法权利保护还是鉴定人的公法权利确认，均由法院代表国家行使司法权予以判定，然而，民事诉讼鉴定费用请求权与一般意义上的物权请求权、债权请求权等民法领域的请求权是有本质区别的。

为保障鉴定人的民事诉讼鉴定费用受偿权，大陆法系的国家和地区的民事诉讼立法均规定鉴定人具有鉴定费用请求权。例如，德国《司法赔偿与补偿法》第 1 条第 1 款规定"收费的请求权由受委托人行使"，即明确宣告鉴定人享有向法院请求给付鉴定费用的权利；日本《关于民事诉讼费用等的法律》第 18 条第 1 款和第 2 款分别规定，鉴定人"可以请求旅费、日津贴和住宿费"，且"可以请求鉴定"费用以及接受鉴定实际成本的"支付或偿还"，这涵盖了鉴定实费、鉴定报酬、鉴定人出庭费这三种费用的鉴定费用请求权；我国台湾地区亦作出如此规定，我国台湾地区"民事诉讼法"第 338 条第 1 款和第 2 款分别规定，鉴定人"于法定之日费、旅费外，得请求相当之报酬"，且鉴定所需费用"得依鉴定人之请求预行酌给之"。对此，大陆法系的国家和地区还设置了具体的请求权规则，其中以德国最为详细，将在本章逐一展开。

反观我国大陆地区，现行制度只在《司法鉴定人登记管理办法》第 21 条规定了鉴定人具有"获得合法报酬"的权利，只能算

---

① 参见王洪亮：《实体请求权与诉讼请求权之辨——从物权确认请求权谈起》，载《法律科学（西北政法大学学报）》2009 年第 2 期。

② 在私法上的权利保护请求权中，请求权的权利人无法直接获得基础权利的具体利益，为了实现其自身利益，需要通过求助法院对实体性权利侵害人提出履行义务的要求，以此来间接获取基础权利。

是明确了鉴定人的鉴定报酬受偿权这一基础权利，却并没有进一步规定鉴定人需要向法院提出请求来实现鉴定报酬受偿权。关于鉴定实费、鉴定人出庭费，现行制度均是从当事人给付的角度予以规定，完全忽略了鉴定人的鉴定费用请求权，更不用说有关鉴定费用请求权的相关规则了。此外，根据本书第三章第一节关于"民事诉讼鉴定费用的给付规则"的分析可知，我国现行制度中鉴定实费、鉴定报酬遵循的是"由当事人向鉴定人支付"的给付路径。①民事司法鉴定开始前当事人与鉴定人之间签订"鉴定协议"，以明确相关鉴定费用及其收取方式，可以推断，一般而言当事人会按照"鉴定协议"的要求在鉴定义务履行前就将鉴定实费、鉴定报酬的部分或全部直接交给鉴定人，这与民事诉讼鉴定费用请求权的行使的前提要求②相违背。另一方面，即使在当事人没有支付鉴定实费、鉴定报酬的情况下鉴定人就履行了陈述义务，鉴定人也一定会先向当事人索要相关鉴定费用，索要无果才会要求法院为其主持公道以满足其鉴定费用受偿权。但是，上述情形中鉴定人向法院主张相关鉴定费用的请求方式完全没有制度依据，也因给付路径的错误规定而偏离了真正意义上的鉴定费用请求权的意涵。因此，我国现行制度尚未规定民事诉讼鉴定费用请求权及其规则，这导致鉴定人实现鉴定费用受偿权的预期无法保障，而引发拖延鉴定、拒绝出庭等有违公法义务的行为。

（二）鉴定费用请求权的享有条件

鉴于鉴定费用请求权是对鉴定人履行公法义务的费用补偿的请

---

① 尽管我国现行制度中，鉴定人出庭费遵循的是"由当事人向法院交纳"的给付路径。但根据本书第五章的实证研究可以发现，在我国的民事司法实践中，由于鉴定人出庭费不被重视，鉴定人出庭费大多也是"由当事人向鉴定人支付"。因此，鉴定人出庭费的鉴定费用请求权与鉴定实费、鉴定报酬的鉴定费用请求权面临着同样的问题。

② 根据下文关于"鉴定费用请求权的条件"的研究，可以发现，原则上费用请求权的行使以鉴定义务完成为前提，鉴定义务完成应在鉴定人受偿鉴定费用之前。

求权，应以鉴定人依法履行好鉴定义务为前提，换言之，享有民事诉讼鉴定费用请求权的前提条件是，鉴定人履行鉴定义务必须达到法定要求并符合法定方式。

1. 鉴定义务已履行

鉴定人享有民事诉讼鉴定费用请求权的前提条件之一是，鉴定人履行了陈述义务或出庭义务。因民事诉讼鉴定费用是鉴定人履行鉴定义务的必要对价，基于对等原则，惟有鉴定人已按法定要求将全部鉴定义务履行完毕，才能享有为协助法院证据调查而耗费的所有相关费用的鉴定费用请求权。

换言之，如果鉴定人只是完成了某部分鉴定义务，抑或鉴定义务某部分被实施，都不是完整意义上的鉴定义务已履行，此时，鉴定人只能对于已经完成或实施的那部分鉴定义务所对应的鉴定费用行使鉴定费用请求权。值得注意的是，在鉴定义务未完成的情况下，鉴定人享有鉴定费用请求权的主观要求是，鉴定人并非对未能完成鉴定义务具有主观过错，如鉴定人死亡、鉴定人患病、法院撤回委托等，则鉴定人可获得已经消耗的有关劳动成本、物质成本和经济成本方面的补偿。民事诉讼鉴定费用请求权作为鉴定人的一项法定权利，或享有、或丧失。由于未完成鉴定义务不可归责于鉴定人，因此无论鉴定人已经实施的部分鉴定行为对于法院开展证据调查是否可以起到协助作用，鉴定人均享有鉴定费用请求权。相反，对于鉴定义务未完成部分，鉴定人还未支出鉴定成本而无权主张收费，则在不可归责于鉴定人的未完成鉴定中，鉴定人丧失的是对鉴定义务未完成部分的补偿机会。因此，鉴定人可以根据其所履行的鉴定义务享有对应鉴定费用的鉴定费用请求权。循此而言，即使鉴定被撤销或终止，但非因鉴定人的主观过错时，由于鉴定人已开始实施鉴定则亦应享有鉴定费用请求权，以此保障鉴定人履行鉴定义务的受偿权。

作为例外，根据德国的有关判例和学说，原则上鉴定人关于鉴定事项的"预评价"及"声明拒绝请求"属于"非收费义务的服务",① 鉴定人对此不享有鉴定费用请求权。不过，若鉴定人对于"预评价"及"声明拒绝请求"的消耗成本达到一定程度，其仍可以获得相应的鉴定费用补偿。具言之，预评价是指，鉴定人关于委托鉴定是否属于自身专业领域的初步检查，一般不得收费；与此不同，如果初步检查需要相当可观的工作量，则应收费。如果鉴定人应当对拒绝申请发表意见，则不产生收费请求权；② 与此不同，如果针对拒绝申请发表意见需要专业性的讨论，则产生收费请求权。③ 相较于这些"非收费义务的服务"，鉴定人对预估的鉴定成本进行调查，即使随后未依照委托进行鉴定，鉴定人仍可享有鉴定费用请求权并获得补偿。

此外，鉴定人享有民事诉讼鉴定费用请求权只与其鉴定义务的履行以及履行要求相关，而无关于其所带来的证明效果。至于鉴定意见是否被法官所采信、鉴定意见支持哪一方当事人的主张、鉴定人出庭陈述或接受询问对于案件事实的证明程度如何等情况，都不是鉴定人享有鉴定费用请求权的影响因素。究其原因，以上这些因素亦均不是鉴定人履行鉴定义务的要求，鉴定人履行鉴定义务只须遵循法定要求和职业准则，基于自身的专门性知识作出专业性判断并将鉴定结论以书面或口头的方式呈现给法官即可，鉴定人履行鉴定义务所带来的证明效果取决于法官在自由心证的范畴之内所作出的独立判断。

2. 鉴定义务的履行符合法定要求

鉴定人若要享有民事诉讼鉴定费用请求权，其所履行的鉴定义务还必须符合法定要求。换言之，若鉴定人依法履行鉴定义务就会享有鉴定费用请求权，若鉴定人违反鉴定义务的相关要求就会导致其丧失鉴定费用请求权。例如，鉴定人应对自身是否具备鉴定条件进行妥当检查。鉴定人的检查义务是其鉴定义务的前提性、基础性

---

① Vgl. Silke Scheuch, Beck'scher Online-Kommentar ZPO, §413 Rn.4-6, 2012, 8Auflage.

② Vgl. OLG Koblenz NJOZ 2002, 2031＝VersR 2004, 130 (313).

③ Vgl. OLG Köln DS 2011, 35＝MDR 2009, 1015.

义务，若鉴定人未能适当履行检查义务却误认为自身符合鉴定条件而进行鉴定，将导致鉴定意见不具备证据价值而不可用。此时，鉴定人亦丧失鉴定费用请求权。又如，鉴定人应以自身的专门性知识为基础，遵循鉴定要求尽可能正确地得出鉴定意见。若鉴定人违反鉴定义务而错误出具鉴定意见使其不能被使用的，鉴定人丧失鉴定费用请求权。①

因鉴定人的鉴定义务原则上包括陈述义务和出庭义务两个方面，这两种鉴定义务具有不同的行为方式和实施目的，则鉴定人要根据民事司法鉴定的程序需求遵循陈述义务或遵循出庭义务。对于鉴定人履行出庭义务，应予以严格解释，即鉴定人不仅应当于法院证据调查的法定期日内移位至法庭，还必须应法院的要求完成对鉴定意见的陈述，或者接受当事人和法院对于书面鉴定的询问。换言之，虽然鉴定人于证据调查期日出席了法庭庭审，但无正当理由拒绝口头陈述或者拒绝接受询问，其对出庭义务的履行就没有达到法定要求。此时，鉴定人无法享有鉴定费用请求权，其移位至法庭所花费的经济成本不能被补偿。究其原因，鉴定人出庭作证应同时完成出庭、作证两项要求，当庭口头说明是证据调查程序的直接原则和言词原则的当然要求，也是保障当事人程序参与权的必要方法。作为例外的是，"鉴定人虽系误传到场，但一经传到者，均可请求给付"。② 即鉴定人被误传到场而无须接受当事人和法院的询问时，为保护其尽职的职业道德，应赋予鉴定人鉴定费用请求权。

二、鉴定费用请求权的失权

与鉴定费用请求权的享有相反，若鉴定人已经履行鉴定义务而本该获得相应的费用补偿，却因为鉴定人的主观过错导致其丧失鉴

---

① 参见［德］罗森贝克、施瓦布、戈特瓦尔德：《德国民事诉讼法》，李大雪译，中国法制出版社 2007 年版，第 921 页。

② 参见［日］松冈义正：《民事证据论》，张知本译，中国政法大学出版社 2004 年版，第 202~203 页。

定费用请求权,此谓鉴定费用请求权的失权。鉴定费用请求权的失权源于鉴定人对公法上的鉴定费用受偿权的丧失,即因鉴定人的主观过错,其已经支出的鉴定成本不能被补偿而只得自行承担。因此,撤销鉴定人的鉴定费用请求权,实质上是对鉴定人实施民事司法鉴定过程中的主观过错的惩罚性制度,但同时也能对鉴定人起到警示性作用而促使鉴定人依法尽职地实施鉴定,以保障诉讼程序的推进和司法公正的实现。征诸大陆法系的相关立法例、判例和学说,民事诉讼鉴定费用请求权的失权的主要情形包括如下几种:

(一) 鉴定未完成之失权

鉴定未完成之失权是指,因鉴定人的主观过错致使鉴定未完成的,鉴定人丧失鉴定费用请求权。例如,鉴定人耽误期限造成鉴定任务被撤回,① 鉴定人不再享有鉴定费用请求权。此时,鉴定人的主观过错与鉴定未完成之间具有因果关系。虽然鉴定人已经履行了部分鉴定义务,但由于鉴定未完成应当归责于鉴定人,其鉴定费用请求权被撤销,而导致鉴定人已经支出的鉴定成本也无法受偿。在鉴定未完成的情形下,鉴定人有无主观过错,是区分究竟是丧失鉴定费用请求权还是享有已完成部分的鉴定费用请求权的关键所在。需要注意的是,即使鉴定未完成归责于鉴定人,但其已经完成的那部分鉴定仍然具有使用价值的,可以用于协助法院开展证据调查,只是鉴定的部分未完成会导致鉴定意见的证据价值极大地贬损。

(二) 鉴定缺陷之失权

鉴定缺陷之失权是指,因鉴定人的主观过错造成鉴定意见具有实质性缺陷的,鉴定人丧失鉴定费用请求权。所谓实质性缺陷是指鉴定完全不具有使用价值。根据德国相关学说,由于实质性缺陷导致的鉴定不可使用,同样会造成收费请求权丧失。② 因此,此种鉴定缺陷不但会导致鉴定费用请求权被撤销,还会造成其鉴定意见在

---

① Vgl. Michael Huber, Kommentar zur Zivilprozessordnung, §413 Rn. 2, 2013, 10 Auflage.

② Vgl. Silke Scheuch, Beck'scher Online-Kommentar ZPO, §413 Rn. 10, 2012, 8 Auflage.

法院的证据调查中无法适用。

　　由于此处鉴定人的主观过错是鉴定意见的实质性缺陷的前提条件和产生根源，这种鉴定缺陷又可称为过错性缺陷。就此可以推断，非过错性的鉴定缺陷不对鉴定费用请求权产生影响。根据德国相关判例和学说，鉴定人的主观过错包括:① （1）鉴定人的承担性过错。所谓承担性过错是指，鉴定人即使缺乏足够的专业知识却仍然接受了法院的委托，并且其在承接鉴定时可以认识到自身并不具有独自进行鉴定的能力。② 如果存在承担性过错，简单的过失就足以使鉴定人丧失鉴定费用请求权。③ （2）鉴定人背离法院的委托的；（3）鉴定人违反《民事诉讼法》第407a条第2款（见第407a条 边码5）的规定，非自行完成鉴定的；（4）鉴定人在未获准许的情况下转委托的；（5）鉴定意见使人无法理解而不可用的。④

　　关于鉴定人的主观过错程度，存在理论上的争议。有观点主张，鉴定缺陷之失权"仅限故意和重大过失，对轻微过失不适用"；⑤ 与此不同，有判例认为，"包括轻微过失在内的各种过错均足以导致"鉴定缺陷之失权，⑥ 因为轻微过失即已足够。因鉴定意见的专业性使用价值是鉴定人实施鉴定的目标和关键，也是法院向鉴定人委托鉴定的初衷，鉴定人应当对此负有特别的注意义务。若鉴定意见存在实质性缺陷而丧失证据价值，不论是源于鉴定人的轻微过失抑或故意、重大过失，该鉴定都丧失存在的必要。由此，

---

　　① 从以下类别可以发现，德国对于造成鉴定缺陷的鉴定人的主观过错，主要关注的是鉴定人对专门性知识的认知和运用问题，以及与专门性知识密切相关的人身性问题。

　　② Vgl. OLG Nürnberg BauR 2006, 1361.

　　③ Vgl. OLG Koblenz NJOZ 2002, 2031＝MDR 2002, 1152.

　　④ Vgl. Zimmermann, Münchener Kommentar zur ZPO, §413 Rn. 5, 2012, 4 Auflage.

　　⑤ Vgl. Michael Huber, Kommentar zur Zivilprozessordnung, §413 Rn. 2, 2013, 10 Auflage.

　　⑥ Vgl. OLG Naumburg OLGNL 1998, 228.

基于鉴定人对于此种鉴定缺陷的过失会造成十分严重的法律后果，轻微过失即可导致鉴定人丧失鉴定费用请求权。

(三) 不正当拒绝鉴定之失权

不正当拒绝鉴定之失权是指，因鉴定人的主观过错致使鉴定人不正当拒绝鉴定的，鉴定人丧失鉴定费用请求权。基于某些正当事由，鉴定人可以依法拒绝鉴定，但若拥有正当拒绝事由的鉴定人因主观过错而采取了不正当的拒绝方式，谓为不正当拒绝鉴定。

鉴定人不正当拒绝鉴定的主观过错，主要有两种情形：（1）鉴定人在通知拒绝事由方面的不作为。如果该主观过错是鉴定人未将对其而言明显存在的拒绝事由通知法院，则简单的过失就足够了。[1] 并且，拒绝理由应发生于鉴定人承接鉴定之后。若鉴定人未通知法院的拒绝理由在其承接鉴定的时点上已经存在的，则视为鉴定费用请求权自始不存在。[2] （2）拒绝事由是由鉴定人自己造成的。同样的，拒绝理由应发生于鉴定人承接鉴定之后，鉴定人的主观过错才可谓针对该鉴定的主观恶意。如果鉴定人是因自身严重过失或故意所导致的拒绝事由而成功拒绝鉴定的，鉴定费用请求权被撤销。[3] 例如，在有过错地造成回避理由的情况下，鉴定人丧失鉴定费用请求权。[4] 对此，轻微过失是不足够的，必须出于鉴定人的严重过失或故意。因为在成功拒绝鉴定的情况下鉴定人将总是丧失鉴定费用请求权，这种不公正的表象就已经足够。

不正当拒绝鉴定之失权应发生于鉴定人开始实施鉴定之后。这是因为，若鉴定人在鉴定实施之前就不正当拒绝鉴定的，因鉴定人尚未开始履行鉴定义务，就不满足鉴定费用请求权的享有条件，不存在的鉴定费用请求权亦不会丧失。原则上，鉴定人不正当拒绝鉴

---

① Vgl. Zimmermann, Münchener Kommentar zur ZPO, §413 Rn. 7, 2012, 4 Auflage.

② Vgl. OLG Celle NJW-RR 1996, 1086 = ZMR 1996, 211; Vgl. OLG Koblenz NJOZ 2002, 2031 = MDR 2002, 1152.

③ Vgl. OLG Düsseldorf NJW-RR 1997, 1353.

④ 参见 ［德］罗森贝克、施瓦布、戈特瓦尔德：《德国民事诉讼法》，李大雪译，中国法制出版社 2007 年版，第 921 页。

定不但会导致鉴定费用请求权的丧失，还会造成鉴定人已经完成的鉴定报废不可用。作为例外情形，德国相关学说认可鉴定的已完成部分被重新启用，且鉴定人因此重新具有鉴定费用请求权。即"若各方当事人认同这样的鉴定或者因为新的鉴定人以节省成本的方式在原鉴定的基础上完成鉴定"，则可完全或部分产生新的鉴定费用请求权。[1]

（四）无正当理由拒绝鉴定之失权

无正当理由拒绝鉴定之失权是指，因鉴定人的主观过错致使鉴定人无正当理由拒绝鉴定的，鉴定人丧失鉴定费用请求权。鉴定义务是鉴定人的公法义务，鉴定人拒绝鉴定不能随心所欲而必须基于法定或正当拒绝事由。[2] 若鉴定人不具备正当拒绝事由却仍然拒绝鉴定的，即为无正当理由拒绝鉴定，这种拒绝必然出于鉴定人的主观过错甚至是主观故意。大陆法系的国家和地区的相关立法均规定了鉴定人无正当理由拒绝鉴定之失权。例如，德国民诉法第409条规定，鉴定人若不到场及拒绝鉴定，"应负担由此而生的费用"；日本《关于民事诉讼费用等的法律》第18条第1款规定，鉴定人可以请求旅费、日津贴和住宿费，但"无正当理由拒绝鉴定者，不在此限"；我国台湾地区"民诉法"第324条准用第323条关于"证人法定日费及旅费之请求权"的规定，即鉴定人得请求法定之日费及旅费，但"无正当理由拒绝具结或证言者，不在此限"。

此外，鉴定人无正当理由拒绝鉴定不但要承担已经产生的民事诉讼鉴定费用，还要因其违反公法义务而受到不同程度的行政或刑事处罚。例如，德国民诉法第409条规定，鉴定人若不到场及拒绝

---

① Vgl. Michael Huber, Kommentar zur Zivilprozessordnung, §413 Rn. 3, 2013, 10 Auflage.

② 鉴定人于一定条件下可以拒绝鉴定。即鉴定人基于法定或正当理由，可以拒绝接受法院委托，或是可以不出庭接受询问而只提供书面鉴定意见。鉴定人拒绝鉴定的事由既包括有利害关系而需要回避等法定事由，也包括法院所认定的正当事由，例如，我国我国台湾地区"民诉法"第330条第2款规定，"鉴定人拒绝鉴定，虽其理由不合于第307第（一）项之规定，如法院认为正当者，亦得免除其鉴定义务"。

鉴定，法院可对其"处以违警罚款"，若再次不到场及拒绝鉴定可再次"处以罚款"；日本民诉法第 216 条准用第 192 条、第 193 条关于"证人不到场及拒绝证言"的规定，法院可对其"处 10 万日元以下之罚款或者拘留"；我国台湾地区"民诉法"第 324 条准用第 303 条关于"证人不到场及拒绝证言"的规定，法院可对其"处新台币 3 万元以下之罚锾"，若再次不到场及拒绝鉴定可再次"处新台币 6 万元以下罚锾"。

第二节　民事诉讼鉴定费用请求权的规则

一、鉴定费用请求权的行使

(一) 请求时间

由于民事诉讼鉴定费用请求权是鉴定人履行鉴定义务的对价给付请求权，若鉴定人没有履行鉴定义务就没有相应的受偿权，也就没有与受偿权对应的请求权。即陈述义务或出庭义务已履行，鉴定人才能享有相应鉴定费用的鉴定费用请求权。因此，原则上，鉴定人行使鉴定费用请求权的时间为鉴定人履行相关鉴定义务之后。换言之，在鉴定人的民事诉讼鉴定费用被补偿之前，鉴定人必须先行垫付相关的鉴定费用。

作为例外，鉴定人可以提前主张鉴定费用请求权，即鉴定费用请求权的预先行使。具言之，民事诉讼鉴定费用原则上由鉴定人在实施民事司法鉴定的过程中自行垫付，但由于鉴定人的经济能力不足或鉴定所需费用过大，为保障鉴定如期保质地完成，鉴定人可以在相关鉴定义务履行完毕之前向法院提出预先支付鉴定费用的请求，并获得相应的鉴定费用的预付。大陆法系的国家和地区均规定了鉴定费用请求权的预先行使，也认同对鉴定费用予以预付。例如，德国《司法收费和补偿法》第 3 条规定，如果·"已经产生或预计将产生显著的交通费用或其他支出费用"，或是鉴定人已经实施的鉴定"可期待收费总值超过 2000 欧元"，依鉴定人申请应当准许适当预付。又如，根据日本《关于民事诉讼费用的法律》第

18条第3款所规定的,鉴定人"事先收到向其支付的旅费、日津贴、住宿费或前项的费用"又没有履行相应鉴定义务的法律后果,可以推断,鉴定人可以预先行使鉴定费用请求权,且鉴定费用可以被预付。再如,根据我国台湾地区"民诉法"第338条关于"鉴定人法定费用及报酬之请求权"的规定,鉴定所需费用可"依鉴定人之请求预行酌给之"。并且,我国台湾地区"支给标准"第9条第1款规定,鉴定人因经济困难无法筹措旅费时,"得于到处期日前""填具民事事件鉴定人预借旅费申请书"并邮寄给法院;第9条第2款还规定了法院对于鉴定人预先行使鉴定费用请求权的审核程序,即法院收到前项申请书,"经承办法官核章后,移送会计室签注意见,报请院长或其授权代签人核准,以暂付款或零用金,送总务科汇寄申请人"。由此可见,若要实现民事诉讼鉴定费用的预付,不但需要满足法定的经济因素,而且应由鉴定人预先向法院行使鉴定费用请求权。这再次说明了鉴定费用请求权对于保障鉴定人鉴定费用补偿权的重要作用。

鉴定人预先行使鉴定费用请求权,并得到了相应的鉴定费用的预付,即是鉴定人提前获得了其将要履行的相关鉴定义务的费用补偿。那么,对应民事诉讼鉴定费用的预付,鉴定人必须履行相应的陈述义务或出庭义务,否则应返还已经预付的鉴定费用。这与鉴定费用请求权的享有条件相一致,即鉴定人原则上只能根据其所履行的鉴定义务享有对应鉴定费用的鉴定费用请求权。此外,在鉴定人最终获偿所有的民事诉讼鉴定费用时,鉴定费用的预付部分应根据鉴定人的实际开支情况在总鉴定费用中予以抵消和归总。大陆法系的国家和地区也对此有所规定。例如,日本《关于民事诉讼费用的法律》第18条第3款规定,鉴定人事先收到鉴定费用时,无正当理由不到场或者拒绝鉴定的,"必须返还其收受的金额"。又如,我国台湾地区"支给标准"第9条第2款规定,鉴定人收到预付的旅费后"应按期到庭鉴定",并于鉴定完毕后补办申请日费、旅费手续,最终核发的日费、旅费数额应是"扣除预借旅费后之余额";第9条第3款规定,鉴定人收到预借之旅费但"不于指定期日到场",经催告后"亦不将该款归还原汇借之法者",应按其情节依法处理。

反观我国大陆，尽管现行制度没有规定鉴定费用请求权及其相关规则，但是，早先我国《民事诉讼法》第 78 条以及湖北省、四川省等地区的地方性司法鉴定收费管理办法①都对"鉴定费用的返还"有所规定，尝试为一直困扰司法实践的重要问题找到恰当的解决途径。鉴于此，新修订的《民事证据规定》用 5 条新增或修改条文对鉴定费用"退还"问题作出明确规定，涉及证据规则中的行为人不适格、虚假行为、程序违法、依据不足、无正当理由未完成或撤销等多种情形。这些规定较为全面地考量了当前民事司法实践中鉴定费用返还的典型诉求及突出矛盾，采用更为明确、肯定的制度规定，试图实现鉴定费用返还的"应当"效果，也是此次修订的重要成果之一。

关于鉴定实费、鉴定报酬的返还，《民事证据规定》的相关规定指出几种常见的鉴定费用请求权的失权情形。具言之，《民事证据规定》第 35 条第 2 款规定的"鉴定人无正当理由未按期提交鉴定书的"鉴定费用返还情形，属于鉴定未完成之失权；第 33 条第 2 款规定的"鉴定人故意作虚假鉴定的"，以及第 40 条第 1 款和第 2 款规定的"鉴定人不具备相应资格的""鉴定程序严重违法的""鉴定意见明显依据不足的"鉴定费用返还情形，属于鉴定缺陷之失权；第 42 条第 1 款规定的"鉴定意见被采信后，鉴定人无正当理由撤销鉴定意见的"鉴定费用返还情形，属于不正当拒绝鉴定之失权。值得关注的是，我国现行制度中鉴定实费、鉴定报酬遵循

---

①　例如，湖北省、四川省等地区的"司法鉴定收费管理办法"规定："司法鉴定实施过程中，因司法鉴定机构的责任终止鉴定的，司法鉴定机构收取的司法鉴定费用应全额予以退还；因司法鉴定机构和当事人或委托人双方责任终止鉴定的，司法鉴定费用由司法鉴定机构与当事人或委托人协商，部分退还；因当事人或委托人的责任终止鉴定的，司法鉴定机构收取的司法鉴定费用不予退还。"同时，"因司法鉴定收费发生争议的，司法鉴定机构应当与委托人协商解决，协商不成的，可以共同申请当地价格主管部门进行价格争议调解，也可以申请仲裁或者依法向人民法院提起诉讼"。其中的鉴定费用仍与其他我国现行制度一样，指的是鉴定实费、鉴定报酬。

的是"由当事人向鉴定人支付"的给付路径,[①] 且依据"鉴定协议"的要求,一般当事人会在民事司法鉴定实施之前向鉴定人支付部分或全部鉴定费用,这事实上导致了鉴定实费、鉴定报酬的预付。当民事司法鉴定在实施过程中被终止,[②] 鉴定人不再继续履行陈述义务时,相关鉴定费用是否该返还、该如何返还,一直是我国民事审判实务中的突出问题。然而,我国现行制度对于"鉴定费用的返还"的规定是建立于错误的鉴定实费、鉴定报酬的给付路径之上,此时,"鉴定费用的返还"成为鉴定人不再履行鉴定义务的必要法律后果;但本书所探讨的鉴定人预先行使鉴定费用请求权而产生的鉴定费用的返还事宜,惟在预付鉴定费用的场合才存在。前者因不具有充分的法理依据而会对民事诉讼进程和司法资源带来不利的影响。

关于鉴定人出庭费的返还,《民事证据规定》第 81 条第 1 款规定的"鉴定人拒不出庭作证的"鉴定费用返还情形,属于无正当理由拒绝鉴定之失权。《民事证据规定》第 81 条的规定是对《民事诉讼法》第 78 条的阐述和扩展,就此而言,鉴定人出庭费的返还的主要制度依据仍然是《民事诉讼法》第 78 条的规定。总体看来,虽然该规定从鉴定意见的证据资格和鉴定费用的享有前提两个方面来约束鉴定人出庭作证,对于敦促鉴定人履行出庭义务具有积极意义。但第 78 条关于"返还鉴定费用"的要求存在诸多疑点,具体包括:(1)当事人向鉴定人提出返还要求,有违民事诉讼鉴定费用的性质及各方主体的权利义务关系,于法无据。第 78 条规定由当事人向鉴定人提出返还要求,是基于我国现行制度中鉴定实费、鉴定报酬所遵循的是"由当事人向鉴定人支付"的给付路径,如前文所述,这种给付路径本身就不符合诉讼法理和实践要求。那么,按照给付路径所规定的返还路径亦存在相同的问题。根

[①]　参见《诉讼费用交纳办法》第 12 条的规定。

[②]　在鉴定实施过程中,因撤诉或调解结案等当事人原因,抑或因难以解决的技术问题、拒不履行相关鉴定义务等鉴定人原因,抑或因不可抗力等原因,民事司法鉴定都有可能被中止甚至被终止。

据民事诉讼鉴定费用的证据调查费用属性和诉讼费用属性可知，在民事诉讼鉴定费用中当事人与鉴定人之间原则上不存在法律关系，则当事人直接向鉴定人提出返还要求没有任何法律依据。若鉴定人不履行鉴定义务，应由作为相对方的法院要求其返还相应的鉴定费用。（2）当鉴定人不履行出庭义务时，被要求返还鉴定费用不符合权利义务对等原则，并不合理。鉴定人出庭作证的经济成本并不与鉴定费用相对应，其既不对应我国现行制度中的"鉴定费用"即鉴定实费、鉴定报酬，也不对应全部范畴的民事诉讼鉴定费用即鉴定实费、鉴定报酬和鉴定人出庭费。换言之，在我国法定以书面形式履行陈述义务的前提下，鉴定人履行出庭义务是为了接受当事人和法院的询问以对书面鉴定意见进行说明和补充，即使鉴定人未出庭作证但其极可能已经履行了陈述义务，此时，鉴定实费、鉴定报酬不需返还，需要返还的应是鉴定人出庭费。（3）依据该规定，在鉴定人拒不出庭时要求返还鉴定人出庭费是否可行？答案也是否定的。虽然因民事审判实务中鉴定人出庭费往往不受重视，而存在当事人在鉴定人出庭前预交、到庭时交纳或出庭后交纳的各种情形，并且，鉴定人不履行出庭义务时鉴定人出庭费的返还情况也是客观存在的。但是，在鉴定人拒不出庭时要求返还鉴定人出庭费，意指鉴定人出庭费原则上应予以预交，这明显违反了我国现行制度而未有其他法律依据。

又者，湖北省、四川省等地区近期颁布的地方性司法鉴定收费管理办法，是对鉴定终止情形下的鉴定费用承担和鉴定费用返还问题所作的规定。根据这些地方性规定，鉴定费用的返还比例是全部或是部分或是全不，取决于当事人和鉴定人在鉴定终止情形下的主观过错。尽管这可以约束鉴定人尽职地履行鉴定义务，也可以预防当事人对鉴定程序的不配合，以防范当事人或鉴定人恶意终止鉴定而影响诉讼程序。但是，未完成鉴定的主观过错并非鉴定人受偿鉴定费用的唯一决定因素，对于鉴定费用的返还比例，民事司法鉴定的完成程度应是更为直接的因素。并且，鉴定费用的返还比例采取或有或无的绝对方式并不合适，当事人和鉴定人双方协商决定的方式既不正当也不合理，这都无法真实地反映出鉴定费用与鉴定义务的对应性。

（二）请求方式

鉴定费用请求权存在于法院与鉴定人之间的公法委托义务关系中，针对的是鉴定人接受法院委托而产生的鉴定费用的补偿，因此，从请求的对象看，法院是鉴定人行使鉴定费用请求的唯一相对方。又者，从请求的方式看，鉴于鉴定费用请求权的公法性，鉴定人行使鉴定费用请求权应遵照法定要求和法定程序向法院提出，法院不得径行给付。这既是对鉴定人实现鉴定费用请求权的保障，也是对法院给付民事诉讼鉴定费用的规范。征诸大陆法系的国家和地区的民事诉讼立法，鉴定人向法院提出受偿请求既可以口头方式也可以以书面方式，并应按要求完成填表、提交单据等一系列程序。例如，德国民诉法第 103 条规定，费用确定程序需要"亲笔签名的申请"（第 104 条第 1 款，第 105 条第 2 款是例外情形），该申请"应当附上费用计算连同凭证书面向一审法院提出"。① 又如，我国台湾地区"支给标准"第 8 条第 1 款规定，鉴定人请求日费、旅费"应以言词或书状提出"，以言词提出的"应由书记官记名于笔录"。第 8 条第 2 款规定，鉴定人提出请求后，"应同时填具民事事件鉴定人日费、旅费申请书兼领据一式两份，由承办法官审核后，一份附卷，一份移送总务科办理支付手续，再按程序结报"。这与"支给标准"第 10 条第 1 款所规定的，"鉴定人请求支领报酬"时"填具民事鉴定事件申请报酬报告表兼领据一式两份"的程序要求是一致的。

（三）请求范围

鉴定人向法院行使鉴定费用请求权，原则上应以法定的民事诉讼鉴定费用的费用范围和费用标准为请求范围。鉴定人可以请求的民事诉讼鉴定费用通常由法律直接规定，而没有变通的余地。例如，在超委托鉴定中，因为法院随后批准了超委托鉴定，但鉴定费用的预付是按照原有的法定标准衡量的，这将导致鉴定人实际被偿

---

① 参见［德］罗森贝克、施瓦布、戈特瓦尔德：《德国民事诉讼法》，李大雪译，中国法制出版社 2007 年版，第 598 页。

付的鉴定费用不足。即根据德国相关学说，"如果对垫款的预付款透支很严重（20%~25%）且鉴定人未及时向法院通知这一情况，则这样的透支将导致收费减少"①。

作为例外，德国立法允许法院和鉴定人在法律规定的限度内进行协商，使鉴定人依照更为灵活的费用标准行使鉴定费用请求权。例如，德国《司法收费和补偿法》第 14 条规定了"协议费用"，即对于"经常被聘用的鉴定人"，可由"州最高机关或最高联邦机关与鉴定人"签署协议约定鉴定费用的补偿金额，但额度"不得超过本法规定的鉴定费用金额"。

二、鉴定费用请求权的时效

鉴定费用请求权的时效，是对鉴定人行使鉴定费用请求权的时间要求，即鉴定人享有鉴定费用请求权的状态可以持续一段法定时间，若超过这个法定时间，该鉴定费用请求权消灭，鉴定人不得再向法院提出鉴定费用受偿的申请。征诸大陆法系的相关立法例，鉴定费用请求权的时效普遍偏短，这既是为了方便法院计算包括民事诉讼鉴定费用在内的民事诉讼费用，也是为了促使鉴定人在法定时间内及时有效地行使鉴定费用请求权，还是出于维护司法秩序的需要，即"时效制度可以推进法律关系的清晰和安定，防止法律状态长期处于模糊不清的状况"②，这同样是鉴定费用请求权的公法性要求。

关于鉴定费用请求权的时效及其起算时间，大陆法系的国家和地区均有详细规定。例如，德国《司法收费和补偿法》第 2 条第 1 款规定，鉴定人在"三个月之内"未向法院行使请求权的，请求权消灭。在书面鉴定的情况下，该期限起始于"鉴定人为法院制作的鉴定意见"时；在鉴定人出庭接受询问时，该期限起始于

---

① Vgl. Zimmermann, Münchener Kommentar zur ZPO, §413 Rn.6, 2012, 4 Auflage.

② 朱虎：《返还原物请求权适用诉讼时效问题研究》，载《法商研究》2012 年第 6 期。

"询问结束"时。又如，根据日本《关于民事诉讼费用等的法律》第 27 条关于"请求的期限"的规定，鉴定人对于鉴定费用受偿的请求，在基于判决终结的案件中，在"判决之前"提出；在不基于判决终结的案件中，在案件"终结之日起两个月内"提出，否则鉴定费用请求权消灭。再如，我国台湾地区"支给标准"第 8 条第 1 款规定，鉴定人请求"日费、旅费应于讯问、鉴定完毕时或完毕后十日内"提出。

鉴定费用请求权的持续期间可以中断，但受最长期间的限制。德国规定，通过申请司法确认可使时效中断，但"不得依职权审查准许时效中断"，且鉴定费用请求权的最长期间是三年。根据《司法收费和补偿法》第 2 条第 3 款的规定，"时间点所在的自然年届满起三年后"，鉴定费用请求权消灭。第 2 条第 4 款又规定，对过多支付的鉴定费用，"自支付发生的自然年届满起三年后"，鉴定费用请求权消灭。

为保障鉴定人行使鉴定费用请求权的时效利益，大陆法系的相关立法例为鉴定人设置了鉴定费用请求权的延长和恢复。例如，德国《司法收费和补偿法》第 2 条第 1 款规定，鉴定人可以向法院申请延长鉴定费用请求权的时效，"由法院作出不可上诉的裁定进行裁判"。若法院驳回申请，同时时效已届满且"自法院作出裁定起两个星期内"未行使鉴定费用请求权的，鉴定费用请求权消灭。又如，《司法收费和补偿法》第 2 条第 2 款更为明确地规定了鉴定费用请求权存续期间的耽误与恢复，即鉴定人因不可归责于己之原因受妨碍而未能遵守鉴定费用请求权时效时，应"在排除妨碍之后的两个星期内"提出恢复鉴定费用请求权，并提出"使请求权可估、使事实可信"的理由，由法院决定是否准许将鉴定费用请求权的时效"恢复原状"。恢复鉴定费用请求权的申请期间是，"从被耽误的期限结束之时起计算届满一年之内"。当然，法院也可以拒绝鉴定人的恢复申请，对此，鉴定人应"在法院拒绝的两个星期内提出抗告"。再如，日本《关于民事诉讼费用等的法律》第 27 条规定，鉴定人因不可抗力的事由而无法在法定期限内行使鉴定费用请求权时，应"在无法行使请求权的事由消除之日起两周内"行使鉴定费用请求权。这不同于德国立法关于鉴定费用请求权存续期间的耽误与恢复的相关规定，只为鉴定费用请求权预留了最后两周的行使时间而不再恢复原状。

三、鉴定费用请求权的司法确认

（一）司法裁定的作出

鉴于法院对民事司法鉴定的主导作用，鉴定人的鉴定费用请求权是否符合法定要求而得以落实，应经过法院的审核和确认。① 换言之，民事诉讼鉴定费用的补偿程序自鉴定人向相对方法院提出请求并获得法院的确认后才启动。一般而言，鉴定人向法院提出鉴定费用的受偿请求，应依照法定的请求方式和请求程序进行，不论是以口头方式还是以书面方式提出的鉴定费用请求权，都需要涉案法官的审查和认可，其后鉴定费用受偿程序才正式开启。

惟在特殊情况下，若鉴定费用请求权或鉴定费用补偿数额存在疑议，还应由法官对其进行审核并作出司法裁定。例如，根据德国《司法收费和补偿法》第 4 条第 1 款的规定，"权利人或者国库申请司法裁定"或者"法院认为有必要"的，应由法院作出司法裁定。司法裁定既可以针对鉴定费用的补偿作出，也可以针对鉴定费用的预付作出。《司法收费和补偿法》第 4 条还详细设置了司法裁定的程序要求：第 4 条第 1 款规定，司法裁定的作出机构是"委托鉴定人的法院"；第 4 条第 7 款规定，司法裁定的作出法官原则上是"由一名审判人员作为独任法官"，但若"案件在事实方面或法律方面有特殊难点"或者"诉讼案件具有根本重要性"，则独任法官应将司法裁定程序移交"合议庭或者审判委员会"；第 4 条第 8 款规定，司法裁定程序"免收费用"，即该司法裁定纯粹因鉴定人

---

① 循此而言，对于鉴定人所提出的民事诉讼鉴定费用补偿要求，法院可以经过审查，并直接决定鉴定人的鉴定费用受偿资格和鉴定费用受偿数额，并以此为基础要求当事人负担相应的民事诉讼鉴定费用。这一过程无需新的诉讼请求，法院即可直接对鉴定人的鉴定费用主张予以认定，恰可以说明，在民事诉讼鉴定费用中当事人与鉴定人之间不存在任何法律关系，也并非普通的民事委托关系，鉴定费用不应由当事人向鉴定人给付。

与法院之间的公法委托关系而生，当事人无需负担相关费用。

而后，法院的司法裁定会产生两种结果：一是，法院经过核实，认为鉴定人依法妥当地完成了鉴定义务，鉴定费用请求权可以被认可，即以裁定形式确认鉴定人的鉴定费用受偿资格和受偿数额。该裁定中应明确鉴定人最终获得偿付的鉴定费用的费用数额，尤其是"必要的减少收费或者每种收费被取消的情形"①；二是，法院经过核实，认为鉴定费用请求权不符合法定的权利享有要求或程序要求，例如，因鉴定人的主观过错造成鉴定意见具有实质性缺陷的，或是鉴定费用请求权超过请求时效的，即以裁定形式驳回鉴定人的鉴定费用受偿请求。

（二）司法裁定的救济

依"有权利必有救济"原则，对于鉴定费用请求权的司法裁定应设置一定的异议和救济程序。不论鉴定人是对司法裁定所确认的鉴定费用补偿数额有所不满，还是对司法裁定关于鉴定费用受偿请求的驳回感到不服，鉴定人均可依照法定要求和法定程序向法院提出异议，该异议程序便是鉴定费用请求权的救济程序。大陆法系的国家和地区均明确规定对鉴定费用请求权的司法裁定可以提出抗告。例如，德国《司法收费和补偿法》第 4 条第 3 款规定，"权利人和国库"可对司法裁定提起抗告，其前提是"抗告标的超过 200 欧元"，抑或"由于司法裁定中尚存在有待裁判的问题具有根本重要性"且"作出司法裁定的法院许可抗告"。第 4 条第 4 款认可对司法裁定应允许救济，即"只要法院认为抗告合法且认为抗告有理，则法院应对抗告进行救济"。又如，根据我国台湾地区"民诉法"第 324 条准用第 323 条关于"证人法定日费及旅费之请求权"的规定，对于"鉴定人的日费及旅费请求之裁定"，可以提出抗告。

德国《司法收费和补偿法》第 4 条还规定了详细的抗告程序。根据第 4 条第 4 款、第 6 款的规定，鉴定人应立即向抗告法院提起

---

① Vgl. Silke Scheuch, Beck'scher Online-Kommentar ZPO, §413 Rn. 8, 2012, 8 Auflage.

抗告，"抗告法院为上一级法院"，但鉴定人"不得对联邦最高一级法院"提起抗告。而后，鉴定人提起抗告的结果有两种，即抗告法院经过核实可以作出许可抗告和不许可抗告两种裁判。许可抗告时，抗告法院应"受抗告许可约束"，并及时向"作出司法裁定的法院"提出抗告；不许可抗告时，鉴定人"对非许可不得上诉"。当然，鉴定人还可以通过再抗告程序对自身的鉴定费用请求权予以救济，但是鉴定人提起再抗告必须遵循严格的前提条件。根据第4条第5款的规定，鉴定人提起再抗告的情形，只能是"州法院"所作出的"司法裁定中尚存在有待裁判的问题具有根本重要性"，且再抗告的理由只能是"由于司法裁定侵犯了权利或违反了法律"，又者，再抗告应由"州高等法院"作出裁判。此外，根据第4条第7款至第8款的规定，与司法裁定程序相同的是，抗告许可或非许可的作出法官是"独任法官或者法院辅助员"，且抗告程序"免收费用"，当事人无需负担相关费用。

　　综合观之，立法明确规定司法裁定及其救济程序的目的，不但是为了充分保障鉴定人的鉴定费用请求权，也是希望以此更为准确地确认鉴定人的鉴定费用受偿资格和受偿数额，避免因民事诉讼鉴定费用的负担和数额问题而给鉴定人或当事人带来不利益。

第五章 我国民事诉讼鉴定
费用的司法现状

为更清楚地掌握我国民事诉讼鉴定费用制度的实施情况，并深入了解我国民事司法实践中的现实需求和突出问题，本书以问卷调查①、走访座谈、案例检索②等方式对民事司法实践中的民事诉讼鉴定费用相关情况进行了调研，全面收集了相关数据、资料和案例。调研涉及全国多地法院的法官和司法鉴定部门工作人员、司法行政管理部门工作人员、鉴定人、当事人等各方主体。在现有资料的基础上，还需要考虑民事司法实践中的主客观因素，例如，部分法官办理的案件中涉及鉴定费用的情况不多、办案年限不长等客观因素，以及不同法官对民事诉讼鉴定费用制度的理解不同、法官在繁重的办案工作之余进行问卷调查的精力有限等主观因素。总体来看，我国民事诉讼鉴定费用制度的司法实践情况会比目前所得到的

---

① 笔者以"民事诉讼鉴定费用"为主题，分别为法官和司法鉴定人设计调查问卷，详见附录一、附录二。共发放调查问卷 350 份，回收 332 份，无废卷。范围辐射至武汉、深圳、宁波、金华、信阳等地区的 7 个法院近 300 名法官以及近 50 位司法鉴定人。

② 鉴于民事司法实践中对鉴定实费、鉴定报酬与鉴定人出庭费的区别对待，笔者于 2018 年 1 月在"北大法宝网"司法案例库中，分别以"鉴定费""鉴定人出庭费"为关键词，对全国范围内审结日期为 2016 年 1 月 1 日至 2017 年 12 月 31 日的民事案件进行检索。根据全文精确检索、争议焦点检索的情况，涉及"鉴定费"的民事案件裁判文书共 834920 份，而以"鉴定费"为争议焦点之一的民事案件裁判文书共 99 份，即 2017 年 64 份、2016 年 35 份；涉及"鉴定人出庭费"的民事案件裁判文书共 1263 份，而以"鉴定人出庭费"为争议焦点之一的民事案件裁判文书共 3 份，即 2017 年 1 份、2016 年 2 份。

资料更为复杂、问题更多。本章将主要以调研期间获得的这些资料为依据，对我国民事诉讼鉴定费用的总体认知、费用标准和费用程序分别进行实证研究。

第一节　关于民事诉讼鉴定费用的认知

一、内涵认知

（一）构成认知不清

对民事诉讼鉴定费用的构成认知不清晰是其内涵认知的主要问题。囿于我国现行制度将"诉讼过程中因鉴定""发生的依法应当由当事人负担的费用"界定为"鉴定费用"，但仅限于对鉴定人陈述鉴定意见的支付，内涵不全面且具有歧义，因而，民事司法实践中，关于民事诉讼鉴定费用是否同时包含了鉴定实费、鉴定报酬和鉴定人出庭费三种费用，不论是法官还是鉴定人对此都不完全认同。

根据对法官的调查问卷的统计分析，在回答"您认为，鉴定费用应该包括哪几项？"时，约97.7%的法官选择了"鉴定实际成本"[1]，约73.8%的法官选择了"鉴定报酬"，约63.4%的法官选择了"鉴定人出庭费"。[2] 由此可见，在法官对民事诉讼鉴定费用的构成认知中，对"鉴定实际成本"的认可度最高，对"鉴定报酬"的认可度次之，而对"鉴定人出庭费"的认可度稍逊。部分法官认为"鉴定人出庭费"并不包含于鉴定费用之中，或"鉴定人出庭费另行收取"。

与此同时，我国民事司法实践中民事诉讼鉴定费用的实际收费

---

　　① 为保证法官对调查问卷相关问题的准确理解，调查问卷中将"鉴定实费"称为"鉴定实际成本"。

　　② 由于我国现行制度的不完善、不明确，关于调查问卷中的诸项事宜，在我国的民事司法实践中法官的做法并非唯一、明确的，而是会根据具体情况自由裁量，存在数种做法并存的现象。因此，对法官的调查问卷的统计分析之总和往往大于百分之一百。

情况还要低于法官的预期选择。根据对法官的调查问卷的统计分析，在回答"在您办理的案件中，鉴定费用是如何收取的?"时，约68.6%的法官选择了"收取了鉴定实际成本"，约58.7%的法官选择了"收取了鉴定报酬"，约43.0%的法官选择了"收取了鉴定人出庭费"，约23.3%的法官选择了"以上都没有收取"，相较而言基层法院的法官选择此项的更多。由此可见，比对法官关于"您认为，鉴定费用应该包括哪几项?"的调查问卷统计结果，我国民事司法实践中民事诉讼鉴定费用的实际收费情况均有约20%幅度的下降。(如图2所示)

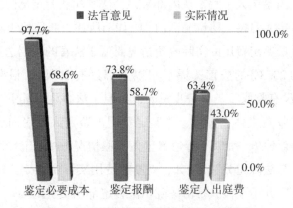

图2　民事诉讼鉴定费用收费情况对照图

　　根据对鉴定人的调查分析，鉴定人关于民事诉讼鉴定费用的费用构成的理解与法官大体相同，同样的，鉴定人对鉴定人出庭费的认可度亦稍低。关于鉴定实费、鉴定报酬，多数鉴定人认为我国现行制度中的"鉴定费用"包含鉴定实费、鉴定报酬两个部分;关于鉴定人出庭费，超过半数的鉴定人认为鉴定人出庭费是"必须交纳的费用"，例如，"鉴定人出庭费以法院相关规定及要求为准""鉴定人出庭费可由法院确定，应由案件当事人承担"。但也有不少鉴定人认为鉴定人出庭费是"非必须交纳的费用"，即鉴定人出庭作证无需收费。

（二）公法性被忽略

1. 公法性被忽略的现状

民事诉讼鉴定费用具有法定性、公法性、补偿性特征，然而，在我国的民事司法实践中，不论是法官、当事人还是鉴定人都对民事诉讼鉴定费用的公法性认识不足，忽视法院对民事司法鉴定以及民事诉讼鉴定费用的主导作用，忽略民事诉讼鉴定费用应是对公法义务的费用补偿，进而影响诉讼程序的推进和司法权的行使。

法官方面，不少法官认为民事诉讼鉴定费用相关问题与自身所负审判职能关系不大。具言之，从外部来说，具体的费用标准和费用情况应向鉴定人了解，从内部来说，法院司法鉴定部门才是代表法院与鉴定人对接、协调的部门。① 如前所述，我国民事司法实践中民事诉讼鉴定费用的实际收费情况要低于法官的预期选择，原因在于，约23.3%的法官选择了"以上都没有收取"。根据法官对"以上都没有收取"的进一步说明，其源于法官认为其不是法定的鉴定费用收费主体，例如，"鉴定费用由鉴定人直接向当事人收取""法院不收，所以不清楚鉴定人收取情况""鉴定费用由鉴定人确定，与法院无关"；又如，"鉴定费用实际由鉴定人决定，法院业务部门并不干涉，是由法院司法鉴定部门负责衔接"。

当事人方面，存在将民事诉讼鉴定费用作为民事委托费用的错误认识，往往与鉴定人反复联系并提出各种要求。在对鉴定人的调查问卷中，有审计行业的鉴定人提出，"当事人仍然对鉴定费用的理解存在偏差，经常将鉴定费用等同于审计费。申请鉴定的当事人因其垫缴了鉴定费用，常将自己视为鉴定人的客户，经常与鉴定人

---

① 民事司法实践中，若当事人、鉴定人对于包括鉴定费用在内的相关司法鉴定事宜存在疑议时，主审法官会要求当事人、鉴定人向法院司法鉴定部门提出或咨询。从表面看，法院司法鉴定部门也是法院行使司法权的代表，然而事实上法院司法鉴定部门并未参与审判，无法准确判断鉴定费用的负担等涉及实体问题的事宜。这一法院内部体制问题造成审判实务的运作混乱，导致法官忽视其对民事司法鉴定以及民事诉讼鉴定费用的主导作用。

联系，对鉴定工作指手画脚，企图影响鉴定结论的公正性；另一方当事人则将自己代入被审计的身份中，不配合鉴定工作、不提交必要的鉴定资料，造成鉴定工作难以推进"。

鉴定人方面，存在将民事诉讼鉴定费用作为经营性费用的错误认识。根据法官反映，有的鉴定人认为其隶属于营利性机构，追求效益最大化是其根本宗旨，而怠慢标的额较小的案件，认为其投入大、收益少，不积极对待，拖延很长时间，往往等到法院催促时才提出当事人没有交费、鉴定资料不齐全等问题。

由此可见，民事诉讼鉴定费用的公法性被忽略的主要原因是，我国现行制度规定鉴定实费、鉴定报酬"由当事人向鉴定人支付"，且民事司法实践中仍然存在一些不规范的委托方式，法院只能视情况决定是否追认或采纳"私鉴定"之结论。这导致民事司法鉴定中当事人与鉴定人无法避免地会多次接触，鉴定人对当事人存在直接的经济依赖，而当事人也会试图打探甚至影响鉴定意见。鉴于这些因素，法院对于民事司法鉴定以及民事诉讼鉴定费用的主导作用亦逐渐被侵蚀。

2. 公法性现实需求的典型例证——法院对外委托"武汉模式"

为尽量避免诉讼程序中的人为干扰，亦为进一步规范对外委托鉴定、评估、拍卖等工作，武汉市法院系统实施了一系列改革，最终形成卓有成效的法院对外委托"武汉模式"。实践证明，该改革举措对排除人为因素干扰、促进公正廉洁司法发挥了积极作用。具体改革步骤为：第一步，全市法院统一对外委托。① 在对外委托实行统一归口管理后，民事司法鉴定的委托涉及法官、法院对外委托管理部门、鉴定人三方。具体流程是，由法官申请对外委托，由各法院对外委托管理部门负责立案审核、案件督办，摇号选择鉴定人

① 武汉市中院自 2006 年 5 月起对对外委托案件一律采取随机摇号的方式选择涉讼社会机构，2008 年 4 月武汉市法院进一步实施《武汉市人民法院对外委托工作暂行规定》，要求全市两级法院对外委托工作实行集中摇号选择社会机构。

由武汉市中院司法鉴定处进行操作和监督。第二步，全市法院授权于武汉光谷联交所（以下简称"联交所"），由联交所组织"集中"摇号选择鉴定人，并代表法院统一收取包括"鉴定费用"[1]在内的涉讼费用。[2] 这使法院对外委托程序更加公开、透明、阳光。

就民事司法鉴定而言，法院对外委托"武汉模式"的初衷是为了建立防火墙，尽可能杜绝因当事人与鉴定人直接接触而导致的腐败行为以及鉴定意见的不公正，以促进证据调查程序的有序开展，维护司法的公正性和权威性。虽然，该模式的关注重点是为了更公平、有效地选择鉴定人，并不是为了改革民事诉讼鉴定费用的给付路径，也不是为了强调法院的主导权。不过可喜的是，法院对外委托"武汉模式"，正反映了民事司法实践中由法院主导民事司法鉴定以及民事诉讼鉴定费用的现实需要和重要意义。

实际上，法院对外委托"武汉模式"确实在一定程度上实现了法院主导民事司法鉴定以及民事诉讼鉴定费用的效果，并且促使了一系列鉴定费用的费用程序的形成和完善。例如，该模式下，当事人申请鉴定必须直接向法院委托，再由法院向鉴定人委托；鉴定费用是由当事人交纳到联交所账户，鉴定人向法院送达鉴定意见后，再由法院通知联交所向鉴定人给付鉴定费用。这样，鉴定人由

---

[1] 遗憾的是，由于我国现行制度对于鉴定人出庭费的特殊处理，以及鉴定人出庭费不受重视的司法实践现状，法院对外委托"武汉模式"中由联交所统一收取的民事诉讼鉴定费用，也只包括鉴定实费、鉴定报酬而不包括鉴定人出庭费。

[2] 由于武汉市法院系统没有自己规范的交易平台，从前，法院工作人员只得在法院办公场所内自行操摇号选择鉴定人和对外委托程序作。这使当事人或鉴定人产生合理性疑虑，总认为法院工作人员会从中作弊，也存在少数鉴定人或当事人为谋求自身利益而腐蚀法官滋生腐败的现象。为防止这些问题，全市法院授权联交所组织摇号，由联交所公共交易平台受两级法院分别委托而随机选择鉴定人，摇号在固定时间和地点进行，全程录像备查，并由专人做好台账登记及备案工作。

法院统一委托，鉴定费用的给付路径转变为"由当事人向法院交纳"，① 鉴定费用的请求路径转变为"由鉴定人向法院请求"，鉴定费用的给付时间与请求时间得以分离。然而遗憾的是，这些民事诉讼鉴定费用制度的应然规则只是法院对外委托"武汉模式"的附随效果，民事诉讼鉴定费用的公法性特征仍未受到足够重视，例如，鉴定费用的费用数额仍由鉴定人决定或由鉴定人与当事人协商确定，等等。

二、性质认知

（一）对证据调查费用属性认知有误

民事诉讼鉴定费用的证据调查费用属性体现的是法院与鉴定人的公法委托关系，亦即民事诉讼鉴定费用应是对鉴定人协助法院开展证据调查的费用补偿。然而，在我国的民事司法实践中，不少法官、当事人仍认为鉴定费用是对鉴定人辅助当事人的费用补偿。

根据对法官的调查问卷的统计分析，在回答"您认为，鉴定费用的性质是什么？"时，约74.3%的法官认为鉴定费用是"为支持当事人的证据，鉴定人进行鉴定所支出的费用"，约40.5%的法官认为鉴定费用是"为协助法院查明事实真相，鉴定人进行鉴定所支出的费用"。② 由此可见，超过半数的法官认为鉴定费用是对鉴定人辅助当事人的费用补偿，未能正视民事诉讼鉴定费用的证据调查费用属性。与法官对"鉴定费用的性质"的理解相对应，约55.3%的法官认为鉴定是"基于当事人的要求，为当事人服务的证

---

① 从本质上看，鉴定费用由当事人交纳到联交所账户，而联交所是由法院授权并代表法院收费，则鉴定费用的给付路径变为"由当事人向法院交纳"。不过，尽管这种鉴定费用的给付路径符合民事诉讼鉴定费用的诉讼费用属性，却有违于《诉讼费用交纳办法》第12条的规定。

② 在回答"您认为，鉴定费用的性质是什么？"时，有一部分法官既选择了鉴定费用是"为支持当事人的证据，鉴定人进行鉴定所支出的费用"，又选择了鉴定费用是"为协助法院查明事实真相，鉴定人进行鉴定所支出的费用"。

据调查方式"，约23.2%的法官认为鉴定是"基于法院的要求，为法院服务的证据调查方式"，约21.5%的法官认为鉴定既是"基于当事人的要求，为当事人服务的证据调查方式"又是"基于法院的要求，为法院服务的证据调查方式"。这也就佐证了对民事司法鉴定的性质的认知，将直接决定对民事诉讼鉴定费用的性质的认知。

当事人申请鉴定的初衷，是希望鉴定意见支持自己的主张并被法官所采纳，这是较为普遍的现象。由此，当事人往往认为其所支付的鉴定费用是对鉴定人辅助自己的费用补偿，"由当事人向鉴定人支付"鉴定费用的给付路径更是强化了这一观念。在对鉴定人的调查问卷中，当事人的这种认识反应明显，例如，"当事人经常不愿意一次性支付鉴定费用，其动机是希望将鉴定费用与鉴定意见挂钩，如初步鉴定意见不符合其主观要求，则会提出停止鉴定或少交费用""当鉴定意见未采用时，当事人会要求鉴定费用打折或免除"。

（二）对诉讼费用属性认知模糊

相对于关于民事诉讼鉴定费用的证据调查费用属性的错误认识，对于民事诉讼鉴定费用是否属于诉讼费用，不少法官尚未认真琢磨或未有明确认识。根据笔者在"北大法宝网"的案例检索情况，在众多的交通事故保险合同纠纷中，尽管绝大部份法官判定民事诉讼鉴定费用应由作为败诉方的保险公司承担，不过究其裁判理由，多数法官认为，鉴定费用"是为查明和确定保险事故的性质、原因和保险标的的损失程度所支付的必要、合理费用"，只有少数法官指出，鉴定费用在"性质上属于诉讼费用"。又者，根据对法官的调查问卷的统计分析，在回答"您认为，鉴定费用的性质是什么？"时，约26.7%的法官认为鉴定费用"是诉讼费用中的一种"，约14.5%的法官认为鉴定费用"不是诉讼费用中的一种"，更多的法官却对此不置可否。与此同时，有的法官在选择鉴定费用"不是诉讼费用的一种"时，却认为鉴定费用是"为协助法院查明事实真相，鉴定人进行鉴定所支出的费用"，即其对诉讼费用的范畴亦不清楚。

第二节　关于民事诉讼鉴定费用的费用范围和费用标准

一、鉴定实费

（一）当事人认为鉴定费用过高

在我国的民事司法实践中，法院有时会接到当事人对民事诉讼鉴定费用的投诉和异议，其中绝大部分是"当事人认为鉴定费用过高"，尤其是因"费用标准不明"和"按诉讼标的收费"而衍生的高额鉴定费用。根据对法官的调查问卷的统计分析，在回答"在您办理的案件中，是否曾经有当事人对鉴定费用的费用项目、数额提出过异议？"时，约 79.7% 的法官选择了"没有"，约 20.3% 的法官选择了"有"。根据法官对"有"的进一步说明，法官面对"当事人认为鉴定费用过高"的异议时，主要的处理方式大致可以分为四种：（1）以案件主审法官的意见为准，如"依法审查，确有过高则责令退费""由鉴定人提交相应行业收费标准，供法院审查""要求当事人按照相关规定支付""按实际票据裁判""自由裁量"。（2）以法院司法鉴定部门的意见为准，如"按中院鉴定部门制定的收费标准执行""要求鉴定人提交收费依据，并咨询法院司法鉴定部门""建议当事人向法院司法鉴定部门提出复议，最终维持鉴定人的收费标准"。（3）由法院主持当事人与鉴定人进行协商，如"主持听证""让鉴定人提供费用明细及依据，审核符合规定后，让鉴定人与当事人沟通""主持当事人与鉴定人协商，最终鉴定人适当降低费用数额"。（4）由鉴定人自行决定抑或由鉴定人与当事人自行协商，如"由鉴定人决定""由鉴定人向当事人出示收费办法并说明""这是鉴定人的市场行为，告知当事人若费用明显过高应与鉴定人适当协商""由当事人与鉴定人自行协商"。

由此可见，当事人对民事诉讼鉴定费用的费用项目、费用数额提出异议时，法官的处理方式千差万别，存在从直接裁判到完全不干涉等各种程度的法院审判权的介入或非介入。究其根源，我国鉴定实费、鉴定报酬的费用标准体系十分庞杂，不同专业领域、不同地区存在各式各样的费用标准，有的还没有标准，法官对其掌握情况不一而必然会产生千差万别的处理方式。然而，法院的不同做法会导致截然不同的鉴定费用的费用数额及其负担，进而造成案件之间裁判结果的差异及不公正，也会影响社会公众对于司法权威的信赖。①

（二）由不同专业领域自行定价不合理

由于我国现行制度中的"鉴定费用"实行的是不同专业领域遵照不同的费用标准，致使民事司法实践中存在着各式各样、差异较大的费用标准。随着国家将司法鉴定收费管理权限下放到地方，鉴定费用的费用标准又体现出地区性差异而变得愈发繁杂，实际上缺乏明确性，这使民事诉讼鉴定费用的公平性、合理性难以保障，导致当事人对鉴定费用的异议增加，法官主持鉴定程序的难度增大，鉴定行业的社会公信力受影响，各种矛盾凸显。

不同专业领域实行不同的费用标准，还存在许多现实难题：（1）有的专业领域的费用标准更新快，有的专业领域的费用标准更新慢甚至不更新，不同专业领域之间难以统筹安排。在对鉴定人的调查问卷中，有鉴定人提出，"房地产评估仍旧沿用两个已废止的规范性文件中②的原房地产评估费用标准和原土地评估收费标

---

① 当事人遭遇超过其心理预期的鉴定收费时，鉴于现行给付路径，一般当事人会先询问鉴定人，但鉴定人拿出的费用标准并不一定是法定标准，也可能是行业标准等其他标准，且这些标准都不具备法律的权威性。又者，当事人会认为鉴定人是辅助自己的而可以与其议价，或者还可以根据法官对鉴定意见的采信结果而降低收费。争执不下时，当事人才会向法官求助，而此时法官的处理方法千差万别，当事人自然无法获得令其信服的答案。

② 这两个已废止的规范性文件是指，《国家计委建设部关于房地产中介服务的通知》（计价格［1995］971号）和原土地评估收费标准《国家计委、国家土地管理局关于土地价格评估收费的通知》（计价格［1994］2017号），其废止依据是2016年国家发展和改革委员会令（第31号）《关于废止部分规章和规范性文件的决定》。

准"　"湖北省工程造价咨询机构均参照已撤销的鄂价工服规〔2012〕149号文《湖北省建设工程造价咨询服务收费标准》计价，只因目前没有更合适的费用标准代替"；还有鉴定人直接提出，"司法鉴定项目程序较为复杂，费用标准各行业均不相同，应该制定一套统一的费用标准"。（2）有的专业领域因相关主管部门没有出台规定而缺乏可以参照执行的费用标准，引发一系列问题。例如，在对鉴定人的调查问卷中，有鉴定人提出，"对于车损类评估收费没有司法鉴定费用标准，委托人总是要求低收费"。又如，有法官反映，一些非传统的专业领域没有明确的费用标准，若当事人认为鉴定收费太高而又没有明确费用标准的，法院只能要求当事人限期交纳鉴定费用，否则驳回鉴定申请。

（三）部分专业领域以标的额为基数计价不合理

我国现行制度中在部分专业领域实行以标的额为计价基数计算"鉴定费用"的方式，导致同类鉴定事项大体上消耗一样的劳动成本、物质成本和经济成本时，却会因为标的额的高低形成差异性收费，并促成诸如四川成都"天价鉴定费"的不合理费用。

以标的额为基数计价而显失公平的情况，主要体现于以下两类鉴定事项：（1）对于公章、笔迹鉴定等鉴定事项而言，以标的额为基数计价明显过高。在对法官的调查问卷中，在回答"在您办理的案件中，是否曾经有当事人对鉴定费用的费用项目、数额提出过异议?"时，数个法官分别提出了当事人对"按标的额收费"的异议情况。例如，"具体情形是当事人对按诉讼标的额计付公章鉴定有异议，法院的处理方式是告知当事人与法院司法鉴定部门或鉴定人进行协商""具体情形是当事人认为按诉讼标的额计算笔迹鉴定费用不合理，法院的处理方式是因申请人未交纳鉴定费用则认为其放弃鉴定申请""具体情形是当事人认为鉴定人按涉讼标的额或鉴定标的额大小收取鉴定费用不合理，法院的处理方式是由鉴定人按规定处理，仍按鉴定人的要求让当事人交纳鉴定费用"。（2）对于工程造价、股权评估等鉴定事项而言，以标的额为基数计价会导致鉴定工作量与鉴定费用不相匹配。在对鉴定人的调查问卷中，有鉴定人提出，"很多情况下，双方当事人的分歧在于对鉴定费用的认定，如起诉时发包方已经支付了部分工程款，且承包方的诉讼申请及鉴定申请仅限于双方未结付之工程款。然而，实施鉴定仍然必须将整个工程项目重新计算，才能得到鉴定意见"，此时鉴定工作量涉及全部工程款，明显大于鉴定标的额；还有鉴定人提出，"对涉案部分股权价值进行评估时，应按整体资产评估鉴定费用，但因当事人不理解而难以达成一致"。

二、鉴定报酬

（一）鉴定报酬与鉴定实费混淆

我国现行制度对鉴定实费、鉴定报酬没有区分，而是统称为"鉴定费用"，虽然根据前文关于"民事诉讼鉴定费用的构成认知"的实证分析可知，大部分法官、鉴定人都认可"鉴定费用"中同时包含鉴定实费、鉴定报酬，然而，也存在不同认识。法官方面，有的认为"鉴定费用"即是鉴定实费，而有的则认为其即是鉴定报酬，由此产生在回答"在您办理的案件中，鉴定费用是如何收取的？"时，约68.6%的法官选择了"收取了鉴定实际成本"与约58.7%的法官选择了"收取了鉴定报酬"的占比差别。鉴定人方面，根据对鉴定人的调查分析，有的鉴定人认为"鉴定费用"即是鉴定报酬，如"鉴定费用我公司暂未收取""对鉴定报酬太低的案件，与当事人商定另加费用"。此外，对于鉴定报酬与鉴定实费混淆的现状，还有数个鉴定人提出，"将鉴定实际成本和鉴定报酬区分开来""对鉴定实际成本（包括异地鉴定的差旅费）和鉴定报酬应该有所区别，并分别制定单独的费用标准"。

我国民事司法实践中的"天价鉴定费"，亦与鉴定报酬、鉴定实费的混淆具有密不可分的关系。我国现行制度实行大而化之的规定方式，没有明确具体内涵的"鉴定费用"显然亦无法确定具体、详细的费用范围和费用标准，被冠上"天价"之名也无法说清。大而化之的规定方式还会使本应包含于"鉴定费用"之中的相关鉴定费用被单独排除在外，"异地鉴定差旅费"就是如此。民事司法实践中，有的鉴定人会单设"助手报酬""会诊报酬""出庭报酬"等费用明目，而增加了鉴定费用的总额。对当事人而言，其为书面鉴定意见所交纳的"鉴定费用"，显然会超过鉴定人履行陈述义务的必要成本，有的还大大超出了其必要成本，但面对大而化之的规定，当事人却不能从简单粗陋的现行制度中知晓所交纳鉴定费用的具体所指，其必然会感觉鉴定费用高昂。

（二）鉴定报酬的公益性被忽视

由于我国现行制度并未在鉴定报酬中体现民事司法鉴定的公益性，而对司法鉴定和非司法鉴定设置不同的费用标准，这导致民事司法实践中部分鉴定人也逐渐忘却其辅助法官开展证据调查的公益性职能，而将司法鉴定视为商业行为。常有鉴定人认为，民事诉讼鉴定费用低于其预期费用。在对鉴定人的调查问卷中，有鉴定人提出，"有些鉴定事项收费偏低，直接影响评估程序的履行""建议房地产类、土地类、资产类案件的鉴定费用分别有保底的费用数额标准"。又者，有的鉴定人认为，司法鉴定收费因有司法保障而更容易实现高收益，这导致有时司法鉴定的收费比非司法鉴定的收费还要高。具言之，当鉴定人实施非司法鉴定时，鉴定收费会完全遵从市场供给需求，委托方和受托方将就鉴定费用进行议价，议价的结果常常比基准价低不少；而当鉴定人接受法院委托实施司法鉴定时，原则上需要遵照基准价及其浮动标准决定鉴定费用。所以，鉴定人往往乐意接受法院的委托实施司法鉴定，并以高标准收取鉴定费用。例如，有鉴定人反映，"平常 7000 元可以做的鉴定，如果是法院指派我就收 8 万"。[1] 对此，纵然以上司法鉴定和非司法鉴定的定价方式均是合法的，但不违规的司法鉴定"天价鉴定费"却极大地有损司法公信。

三、鉴定人出庭费

（一）鉴定人出庭费不受重视

1. 鉴定人出庭率低

---

[1]　参见《17 万元的司法鉴定"天价"收费合理吗?》，载新华网，http：//www.xinhuanet.com/legal/2017-02/12/c_1120451964.htm，2017 年 2 月 12 日。

　　尽管根据我国现行制度的规定，出庭义务是鉴定人的法定义务，但囿于我国鉴定人必须要出具书面的鉴定意见以履行鉴定义务，鉴定人的出庭义务在民事司法实践中被严重弱化，甚至被视为陈述义务的附随义务，鉴定人出庭作证情况并不理想。根据司法部网站的公告，2015 年全国范围内的鉴定人接到法院的出庭通知 17867 次，其中 97.86% 的鉴定人依法出庭作证。总体来看，鉴定人履行出庭义务的情况良好，但是，鉴定人被要求出庭的次数仅占全国司法鉴定总量的 0.92%，鉴定人出庭率非常低。① 又者，因我国现行制度中鉴定人出庭费的费用范围指向不明、费用标准空缺，导致鉴定人出庭作证的经济成本难以得到有效保障，这进一步加剧了鉴定人出庭率低的司法现状。

　　2. 鉴定人出庭费不论是数量还是数额都较少

　　虽然我国现行制度已经明确规定了鉴定人出庭费的费用范围，然而，对于是否收取鉴定人出庭费，民事司法实践中仍有部分法官或鉴定人持否定态度，最终不收取抑或仅部分收取鉴定人出庭费。这有悖于我国现行制度关于收取鉴定人出庭费的明确规定，并且，对于鉴定人出庭率低而鉴定人出庭费数量不多的司法现状无疑是雪上加霜，直接导致鉴定人出庭费不论是数量还是数额变得更少。② 在对法官的调查问卷中，有法官提出，"法院直接告知鉴定人有出庭义务，无论是否有当事人支付鉴定人出庭费"；还有法官提出，"文检鉴定的鉴定人出庭时通常会向当事人另行收取鉴定人出庭费，对此不解"。由此可见，民事司法实践中有的法官并不关注甚至不支持鉴定人出庭费的收取。

　　根据对鉴定人的调查分析，不少鉴定人认为鉴定人出庭费是

---

　　①　参见《2015 年度全国司法鉴定情况统计分析》，载司法部政府网，http：//www.moj.gov.cn/organization/content/2016-03/21/sfjdgljsjxw_7090.html，2016 年 3 月 21 日。

　　②　由此，当事人也不大在意鉴定人出庭费的费用数额、费用负担问题。根据笔者在"北大法宝网"的案例检索情况，涉及"鉴定人出庭费"的、以"鉴定人出庭费"为争议焦点的民事案件裁判文书，数量都远远少于涉及"鉴定费"的、以"鉴定费"为争议焦点的民事案件裁判文书，是为例证。

"非必须交纳的费用"，即原则上鉴定人出庭作证无须收费。例如，有鉴定人提出，"鉴定人收取了鉴定费用后，就有义务出庭，无需再收取鉴定人出庭费""评估费用中应该包括鉴定人出庭费"。①许多鉴定人的观点是，在超过一定限度的情况下应当部分收取鉴定人出庭费。具体情形包括：（1）视出庭距离部分收取。例如，"本市一般未收费，市外的应考虑收取鉴定人出庭费""本市及省内周边基本没有单独收取鉴定人出庭费，外省及省内偏远地区按差旅费加上鉴定人出庭费 300 元/人/次收取"。②（2）视出庭次数部分收取。例如，"本市及周边地区应义务出庭一次，再次出庭应由当事人交纳鉴定人出庭费""若当事人不配合鉴定，在鉴定人多次答复后仍然三番两次提出重复问题，意图影响鉴定意见公正性，在这种情况下，一次出庭之后的额外出庭应收取鉴定人出庭费，以遏制当事人对鉴定工作的诘难"。（3）视出庭内容部分收取。例如，"第一次解释和宣读鉴定意见可以不收费，但鉴定人出庭参与庭审和质证的，应收取鉴定人出庭费"（4）视"鉴定费用"的数额部分收取。例如，"若对鉴定意见收取的鉴定费用太低时，与当事人商定另加几百元的鉴定人出庭费"。

（二）费用项目适用情况各异

由于我国现行制度尚未对鉴定人出庭费的费用范围予以阐明，尤其是其中的"生活费"语义不明，导致民事司法实践中鉴定人出庭费的费用范围的适用情况各不相同。根据对法官的调查问卷的统计分析，在回答"在您办理的案件中，如果收取鉴定人出庭费，包括哪几项？"时，约 89.5%的法官选择了"交通费"，约 65.7%

---

① 按照此种说法推断，鉴定人可能存在两种观点：一是鉴定人出庭费应属于现行制度中"鉴定费用"的应有内涵；二是鉴定人出庭是鉴定人出具书面鉴定意见的附随义务，而无需另行收费。然而，这两种观点均不合法且不符合诉讼法理。

② 这种异地差旅费加上出庭费的做法，实属不妥。交通费作为鉴定人履行出庭义务的基本费用，应当然地被包含于鉴定人出庭费之中。若鉴定人须到异地履行出庭义务，异地出庭的差旅费就等同于鉴定人出庭费，而不应重复收取相关费用。

的法官选择了"住宿费"，约 61.0% 的法官选择了"就餐费"，约 43.0% 的法官选择了"误工补贴"，约 38.4% 的法官选择了"生活费"。（如图 3 所示）由此可见，民事司法实践中鉴定人出庭费中的"交通费""住宿费""就餐费"的适用频率超过半数，而"误工补贴""生活费"的适用频率稍逊。其中，"生活费"是法定费用范围却占比较低，更多法官倾向于选择"就餐费"，还有的法官既选择了"就餐费"又选择了"生活费"。究其原因，民事司法实践中法官认为"生活费"的概念抽象、指向不明。鉴于《诉讼费用交纳办法》第 6 条对证人、鉴定人的出庭费项目进行一并规定，部分法官认为可以类推适用《民事诉讼法》第 74 条所规定的证人出庭费项目即"交通、住宿、就餐等必要费用以及误工损失"，故而，部分法官认为"生活费"主要指向的是"就餐等必要费用"。

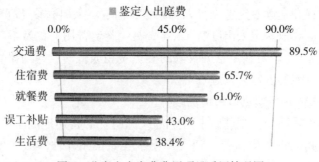

图 3　鉴定人出庭费费用项目适用情况图

（三）费用标准随意性大

由于我国现行制度没有对鉴定人出庭费的"交通费、住宿费、生活费和误工补贴"分别给出明确的费用标准，实际上缺乏具体可操作的制度依据，民事司法实践中无法按照鉴定人出庭作证的实际费用项目予以补偿，而只能实行大而化之的补偿标准，且形式上"以补贴为主"。根据对鉴定人的调查分析，鉴定人出庭费的费用标准主要包括以下三种：（1）按出庭人数补贴。例如，"市内每次 500 元/人""市内半天 500 元/人、一天 1000 元/人""交通费一般在 400~600 元/人"。（2）按出庭时间计时补贴。例如，"评估师计时收费，根据出庭时间按 300 元/小时计算，并考虑在途时间"
"资产评估中，鉴定人出庭费根据评估师资质分为三档：① 合伙人/
部门经理 400 元/小时，注册评估师 300 元/小时，助理人员 180 元
/小时"。（3）按"鉴定费用"的比例补贴。例如，"按照对鉴定
意见所收鉴定费用的一定比例收取鉴定人出庭费，并确定最低
价"。由此可见，当前民事司法实践中鉴定人出庭费的费用标准十
分杂乱，从百元到千元不等,② 随意性很大。

对于如是鉴定人出庭费的费用标准，法院、当事人一般却并不
反对，这使得鉴定人出庭费的费用标准之随意性继续蔓延。根据某
法院的法官反映：对办案法官而言，因国家没有明确规定鉴定人出
庭费的费用标准，所以法官难以对鉴定人出庭费予以审核，大多交
由鉴定人自行决定，且不太干涉鉴定人出庭费相关事宜；对当事人
而言，因没有法定的费用标准可供参考，又因当地市内的鉴定人出
庭费大多是 200 元至 300 元，相较于鉴定实费、鉴定报酬而言很
少，所以一般当事人也不会特别在意。

第三节　关于民事诉讼鉴定费用的费用程序

一、民事诉讼鉴定费用的给付

（一）给付时间趋同：以预交为主

1. 鉴定实费、鉴定报酬③的给付时间

---

① 该费用标准的制度依据是《湖北省物价局、湖北省财政厅关于印
发〈湖北省资产评估服务收费管理实施办法〉的通知》（鄂价工服规［2011］
24 号）附件 1 中的计时收费标准。

② 也有学者认为，民事司法实践中从几百元到千元不等的鉴定人出庭
费的费用标准，大多以所需的最低花费为准，有时甚至还无法满足鉴定人出
庭所需的最低标准。参见张华：《司法鉴定若干问题实务研究》，知识产权出
版社 2009 年版，第 79 页。

③ 由于我国现行制度以及民事司法实践中并没有将鉴定实费、鉴定报
酬区分开来，而是统称为"鉴定费用"。因此，本书对鉴定实费、鉴定报酬的
给付规则和负担规则一并探讨。

　　基于我国民事诉讼立法关于预交民事诉讼鉴定费用的要求，民事司法实践中各地法院的给付时间较为一致，即大部分鉴定实费、鉴定报酬采取预交的形式于"鉴定开始前"交纳。根据对法官的调查问卷的统计分析，在回答"在您办理的案件中，如果收取鉴定实际成本或鉴定报酬，收取时间是?"时，约83.1%的法官选择了"鉴定开始前"，约20.9%的法官选择了"鉴定实施过程中"，约8.1%的法官选择了"鉴定意见出具后"。之所以仍然存在非"鉴定开始前"的给付时间，除了费用补交、不可抗力等特定原因外，很大程度上是受我国现行制度不够严谨的影响。例如，有法官提出，"鉴定人决定收取时间"，还有法官提出，"有的鉴定人预收，有的鉴定人分段收，有的鉴定人最后收"。

　　关于当事人不按期交纳民事诉讼鉴定费用的法律后果，民事司法实践中的常见情况是影响鉴定时间而拖延诉讼进程。在对鉴定人的调查问卷中，有鉴定人提出，"当事人付费不及时影响鉴定工作进度，导致鉴定延期""当事人付费时间超期，以致评估工作整体超期，因此案件延期""当事人不配合，① 有的甚至发出四次通知后才收到鉴定费用""当事人支付的是预估的评估费，正式评估报告出具后实际评估费跟前期预收的评估费有出入，需要当事人办理补交或退费手续。但由于当事人不能及时去补交或退费，导致鉴定结案时间较长"。由此也可说明，当事人不按期交纳民事诉讼鉴定费用时，相关鉴定程序已然启动，当事人实际上不一定会受到我国民事诉讼立法关于"预交"要求的应有约束，即不预交则"对该事实承担举证不能的法律后果"。

　　2. 鉴定人出庭费的给付时间

　　民事司法实践中各地法院的给付时间较为一致，即大部分鉴定

────────────

　　① 具体情形为，鉴定人发出《涉讼资产委托鉴定评估费用和风险告知书》（以下简称《告知书》）后，当事人态度良好，但超期后仍不缴费。若与当事人沟通拟按法院的要求退案时，当事人定会解释各种耽误缴费的原因，并恳请通融时限。但再次重新发出《告知书》后当事人又故态萌发。以上情况在民事司法实践中经常遇到，不考虑与当事人电话沟通的情况，有的甚至发出过四次《告知书》才收到鉴定费用。

人出庭费采取预交的形式于"鉴定人出庭前"交纳。根据对法官的调查问卷的统计分析，在回答"在您办理的案件中，如果收取鉴定人出庭费，收取时间是?"时，约73.3%的法官选择了"鉴定人出庭前"，约26.7%的法官选择了"鉴定人出庭后"。之所以亦有相当比例的鉴定人出庭费于"鉴定人出庭后"交纳，除了受原有制度的影响外，还囿于鉴定人出庭费的费用标准不明，一些鉴定人在出庭时才提出履行出庭义务的受偿需求，这种情况在鉴定人仅支出了交通费时较为常见。

（二）给付路径趋同但有误：由当事人直接交给鉴定人

1. 鉴定实费、鉴定报酬的给付路径

我国现行制度规定鉴定实费、鉴定报酬的给付路径是"由当事人向鉴定人支付"，与此相应的是，这也是民事司法实践中鉴定实费、鉴定报酬的主要给付路径。根据对法官的调查问卷的统计分析，在回答"在您办理的案件中，如果收取鉴定实际成本或鉴定报酬，是如何预收的?"时，约6.4%的法官选择了"法院依职权鉴定的，由法院垫付"，约12.8%的法官选择了"由申请鉴定的当事人交至法院"，约86.0%的法官选择了"由申请鉴定的当事人交至鉴定人"。（如图4所示）如此司法现状，虽然符合我国现行制度的规定，却有违民事诉讼鉴定费用的诉讼费用属性，法官不是给付相对方而难以实现对于鉴定实费、鉴定报酬的主导作用和审查职能。

那么，若将给付路径转化为符合诉讼法理的"由当事人向法院交纳"，司法实践效果如何呢?本书专门就法院对外委托"武汉模式"的鉴定实费、鉴定报酬给付路径，对武汉地区的司法鉴定人进行了抽样调查。根据统计分析，约29%的鉴定人倾向于自行收取鉴定实费、鉴定报酬，理由如"自己清楚所采用的费用制度和费用标准，方便应答当事人"[1]；约71%的鉴定人倾向于由法院

①　鉴定人倾向于自行收取鉴定实费、鉴定报酬的此项理由，正可以说明，法官对鉴定实费、鉴定报酬给付路径及给付数额的主导作用的重要性和实践意义。

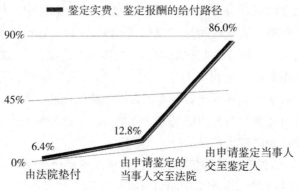

图 4　鉴定实费、鉴定报酬的给付路径情况图

统一收取鉴定实费、鉴定报酬，理由如"更利于与当事人沟通，并推进鉴定进程""法院收费公信力大些""有助于维护司法鉴定的严肃性和权威性"。由此可见，"由当事人向法院交纳"鉴定实费、鉴定报酬的给付路径，更为鉴定人所接受，亦有助于民事诉讼鉴定费用的交纳和民事司法鉴定的进程。

　　关于"法院依职权"鉴定的，"由法院垫付"的占比很少。这是因为，一方面"法院依职权"启动鉴定的情形较少，另一方面，即便"法院依职权"启动了鉴定，也囿于我国现行制度缺乏相关规定，且大多法院没有民事诉讼鉴定费用的财政预算，由法院垫付鉴定费用在现行法院财政体制下难以操作，致使法院一般不会先行垫付鉴定实费、鉴定报酬。① 民事司法实践中，各地法院有着不完全相同的做法，总体上，法官倾向于让负举证责任的当事人预交，但因没有明确规定而只能采取阐明、劝诫等柔性方法。根据某法院的法官反映，当其认为启动鉴定十分必要时，通常会向双方当事人分析鉴定的必要性，尤其是向与鉴定事项相关的举证方说明应承担

---

　　① 相应的，民事司法实践中，若当事人未提出鉴定申请但法官认为启动鉴定十分必要时，在现行制度不明、法院缺乏相关财政预算等缘故的影响下，"法院依职权"启动鉴定的动机也会因鉴定实费、鉴定报酬给付路径的不确定，而受到一定程度的消解。

的证明责任以及不实施鉴定的法律后果，以促使该方当事人交纳鉴定费用。

2. 鉴定人出庭费的给付路径

我国现行制度规定鉴定人出庭费的给付方式是"由当事人向法院交纳"，与此不同的是，民事司法实践中鉴定人出庭费的主要给付路径却是"由当事人向鉴定人支付"。根据对法官的调查问卷的统计分析，在回答"在您办理的案件中，如果收取鉴定人出庭费，是如何预收的?"时，约12.2%的法官选择了"法院认为鉴定人有必要出庭的，由法院垫付"，① 约11.0%的法官选择了"由申请鉴定的当事人交至法院"，约41.9%的法官选择了"由申请鉴定的当事人交至鉴定人"，约17.4%的法官选择了"由申请出庭的当事人交至法院"，约36.0%的法官选择了"由申请出庭的当事人交至鉴定人"。② （如图5所示）由此可见，"由当事人向鉴定人支付"鉴定人出庭费，是我国民事司法实践中大量存在的现象。这既有违我国现行制度的规定，亦有违民事诉讼鉴定费用的诉讼费用属性，法官不是给付相对方而难以实现对于鉴定人出庭费的主导作用和审查职能。此种司法现状的产生原因是，鉴定人履行出庭义务及其出庭应得的经济补偿均未受到应有的重视，在缺乏明确、详细的费用标准的制度指引的情况下，鉴定人出庭费在民事审判实务中被简化处理甚至违规处理。

3. "怎么给付"规则不明

由于我国现行制度没有规定"怎么给付"民事诉讼鉴定费用，而基于"由当事人向鉴定人支付"的主要给付路径，给付规则的具体细节多由鉴定人自行规定，缺乏统一标准，常常造成民事司法

---

① 与鉴定实费、鉴定报酬的情况类似，"法院依职权"决定鉴定人出庭的，"由法院垫付"的占比同样很少。这也是囿于现行制度不明、法院财政预算等缘故，法院一般不会先行垫付鉴定人出庭费。

② 根据对法官的调查问卷的统计分析，给付主体究竟是"申请鉴定的当事人"还是"申请出庭的当事人"，占比大致相当。然而，若"申请鉴定的当事人"不是"申请出庭的当事人"时，仍由其给付鉴定人出庭费，并不符合权利义务相一致原则。

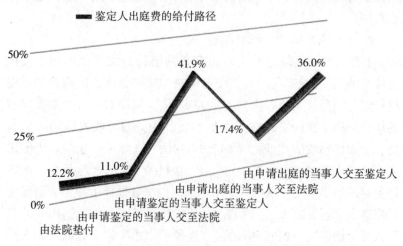

图 5　鉴定人出庭费的给付路径情况图

实践中"怎么给付"鉴定费用的复杂性。在对鉴定人的调查问卷中，有鉴定人提出，"当事人对于鉴定费用给付规则不熟悉，相关部门应对当事人出具交费指南""部分金融机构、资产公司费用财务程序复杂，多次出现为等待当事人交纳费用而办理延期的情况""不同鉴定人对于代缴费用开具发票的规定不一致"。究其根源，除了现行制度空缺外，还是因民事诉讼鉴定费用的法定性和公法性未得到足够的重视。

（三）给付数额的确定方式趋同但有误：以鉴定人为主导

1. 鉴定实费、鉴定报酬的确定方式

受给付路径的影响，我国民事司法实践中，鉴定人对鉴定实费、鉴定报酬的费用数额起决定作用，并且，费用数额以"法定标准"为主，但"根据具体开支情况决定"的也占有不小比例。根据对法官的调查问卷的统计分析，在回答"在您办理的案件中，如果收取鉴定实际成本或鉴定报酬，数额如何确定?"时，约 5.2% 的法官选择了"由申请鉴定的当事人根据法定标准决定"，约 78.5% 的法官选择了"由鉴定人根据法定标准决定"，约 8.7% 的法官选择了"由法院根据法定标准决定"，约 20.3% 的法官选择了"根据具体开支情况决定"。这种做法虽然与我国现行制度的要求相一致，却有违法院主导民事司法鉴定的证据法要求，法官无法主导和监控鉴定实费、鉴定报酬的费用数额。①

又者，根据笔者以"鉴定费"为争议焦点的案例检索情况，法官对鉴定实费、鉴定报酬的费用数额的确定，多以是否"私鉴定"、是否提供相关票据为主要考量因素，而非费用数额的高低。例如，（2017）鲁16民终1812号王选与房新宾机动车交通事故责任纠纷上诉案②中鉴定实费、鉴定报酬的费用数额不包括非法院委托鉴定的费用数额，即"个人委托支出"的费用数额法院不予支持；（2016）苏08民终363号左立敢与高波建设工程施工合同纠纷上诉案③中鉴定实费、鉴定报酬的费用数额以相关票据为依据，即"未提交鉴定费票据"的费用数额法院不予判定。值得注意的是，法官在陈述确定费用数额的判决理由时，时常将不被采纳的"私鉴定"与"未采信的鉴定意见"混淆，④ 导致有的鉴定实费、鉴定报酬的费用数额虽出自法院委托的鉴定，却因鉴定项目、鉴定意见被法官部分采信而仅受部分支持。⑤

---

① 同样的，根据笔者在"北大法宝网"的案例检索情况，有11份民事案件裁判文书是针对鉴定实费、鉴定报酬的费用数额发生争议，相较于91份民事案件裁判文书是针对鉴定实费、鉴定报酬的负担方式发生争议的情况，要少得多。这恰好说明，法院难以主导和监控鉴定实费、鉴定报酬的给付数额。

② 【法宝引证码】CLI. C. 10604636。

③ 【法宝引证码】CLI. C. 10040405。

④ "私鉴定"只有被追认或采纳后才具有司法鉴定的法律效力，换言之，不被采纳的"私鉴定"不属于司法鉴定的范畴，法官有理由不支持其鉴定费用。但是，从本质上说，司法鉴定的鉴定意见不论是否被采信，都源自法院的委托，其鉴定费用应由法官作出判断，即法官不能基于"未采信的鉴定意见"而对相关鉴定费用不予支持或不予判定。

⑤ 参见（2017）陕05民终2066号郭某某诉王某甲等机动车交通事故责任纠纷案【法宝引证码】CLI. C. 10315069，（2016）粤03民终20780号游顺平与郑松云提供劳务者受害责任纠纷案【法宝引证码】CLI. C. 9353939，等等。

对于鉴定人、当事人而言，这种鉴定实费、鉴定报酬的费用数额的确定方式同样存在弊端。在对鉴定人的调查问卷中，不少鉴定人提出以"鉴定协议"确定给付数额的问题，例如，"根据费用标准计算出费用数额后，因当事人要求打折或者讨价还价花费很多时间""对于鉴定费用较多的，当事人基本上都要求折扣且折扣较大，协商谈判较困难，并会拖延交费时间而影响鉴定进度"。还有鉴定人提出，"应出台文件规定鉴定费用最低折扣标准，使费用数额的确定有制度可依""与当事人确定费用数额时，当事人会质疑制度依据是否合理，故费用数额的确定依据能否由法院明确指定"。换言之，民事司法实践中鉴定实费、鉴定报酬的费用数额需要更为权威的确定方式。

2. 鉴定人出庭费的确定方式

由于我国现行制度没有对鉴定人出庭费之"交通费、住宿费、生活费和误工补贴"等费用项目给出明确统一的费用标准，民事司法实践中法官多让当事人和鉴定人协商确定，且主要为鉴定人报价决定。根据对法官的调查问卷的统计分析，在回答"在您办理的案件中，如果收取鉴定人出庭费，数额如何确定?"时，约7.6%的法官选择了"由申请鉴定的当事人根据法定标准决定"，约60.5%的法官选择了"由鉴定人根据法定标准决定"，约18.0%的法官选择了"由法院根据法定标准决定"，约28.5%的法官选择了"根据具体开支情况决定"。由此可见，民事司法实践中鉴定人对鉴定人出庭费的费用数额起关键作用，法官对此的主导作用不明显，并且，该费用数额以"法定标准"为主，但"根据具体开支情况决定"的也占有不小比例。

比对关于鉴定实费、鉴定报酬的确定方式的调查问卷统计结果，鉴定人出庭费的费用数额的各种确定方式所占比例与鉴定实费、鉴定报酬的确定方式趋同，依然以"由鉴定人根据法定项目决定"为主。(如图6所示)但是，不同于鉴定实费、鉴定报酬的是，鉴定人出庭费的这种做法与我国现行制度的要求是相左的，法定的鉴定人出庭费的诉讼费用属性被忽视，这亦为法官对鉴定人出庭费简化处理之结果。① 其中，"根据具体开支情况决定"鉴定人出庭费的占比要高于鉴定实费、鉴定报酬的该选项占比，亦是主要源于鉴定人出庭费的具体标准空缺。

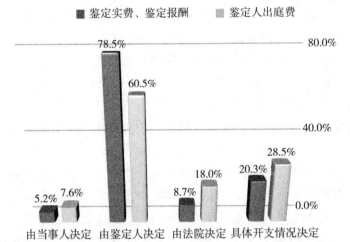

图 6　鉴定实费、鉴定报酬与鉴定人出庭费的数额确定方式对比图

二、民事诉讼鉴定费用的负担

(一)"由败诉方负担"为主，多种负担方式并存

1. 鉴定实费、鉴定报酬的负担方式

鉴于我国现行制度关于鉴定实费、鉴定报酬的负担方式的规定不够明确，民事司法实践中以法官的自由裁量为主，而同时存在多

---

① 总体来看，我国民事司法实践中鉴定人出庭费的现实状况是：因鉴定人出庭率低，所以法官在民事审判实务中较少涉及鉴定人出庭费事宜；因鉴定人出庭义务一定程度上被视作附随义务，且一般鉴定人出庭费相较于鉴定实费、鉴定报酬而言少得多，所以鉴定人即使出庭也不一定会提出费用补偿要求；若是鉴定人提出了鉴定人出庭费的受偿要求，碍于鉴定人出庭费相关规定不明确、操作性不强，法官实际无章可循，也只能简化处理，大多让鉴定人和当事人协商确定给付数额，但实际上由鉴定人报价决定。

种负担方式。根据对法官的调查问卷的统计分析，在回答"在您办理的案件中，如果收取鉴定实际成本或鉴定报酬，最终费用由谁负担？"时，约 5.2% 的法官选择了"谁主张，谁负担"，约 70.9% 的法官选择了"由败诉方负担"，约 27.9% 的法官选择了"由法院决定的其他负担方式"。由此可见，民事司法实践中鉴定实费、鉴定报酬的主要负担方式是"由败诉方负担"，这已是趋同做法。① 同时，也存在不少比例的"由法院决定的其他负担方式"，例如，有法官提出，"由鉴定结果不利的一方按比例承担"。对此，有法官同时选择了两个选项或是三个选项，这印证了在我国现行制度缺乏明确规定的情况下，法官只能在一定程度上根据具体情况自由裁量。

因各地法官的不同理解以及不同做法，乃至同一法官在不同案件中的不同裁判方式，致使鉴定实费、鉴定报酬存在多种负担方式。根据笔者以"鉴定费"为争议焦点的案例检索情况，在 99 份民事案件裁判文书中有 91 份是针对鉴定实费、鉴定报酬的负担方式发生争议，占比 91.9%，且大部分的争议事由是交通事故保险合同纠纷。对此，法院的处理方式包括"谁主张，谁负担""由败诉方完全负担""按胜败诉比例负担"以及"非必要费用的负担"等"由法院决定的其他负担方式"：例如，（2016）浙 01 民终 462 号浙江奔腾市政园林建设工程有限公司与杭州诚捷物资经营部买卖合同纠纷上诉案②中鉴定实费、鉴定报酬最终由申请鉴定的当事人负担，即由"导致鉴定程序的启动"的诚捷经营部负担；（2017）黔 0527 民初 1903 号李广德等诉严礼平等财产损害赔偿纠纷案③中鉴定实费、鉴定报酬最终按诉讼费用负担原

---

①　可喜的是，根据对法官的调研，我国民事司法实践中不少法官选择鉴定实费、鉴定报酬"由败诉方负担"，源于其认为"鉴定人出具鉴定意见的补偿费用属于诉讼费用"，因而最终按照败诉方负担原则予以裁判。当然，也有法官是基于其他因素而作出如此裁判。

②　【法宝引证码】CLI. C. 8329594。

③　【法宝引证码】CLI. C. 52100183。

则负担，即由"承担侵权责任"的严礼平全部负担；（2015）来民一初字第 02046 号江西力宏钢结构实业有限公司等诉安徽荣丰铝业有限公司建设工程施工合同纠纷案①中鉴定实费、鉴定报酬最终以胜败诉比例由双方当事人分别承担，即"由安徽荣丰公司承担 96546 元，由江西力宏公司承担 103454 元"；（2016）浙 07 民终 4596 号叶永茂与嘉兴银行股份有限公司金华分行等金融借款合同纠纷上诉案②中鉴定实费、鉴定报酬最终因胜诉方的过失而由其共同负担，即因"嘉兴银行金华分行在办理担保手续时未仔细审查签名、捺印人的真实身份"而各半负担；等等。其中，法院较为普遍的处理方式是："由败诉方完全负担"的有 80 份，约占比 87.9%；"按胜败诉比例负担"的有 7 份，约占比 7.7%。需要指出的是，虽然部分法官关注到应"按胜败诉比例负担"，但对于鉴定实费、鉴定报酬的负担比例，有的法官仍以双方当事人各负担 50%的粗放方式处理。

2. 鉴定人出庭费的负担方式

根据我国现行制度的规定，鉴定人出庭费纳入诉讼费用的范畴而应主要"由败诉方负担"，民事司法实践中确是如此，但是依然存在多种负担方式。根据对法官的调查问卷的统计分析，在回答"在您办理的案件中，如果收取鉴定人出庭费，最终费用由谁负担?"时，约 11.6%的法官选择了"谁主张，谁负担"，约 58.7%的法官选择了"由败诉方负担"，约 29.7%的法官选择了"由法院决定的其他负担方式"。由此可见，民事司法实践中超过半数的鉴定人出庭费的负担方式是"由败诉方负担"，相较而言中级法院的法官更趋向于此种负担方式。

鉴于民事司法实践中鉴定人出庭费给付和负担的随意性，亦存在不少比例的"由法院决定的其他负担方式"，例如，有法官提出，"由双方当事人共同负担""根据案情酌情考虑"。此外，根据

---

① 【法宝引证码】CLI. C. 54036536。

② 【法宝引证码】CLI. C. 8689446。

笔者以"鉴定人出庭费"为争议焦点的案例检索情况,① 从法院的判决看,受诉法院对鉴定人出庭费的负担方式存在三种不同的认定:(2016)川 07 民终 1800 号胥晓玲与张娟健康权纠纷上诉案②中鉴定人出庭费最终按诉讼费用负担原则负担,即"由败诉方承担";(2016)鲁 08 民终 787 号许某与郝海峰、中国人民财产保险股份有限公司济宁市分公司机动车交通事故责任纠纷案③中鉴定人出庭费最终由申请鉴定的当事人负担,即"申请鉴定人出庭支付的费用应由其自行承担";(2017)浙 01 民终 413 号丁旭君与杭州富星印刷有限公司加工合同纠纷上诉案④中鉴定人出庭费最终按举证责任负担,即"由承担不利后果的一方当事人"负担。

比对关于鉴定实费、鉴定报酬的调查问卷统计结果,民事司法实践中鉴定实费、鉴定报酬和鉴定人出庭费均大多是"由败诉方负担",这反映了民事诉讼鉴定费用遵循败诉方负担原则的现实需求及其诉讼费用属性的回归。⑤ 但值得关注的是,相较于前者,鉴定人出庭费"由败诉方负担"的占比反而下降,这也是源于民事司法实践中鉴定人出庭率低、鉴定人出庭费较少等情况,当事人将鉴定人出庭费交给鉴定人之后,法院一般很少过问,即实际上大多由申请方当事人负担了,由此"谁主张,谁负担"的占比反而上升。(如图 7 所示)

(二)鉴定费用的减免

尽管我国现行制度中存在关于鉴定费用的减免的相关规定,但

---

① 根据笔者以"鉴定人出庭费"为争议焦点的案例检索情况,以"鉴定人出庭费"为争议焦点之一的民事案件均是针对鉴定人出庭费的负担问题产生争议。由此可以说,负担方式是鉴定人出庭费的核心和热点问题。

② 【法宝引证码】CLI. C. 9749259。

③ 【法宝引证码】CLI. C. 8486282。

④ 【法宝引证码】CLI. C. 9252012。

⑤ 综合比对关于鉴定实费、鉴定报酬和鉴定人出庭费的调查问卷统计结果,三种鉴定费用的给付方式和负担方式均大致趋同,这从侧面映射出民事司法实践中鉴定实费、鉴定报酬与鉴定人出庭费的给付方式和负担方式的一体化需求,即其诉讼费用属性所内涵的"费用一体性原则"。

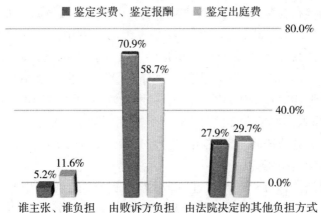

图 7　鉴定实费、鉴定报酬与鉴定人出庭费的负担方式对比图

由于相关制度简单粗陋，民事司法实践中鉴定费用的减免十分不规范。当事人向鉴定人要求鉴定费用的减免，由鉴定人决定并承担相关费用的做法，主观性太强而又缺乏相关规则的约束，常常会造成民事诉讼鉴定费用的负担不公而引发冲突。根据某法院的法官反映，某案当事人向鉴定人诉苦，其为低保户且是孤寡老人，无法支付昂贵的鉴定费用。鉴定人视其情真意切，出于同情免费出具了鉴定意见。但其后，对方当事人向法院提出，该当事人之子生活条件优越且"开的是豪车"。对此无论真假，法院因没有法定依据而无权核实、无法干预，只能不了了之。由此可见，鉴定费用的减免主要取决于当事人的单方表达以及鉴定人的内心反应，鉴定人作为鉴定费用的减免的申请相对方、决定方以及主要承担方的做法，使鉴定费用的减免脱离了司法权规制的范畴，有违于民事诉讼鉴定费用的诉讼费用属性。而没有规则约束的鉴定费用的减免，适用范围和适用方式将在无形中被扩大，极易造成民事诉讼鉴定费用负担的不公和司法资源的浪费。

三、民事诉讼鉴定费用请求权

（一）鉴定人向法院主张民事诉讼鉴定费用的情况

尽管我国现行制度尚未设定鉴定费用请求权，但在民事司法实践中确实存在鉴定人向法院主张鉴定费用的情形。根据对法官的调查问卷的统计分析，在回答"在您办理的案件中，是否曾经有鉴定人向法院主张鉴定费用的情形？"时，约93.6%的法官选择了"没有"，约6.4%的法官选择了"有"。鉴定人向法院主张鉴定费用的情形相对较少的原因是，民事诉讼鉴定费用的主要给付路径是"由当事人向鉴定人支付"，如有法官就提出鉴定人是"向当事人主张，而并非法院"，则鉴定人一般是实在无法受偿才会向法院主张相关鉴定费用。

根据法官对"有"的进一步说明，民事司法实践中鉴定人向法院主张鉴定费用的具体情形及法院的处理方式包括："主张的鉴定费用包括鉴定实际成本，法院的处理方式是根据实际支出由败诉方承担""主张的鉴定费用包括鉴定人收取的费用，法院的处理方式是支持""主张的鉴定费用包括鉴定费用、鉴定人出庭的差旅费等，法院的处理方式是只支持鉴定费用""主张的鉴定费用包括鉴定人出庭费，法院的处理方式是支持""主张的鉴定费用包括鉴定人出庭费、误工费，法院的处理方式是支持"，等等。由此可见，民事司法实践中鉴定人主张的鉴定费用囊括了鉴定实费、鉴定报酬和鉴定人出庭费，法院对此一般都予以支出。在我国现行制度缺乏明确规定的情况下，若鉴定人无法与当事人就民事诉讼鉴定费用事宜友好协商，其还是会请求法院对此予以认定，这应视为鉴定人对于"鉴定费用请求权"的意识觉醒。

（二）鉴定费用的返还

由于我国现行制度所规定的给付方式不合理，使鉴定人提前直接从当事人处获得履行陈述义务的费用补偿，民事司法实践中当鉴定人不再继续履行相关鉴定义务时，有关"鉴定费用的返还"规定的适用效果亦存在一定的制度障碍。

关于《民事诉讼法》第78条的规定，民事司法实践中很少适用，当事人要求返还鉴定费用的情形较为少见。根据对法官的调查问卷的统计分析，在回答"根据《民事诉讼法》第78条的规定，在您办理的案件中，鉴定人拒不出庭作证的，是否曾经有当事人要求返还鉴定费用或鉴定人出庭费？"时，约97.7%的法官选择了

"没有"，只有约 2.3% 的法官选择了"有"。对此，有数个法官提出第 78 条所指"返还鉴定费用"并非鉴定人出庭费，而是对鉴定人出具书面鉴定意见所支付的费用，即鉴定实费、鉴定报酬。例如，有法官提出，"如果已经出庭质证，则无需返还出庭费用；如果没有出庭，可申请返还鉴定费用而非鉴定人出庭费"；还有法官提出，"由于没有进一步规定，一般情况没有返还鉴定费用之说"。由此可见，《民事诉讼法》第 78 条因其规定不严谨、不合理而无法起到预想的法律效果。

　　关于"鉴定费用的返还"的地方的规定性规定，湖北省、四川省等地的法院也正在探索和践行。根据调研，截至 2017 年年底武汉市中院第一次依照《湖北省司法鉴定收费管理办法》第 11 条的规定认定了司法鉴定实施过程中鉴定被终止的鉴定费用返还问题，可谓"未完成鉴定终止时的费用负担"的武汉地区第一案。①但是，鉴定费用的返还比例仍是民事司法实践中亟待解决的关键问题。在对鉴定人的调查问卷中，有鉴定人提出，"对已经开始但尚未出具正式鉴定意见的项目，因案件审理或案件当事人的原因终止鉴定的（包括相关当事人不能补充相关资料的情况），应按鉴定工作的实际进展来保障鉴定人的合法劳动权益""申请鉴定的当事人在收到《鉴定意见征求意见稿》后，对鉴定意见不满意，并预判了鉴定意见可能无法达到其期待值的情况下，选择与另一方当事人调解，或者直接撤销鉴定。但《鉴定意见征求意见稿》完成时，鉴定工作实际已完成了约 80%，其预交费用的 80% 应不予退还""建议已完成现场查勘工作的项目按预付费用数额的 30% 收取鉴定费用，已经完成初步报告或结果的项目按预付费用数额的 60% 收

---

　　① 具体情形是，在（2015）鄂武汉中民商初字第 0931 号卓峰建设集团有限公司与火箭军指挥学院工程造价纠纷案中，法院曾于 2016 年 3 月委托湖北恒基建设工程项目管理有限公司进行鉴定，且鉴定意见初稿基本完成。但因当事人撤诉，法院决定于 2017 年 3 月撤回鉴定工作。其后，经多次通知当事人与鉴定人就鉴定费用进行协商，而当事人始终未与鉴定人协商。遂法院根据《湖北省司法鉴定收费管理办法》第 11 条的规定，认定"因当事人或委托人的责任终止鉴定的，鉴定人收取的司法鉴定费用不予退还"。

取鉴定费用，适当弥补鉴定人投入的人力和物力"。由此可见，湖北省、四川省等地区的地方性司法鉴定收费管理办法并未将鉴定费用的返还比例与司法鉴定的完成程度相对应，而不够细致缜密。

第六章　我国民事诉讼鉴定费用的制度构建

如前所述，我国现行制度中有关民事诉讼鉴定费用的费用构成、费用范围、费用标准、给付方式、负担方式、鉴定费用请求权等各方面均存在诸多问题。现行制度的不完善、不合理，导致民事司法实践中出现鉴定费用过高、收费随意性大、给付和负担方式多样而不规范、相关权利得不到应有保障等众多突出矛盾，对司法公正、司法秩序和司法权威带来不利影响。相应地，民事司法实践的复杂混乱现状，又进一步妨碍了我国现行制度的实施落地和细化明确。究其根源，诉讼法理上，民事诉讼鉴定费用的法律性质未被厘清并受到应有的重视，其中三方主体实现权利和履行义务的多维路径错乱不清；制度形式上，我国缺乏对民事诉讼鉴定费用的全面、统一、科学的立法。本章将从我国民事诉讼鉴定费用制度的根源问题入手，明确民事诉讼鉴定费用的法律性质、法律关系和立法模式，并对相关规则的矫正、完善和细化逐一探讨，为构建我国民事诉讼鉴定费用制度提供有益思路。

第一节　我国民事诉讼鉴定费用制度的完善思路

一、民事诉讼鉴定费用法律性质的明确

为科学构建全面系统的民事诉讼鉴定费用制度，我国应当从立法理念和立法原则上准确认识民事诉讼鉴定费用的双重法律属性，这是完善我国相关立法的首要问题和必要前提。我国现行制度中的诸多问题，都是因立法者没有从根本上厘清民事诉讼鉴定费用的双

重法律属性所致，而民事司法实践中法院、当事人、鉴定人三方主体受现行制度的影响，亦对此认知模糊甚至认识错误。在制度不清、理念不足、现实多样等重重困境的影响下，我国现行民事诉讼鉴定费用制度的实施情况并不理想。例如，现行制度对鉴定实费、鉴定报酬与鉴定人出庭费采取双重标准而设置不同的给付方式和负担方式，即是未认识到三种鉴定费用同根同源，均具有诉讼费用属性，且应遵循"费用一体性原则"；而民事司法实践的现实情况是，三种鉴定费用的给付方式和负担方式呈现出趋同却有违现行制度甚至有违诉讼法理的状况。因此，我国在以法律的形式制定民事诉讼鉴定费用制度之前，必须明确并强调对于民事诉讼鉴定费用的法律性质的认识。

具言之，民事诉讼鉴定费用的双重法律属性是指其证据调查费用属性、诉讼费用属性。前者是指民事诉讼鉴定费用是鉴定人为协助法院开展证据调查而支出的费用，以法院与鉴定人的公法委托关系为基础，鉴定人必须按照法定要求和法定方式履行对法院的公法协力义务而享有鉴定费用请求权；后者是指民事诉讼鉴定费用是当事人请求法院以诉讼程序解决其私权利纠纷过程中所支出的费用，以法院与当事人的公法裁判关系为基础，相关当事人应遵循诉讼费用规则给付和负担鉴定费用。同时，应进一步明晰当事人与鉴定人之间原则上不存在权利义务关系，当事人、鉴定人都是以法院为相对方，并围绕法院的审判权实施相关行为，在民事诉讼鉴定费用中法院才是当事人、鉴定人的中间桥梁和衔接点。

二、民事诉讼鉴定费用多维路径的重构

结合前文关于域外制度的分析以及对我国制度的反思，郑重考虑民事司法实践中由法院主导民事司法鉴定以及民事诉讼鉴定费用的现实需要和重要意义，应厘清民事诉讼鉴定费用中的给付路径、请求路径、负担路径这三维路径的具体指向及其实现方式，为下一步在立法中制定具体的费用程序提供清晰的思路。

本书将对第一章第三节中"民事诉讼鉴定费用中三方主体的法律关系"予以进一步明确细化，以清楚表达法院、当事人、鉴定人三方主体法律关系的实现路径。具言之，在民事诉讼鉴定费用中，法院、当事人、鉴定人三方主体之间所存在的公法裁判关系、公法委托关系通过民事诉讼鉴定费用的给付路径、请求路径、负担路径得以实现，分别是：（如图8所示）民事诉讼鉴定费用的给付路径是指，原则上由申请方当事人于鉴定人履行相关鉴定义务之前向法院交纳相应的鉴定费用；民事诉讼鉴定费用的请求路径是指，原则上鉴定人于履行相关鉴定义务之后向法院提出鉴定费用请求权，法院依法向鉴定人给付相应的鉴定费用；民事诉讼鉴定费用的负担路径是指，法院于案件终结时依法裁判包括民事诉讼鉴定费用在内的民事诉讼费用的负担问题，原则上由败诉方当事人根据裁判结果负担相关鉴定费用。当然，以民事诉讼鉴定费用的双重法律属性为基础，在公法权利义务相对方不变更的前提下，给付路径、请求路径、负担路径这三维路径均在实施时间、费用数额、具体实施主体等方面因民事诉讼程序中的不同情境而有所不同。

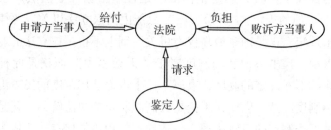

图8　民事诉讼鉴定费用中三方主体的法律关系的实现路径

　　一言以蔽之，民事诉讼鉴定费用的多维补偿路径应是，原则上由申请方当事人向法院预交，再依鉴定费用请求权由法院向鉴定人补偿，最终经法院裁判原则上由败诉方当事人负担。给付路径、请求路径、负担路径在时间上是循序渐进的，在费用上又是一脉相承的。因民事诉讼鉴定费用的双重法律属性以及各方主体之间明确的公法权利义务关系，且因民事诉讼费用的"费用一体性原则"，鉴定实费、鉴定报酬、鉴定人出庭费三种鉴定费用均应遵循以上的多维路径。

三、民事诉讼鉴定费用立法模式的确认

鉴于民事诉讼鉴定费用具有诉讼费用属性，我国应改变现行制度散见于各种不同制定主体、不同制度层级的法律法规中的纷繁复杂的现状，将其纳入诉讼费用制度进行统一规定。对我国现有制度应认真排查、梳理，发现其中的空白、模糊之处，找准界定不清或相互龃龉之处，以便查漏补缺和纠偏纠错，以确保我国民事诉讼鉴定费用制度尽可能系统和完善，全面覆盖费用范围、费用标准、给付方式、负担方式、鉴定费用请求权等各方面的内容，以实现民事诉讼鉴定费用制度的规范化和体系化。

隶属于民事诉讼费用制度的民事诉讼鉴定费用制度，应以法律的形式予以统一规定。这是因为，从立法主体看，诉讼费用应当依法由全国人大及其常委会行使国家立法权以法律的形式作出规定。[①] 具言之，以法律的形式明确民事诉讼鉴定费用制度的正当性和合理性在于：（1）制定主体的法定性。根据《立法法》第8条第（十）项的规定，"诉讼事项"只能由国家立法机关以法律的形式作出规定，这是国家最高权力机关原则上不得授权立法的专属立法权事项。民事诉讼费用制度属于"诉讼事项"而正是此种只能以法律的形式确定的制度，隶属于民事诉讼费用制度的民事诉讼鉴定费用制度亦然。因此，不论是最高院制定的司法解释，还是国务院及其部委制定的行政法规、行政规章，均不能代替法律成为关于民事诉讼鉴定费用的最高制度。然而，这却是我国现行制度的突出特点，其实质是相关部门在没有法律授权的情况下超越了其立法权限，有违立法主体的合法性要求而不具有正当性。（2）制定程序的严谨性。相较于司法解释、行政法规、行政规章等制度形式，法律的制定程序更为严格和规范，这有助于保障民事诉讼鉴定费用制度的科学性和合理性。民事诉讼鉴定费用制度涉及法院、当事人、鉴定人三方主体，涉及法医类、工程造价类、资产评估类、会计类

---

① 参见汤维建、李海尧：《〈诉讼费用法〉立法研究》，载《苏州大学学报（哲学社会科学版）》2017年第3期。

等多个专业领域及具体科目，还涉及给付路径、请求路径、负担路径三维费用程序。由此可见，民事诉讼鉴定费用制度的构建实则是一个涉及方方面面的系统工程，必须依靠更为严谨的制定程序，反复斟酌、反复论证，以获得统一规范、科学合理的制度体系。（3）法律效力的权威性。以法律的形式所确定的民事诉讼鉴定费用制度，将是整个制度体系的立法原则和制度纲领，能为相关规则的具体细化给出统一标准和权威指引，并保障民事诉讼鉴定费用制度在民事司法实践中的统一适用及其制度效果。反之，若缺乏法律的统一规制，各地区、各部门、各行业会争相出台相关制度以维护自身利益，导致各种立法层级较低的规范性文件大量存在，有些规定模糊不清，亦有些规定存在抵触甚至相互排斥。这正是我国现行制度的真实写照，在民事诉讼鉴定费用的相关专业领域较为广泛、相关规则繁杂纷乱而不可能全部废止的情况下，我国亟须以法律的形式明确民事诉讼鉴定费用制度，对所有规则进行统筹协调。

民事诉讼鉴定费用制度的立法体例应是，或在修订后的《民事诉讼法》中、或在专门的单行法如《诉讼费用法》中以法律的形式予以确认和规定，并且，民事诉讼鉴定费用制度的具体规则应以专章规定，抑或与证人、翻译人员等具有费用相似性的其他诉讼参与人的费用制度一起以专章规定。这也是域外立法例的普遍做法。征诸大陆法系国家与地区的相关规定，为构建完善的民事诉讼鉴定费用制度，并实现与相邻制度的有效衔接，德国、日本和我国台湾地区均将相关规定编入民事诉讼规则中，德国、日本还以专门的单行法形式对有关问题予以重点规制，如德国的《司法收费和补偿法》、日本的《关于民事诉讼费用等的法律》和《关于民事诉讼费用等的规则》等。① 我国应当借鉴大陆法系的国家和地区的相关做法，在法律中以集中形式明确民事诉讼鉴定费用制度的相关规则，用以取代目前零散杂乱的制度形式，以保障民事诉讼鉴定费用

---

① 我国台湾地区关于民事诉讼鉴定费用的专门规定则是"司法院"出台的"法院办理事件证人鉴定人日费旅费及鉴定费支给标准"，其可归入司法解释类。

制度制定主体的法定性、制定程序的严谨性和法律效力的权威性。

因此，我国民事诉讼鉴定费用制度的立法模式应是，由全国人大及其常委会以法律的形式予以规定，以确保民事诉讼鉴定费用制度的标准统一、内容全面、体系完整。

第二节　我国民事诉讼鉴定费用制度的具体规则

一、民事诉讼鉴定费用构成和标准的确定

（一）对鉴定实费、鉴定报酬和鉴定人出庭费分类规制

为完善民事诉讼鉴定费用制度的费用范围和费用标准，必须首先厘清民事诉讼鉴定费用的三大组成部分。针对我国现行制度规定不明、用语模糊的现状，以及民事司法实践中法官、鉴定人对民事诉讼鉴定费用构成的不同理解，应进一步明确鉴定实费、鉴定报酬和鉴定人出庭费均是民事诉讼鉴定费用不可或缺的构成单元，并具有不同的法律意义。具言之，鉴定实费对应的是鉴定人的陈述义务，是对鉴定人陈述鉴定意见的物质成本和经济成本的相应补偿；鉴定报酬亦对应的是鉴定人的陈述义务，是对鉴定人陈述鉴定意见的劳动支出的相应补偿；鉴定人出庭费对应的是鉴定人的出庭义务，是对鉴定人出庭作证的经济成本的相应补偿。

首先，针对我国现行制度没有明确规定鉴定实费、鉴定报酬的费用范围和费用标准，以及由此引发的民事司法实践中诸如"天价鉴定费"等一系列问题，又鉴于我国实行法定的书面鉴定方式，鉴定人履行陈述义务所对应的鉴定实费、鉴定报酬在民事司法鉴定中必不可少，相关法律应明确提出鉴定实费、鉴定报酬的概念，并对这两种鉴定费用分别予以规定，以便于更好地明确和细化鉴定人履行陈述义务的费用项目和费用标准，减少民事诉讼鉴定费用的浮动空间和随意性。其次，应正视鉴定人出庭费的必要性和重要性，改变我国现行制度对鉴定实费、鉴定报酬与鉴定人出庭费区别对待的现状。尤其是随着司法改革的深入和法治思维的深化，鉴定人出庭作证的作用得以重视，相关法律应为鉴定人履行出庭义务设置更

为细致和完善的补偿范围和补偿标准。此外，从目的论而言，相关法律设置费用项目和费用标准时，应符合公共利益，符合民事司法鉴定及其管理的需求，并兼顾当事人的承受能力。[①] 从方法论而言，相关法律应采取列举规范的方式设置费用项目和费用标准，力求有关规定明晰、准确、详细，以排除法官在规定不明情况下的过多自由裁量。

（二）统一列明具体的费用范围和费用标准

1. 鉴定实费

在相关法律列明鉴定实费的基础上，针对我国现行制度中的"鉴定费用"的费用标准复杂多样，以及民事司法实践中当事人对"鉴定费用过高"的强烈呼声，尤其是关于"费用标准不明"和"按标的额收费"的质疑，应尽快革新鉴定实费的费用范围和费用标准。具言之，应对当事人关于"费用标准不明"的质疑，必须改变我国现行制度中不同专业领域实行不同的费用标准的规定，扭转费用标准的杂乱；应对当事人关于"按标的额收费"的质疑，必须废弃我国现行制度中部分专业领域以标的额为基数计价的规定，避免费用标准的不公。

循此而言，我国亟须以法律的形式确定统一、明确、详细的鉴定实费的费用范围和费用标准，规范民事诉讼鉴定费用的定价基准，为法院核定鉴定实费的费用数额提供权威、科学的法律指引，使同类鉴定事项、同类鉴定情况具有相同费用标准，通过公平收费来保障司法公正、司法秩序和司法权威。

2. 鉴定报酬

为改变我国现行制度中鉴定报酬含糊不清而缺乏具体费用标准的情况，纠正民事司法实践中各方主体的不同看法，尤其是鉴定人对于鉴定报酬公益性的忽视，在相关法律明确提及鉴定报酬的基础上，应结合鉴定报酬所补偿的劳动支出的特征，根据专业领域分类规定鉴定报酬的费用标准，并在核定费用标准时综合考虑鉴定报酬

[①] 参见拜荣静：《涉讼司法鉴定收费制度的检视与重构》，载《证据科学》2012年第3期。

的公益性、地方差异性等重要因素。需要予以强调的是，鉴定报酬是对鉴定人所运用的专门性知识的对价补偿，而不是对鉴定人具体行为的对价补偿，因而，鉴定报酬会因计时、计件等计价方式而具有不同额度，但不会单独存在"助手报酬""会诊报酬""出庭报酬"等费用明目。

具言之，鉴定报酬的费用标准应以不同专业领域的技术特征和劳动强度为参考，应尽可能涵盖所有的鉴定类别，既可以与某专业领域重合，也可以根据民事司法鉴定的实务需求进一步将某专业领域细分为专业科目，以鉴定报酬体现民事司法鉴定的专业性差异，使民事诉讼鉴定费用的费用标准的区别所在更具有明确性和针对性。在核定鉴定报酬的费用标准时，应将民事司法鉴定的公益性具体体现于其中，即设置合理的、低于非司法鉴定报酬的费用标准。民事诉讼鉴定费用中的鉴定报酬只是一种补偿性收费，只需与鉴定人的劳动支出相匹配，而不须完全等同于劳动支出。并且，鉴于民事诉讼鉴定费用的公法性，应禁止鉴定人与当事人之间对鉴定报酬乃至民事诉讼鉴定费用进行协商，避免因议价拖延诉讼进程而折损法律权威。

又者，为协调好我国广泛存在的区域差异，在核定鉴定报酬的费用标准时，应将地方差异性具体体现于其中。这是因为，在民事诉讼鉴定费用中以鉴定报酬表现地方经济差异性最为合适。一方面，鉴定实费、鉴定人出庭费是对鉴定人的物质成本、经济成本的费用补偿，其根据是鉴定人履行陈述义务、出庭义务的最适当的实际支出情况。这两种鉴定费用的费用范围所对应的费用标准，已经是受市场规律影响所产生的市场定价，一定程度上包含了各地区的经济差异性，例如，北京、上海等地的住宿费本身就高于内地城市同等条件的住宿费。另一方面，鉴定报酬可类比于一般的劳动报酬，同工种、同岗位的工作在不同城市的收入会有所不同，正是源于不同地区消费水平、生活水平的差异，即由地方经济差异性所决定。这对于核定不同地区鉴定报酬的费用标准，具有参考价值。对此，相关法律可以授权各地方依据本地区具体情况制定鉴定报酬的地区浮动标准，并由国家相关部门统一审核和备案。① 该地区浮动标准应具有合理性、客观性，综合反映不同地区的经济、社会发展水平，并与各地区的司法实践需求相适应。②

3. 鉴定人出庭费

鉴于民事司法实践中鉴定人出庭率低，且鉴定人出庭费不论是数量还是数额都较少的问题凸显，相关法律应进一步明确鉴定人出庭费的费用范围和费用标准，并结合关于鉴定人出庭费之给付、请求、负担的相关费用程序，强化鉴定人出庭费的必要性和法律意义。

具言之，针对我国现行制度中鉴定人出庭费的费用范围阐释不足，以及民事司法实践中费用范围的适用情况各异，尤其是"生活费"语义的歧义，相关法律应结合《民事诉讼法》第 74 条关于证人出庭的费用项目的规定，将"生活费"精准为"就餐费"的提法，即鉴定人出庭费的费用范围为"交通费、住宿费、就餐费和误工补贴"。与此同时，相关法律还应对"交通费、住宿费、就餐费和误工补贴"依次作出明确规定，说明每种费用项目的主要类别和具体要求。例如，交通费可能涉及火车、汽车、地铁等多种形式。一般而言，各种类别费用项目的费用标准都应以"适中标准"为原则，例如，异地出庭以搭乘火车、大巴为原则，火车以二等座为原则，等等。作为例外，相关法律也可以允许特殊情形下"超过适中标准"的费用标准并设置严格的适用条件，以应对身体原因、紧急事态、不可抗力等不得已的情况，但绝不能因鉴定人地位、职业的高低而对其采取区别对待。相关法律设置详细的费用标准，可以弥补我国现行制度中鉴定人出庭费的费用标准的空

---

①　换言之，考虑到地方差异性尤其是地方经济差异性，国家将难以直接调控的民事诉讼鉴定费用问题通过权力下放的方式授权地方解决，这种思路是值得肯定的。但是，不论是从立法主体的要求看，还是从司法运行的要求看，必须由相关法律规定明确、统一且尽可能详细的实施规则，而不能随意授予地方过多的自由裁量权。

②　参见吴何坚、何晓丹：《对我国司法鉴定收费管理的思索》，载《中国司法鉴定》2008 年第 6 期。

缺，并改变民事司法实践中鉴定人出庭费的费用标准随意性大的问题。

二、民事诉讼鉴定费用给付和负担的规范

（一）给付方式的规范化

1. 给付时间

根据民事诉讼费用的预交原则，以及民事司法实践中以预交为主的给付惯例，相关法律应明确规定民事诉讼鉴定费用的预交制度，实现其诉讼费用属性之"预交原则"。针对我国现行制度的不合理规定，应修正关于鉴定实费、鉴定报酬不预交时鉴定人"可以终止鉴定"的规定，构建真正意义上当事人不预交鉴定费用的程序法后果；并且，纠正关于鉴定人出庭费"待实际发生后交纳"的规定，使鉴定实费、鉴定报酬和鉴定人出庭费在遵循"预交原则"方面保持一致。① 即原则上，当事人预交民事诉讼鉴定费用之后，相关鉴定程序方能启动。

循此而言，相关法律还应明确规定当事人不预交民事诉讼鉴定费用时"视为放弃"的程序法后果和"承担举证不能"的实体法后果。程序法后果是相关鉴定程序不能如期开始，这将强化当事人举证不能的实体法后果，以真正实现督促当事人预交民事诉讼鉴定费用的作用。

2. 给付路径

为纠正我国现行制度关于民事诉讼鉴定费用给付路径的错误规定，理顺给付路径中"法院-申请方当事人"的相对关系，相关法律应明确规定民事诉讼鉴定费用的给付路径为"由当事人向法院交纳"，以遵循民事诉讼鉴定费用的诉讼费用属性。具言之，"当事人申请"启动鉴定或鉴定人出庭时，相关法律应规定"由当事人向法院交纳"。经法院对外委托"武汉模式"的实践检验，这种给付路径更为鉴定人所接受，亦有助于民事诉讼鉴定费用的交纳和

① 即民事诉讼鉴定费用的相关法律出台后，现行《司法鉴定程序通则》第29条、《诉讼费用交纳办法》第20条的规定应予以废止。

民事司法鉴定程序的推进；"法院依职权"启动鉴定或要求鉴定人出庭时，相关法律应规定"依法院决定的当事人给付"，且可进一步指明该当事人原则上是"负举证责任的当事人"。此规定将与我国现行制度中"法院依职权"启动相关鉴定程序的法定职能相衔接，并统一民事司法实践中的不同做法。

针对我国现行制度对鉴定实费、鉴定报酬和鉴定人出庭费的给付路径所实行的双重标准，相关法律须强调以上给付路径同样适用于三种鉴定费用。此外，在明确由谁给付、向谁给付的给付路径的同时，相关法律还应规定或授权相关部门规定"怎么给付"的给付规则事宜，以填补我国现行制度的空缺，杜绝各地法院、鉴定人的随机做法。

3. 给付数额

在矫正我国民事诉讼鉴定费用给付路径的基础上，基于法院对民事诉讼鉴定费用的主导权，为保障民事诉讼鉴定费用的职权性和精准性，相关法律应明确规定民事诉讼鉴定费用的费用数额应"由法院审核确定"。这既是对我国现行制度所规定的鉴定实费、鉴定报酬的给付数额确定方式的修正，也是对我国现行制度关于鉴定人出庭费的给付数额确定方式的明晰，并可以改变民事司法实践中鉴定费用的给付数额"以鉴定人为主导"的错误做法。同样的，针对我国现行制度对鉴定实费、鉴定报酬和鉴定人出庭费的给付数额确定方式的双重做法，相关法律须强调"由法院审核确定"给付数额同样适用于三种鉴定费用。

（二）负担方式的规范化

1. 败诉方负担及其例外

针对我国现行制度中关于民事诉讼鉴定费用的负担方式的规定不够清晰明确，以及民事司法实践中多种负担方式并存的司法现状，相关法律应明确规定民事诉讼鉴定费用的负担应遵循"败诉者负担原则"，以纠正民事司法实践中不正当的负担方式。这既是对民事诉讼鉴定费用的诉讼费用属性的反映，体现负担路径中"法院-败诉方当事人"的相对关系，亦是对民事司法实践中所存在的民事诉讼鉴定费用"由败诉方负担"为主的司法需求的立法回应。循此而言，相关法律应或作出参照民事诉讼费用相关规定的制度指引，或对民事诉讼鉴定费用的败诉者负担及例外规则作出具体说明，例如，"按胜败诉比例负担"的比例规则、"非必要费用的负担"的前提要求、"不正当行为的负担"的基本要件，使法院可依法定情形裁量而决定合理的负担方式。

与给付规则相同，为实现民事诉讼鉴定费用的"整体性原则"，针对我国现行制度对鉴定实费、鉴定报酬和鉴定人出庭费的负担方式的区别对待，相关法律须强调"败诉者负担原则"同样适用于三种鉴定费用，以此对鉴定实费、鉴定报酬的负担方式的歧义理解予以更正，并对鉴定人出庭费的法定负担方式予以强化。

2. 鉴定费用的减免

为引导司法鉴定救助制度的良性发展，针对我国现行制度的"自发状况"以及民事司法实践中的无序现象，相关法律应系统构建民事诉讼鉴定费用减免制度。尤其要纠正我国现行制度中所涉及的关于鉴定费用的减免的申请相对方、决定主体、减免规则、责任主体等方面的规定，避免鉴定费用的减免的随机性和随意性，而将其纳入司法权的运行范畴之中。具言之，当事人原则上应负担民事诉讼鉴定费用，这是必要的、普遍的；同时，当事人亦可通过鉴定费用的减免来减轻负担以实现诉权，此为例外。[①] 换言之，鉴定费用的减免是民事诉讼鉴定费用的负担方式的一部分。据此，相关法律应明确规定，当事人应以法院为相对方提出减免民事诉讼鉴定费用的申请，且由法院审核决定是否准许。

相关法律还应设置明确的民事诉讼鉴定费用减免规则：对于法律援助案件的受援人，相关法律应作出较为详细、操作性较强的规定，与法律援助制度实现良好衔接。[②] 对于法律援助案件受援人以

---

① 参见毕玉谦、谭秋桂、杨路：《民事诉讼研究及立法论证》，人民法院出版社 2006 年版，第 280 页。

② 参见朱淳良：《司法鉴定收费管理访谈——访上海市司法局司法鉴定管理处李柏勤处长》，载《中国司法鉴定》2007 年第 4 期。

外的确有困难的当事人，相关法律应对适用范围、适用条件、适用程序、减免幅度作出规定，确保鉴定费用的减免既在合理限度内又能具体落实。并且，鉴定人在鉴定费用的减免的法定情形下实施民事司法鉴定，并不代表鉴定人必然负有承担减免鉴定费用的责任，相关法律应授权有关部门制定配套措施，确保司法鉴定救助制度的经费保障。

三、民事诉讼鉴定费用请求权的赋予

（一）正视鉴定费用请求权的重要性

针对我国尚未设定鉴定费用请求权的制度现状，以及民事司法实践中存在鉴定人向法院主张鉴定费用的现实需求，我国应首先从立法理念上正视鉴定费用请求权的重要性。

1. 鉴定费用请求权有助于维护鉴定人的合法权益

鉴定费用请求权是鉴定人履行鉴定义务之受偿权的实现方式，是鉴定人向法院要求补偿鉴定成本的意思表达。鉴定人协助法院开展证据调查需要履行陈述义务和出庭义务，鉴定人为此要付出物质成本、经济成本和劳动成本，例如，为得出鉴定意见所支出的资料费、场地费等，为出庭接受询问所支出的交通费、住宿费等，以及运用专门性知识而应获得的合理报酬。这些都属于鉴定人的鉴定费用受偿权之范畴，赋予其鉴定费用请求权的首要目的就是为了保障鉴定人实施民事司法鉴定的物质成本、经济成本和劳动成本能够得到应有的补偿，而不至于遭受经济上的损失。

2. 鉴定费用请求权有助于敦促鉴定人积极履行鉴定义务

鉴定费用请求权的享有和行使的前提条件，是鉴定人依法尽职地履行好相关鉴定义务。反之，如果鉴定人存在主观过错，未践行好以法院为相对方的陈述义务或出庭义务，就会导致丧失鉴定费用请求权的法律后果。循此而言，为了获得鉴定费用请求权，鉴定人一定会积极全面地履行鉴定义务，以避免遭遇失权的法律后果。在此意义上说，鉴定费用请求权具有对鉴定人履行鉴定义务的敦促效果，亦有助于强化鉴定人对法院开展证据调查的协助作用，而能更好地实现鉴定人之"法官辅助者"的角色功能。

3. 鉴定费用请求权有助于阻断当事人与鉴定人之间私下的利益联系。鉴定费用请求权是实现民事诉讼鉴定费用的请求路径的关键所在。根据民事诉讼鉴定费用的证据调查费用属性，鉴定费用请求权是鉴定人以法院为唯一相对方的请求权利。法院作为当事人与鉴定人的衔接点，当事人、鉴定人都分别只对法院负责，赋予鉴定人以鉴定费用请求权，不但使民事诉讼鉴定费用的给付、请求、负担之步骤更为清晰明了，也阻止了当事人与鉴定人之间私下的直接联系和利益纠葛。鉴定费用请求权的制度安排有利于鉴定人摆脱对当事人的经济依附，保证鉴定人的客观中立性，进而促进当事人对民事司法鉴定程序的信赖和对诉讼程序的信任。①

在此基础之上，为纠正我国民事司法实践中对于民事诉讼鉴定费用的证据调查费用属性的错误认识，并构建完整的民事诉讼鉴定费用制度，我国应以法律的形式赋予鉴定人鉴定费用请求权，明确规定鉴定费用请求权的享有条件和失权情形，以保证鉴定费用请求权的赋予在合法合理的范围内。例如，明确规定鉴定人享有鉴定费用请求权只与鉴定义务的履行相关，而无关于其所带来的证明效果，以更正民事司法实践中不少当事人认为鉴定意见以及法院采信结果与鉴定费用相关的观点。又如，明确规定"鉴定人无正当理由拒不出庭"的，抑或"虽出庭却拒不接受当事人和法院询问"的，鉴定人丧失鉴定费用请求权，并且依照相关法律规定承受公法

① 有学者对于英美法系中专家证人的非中立性的批判也说明了这一点。英美法系中，专家证人由指示方当事人选任，其民事诉讼鉴定费用系由指示方当事人直接给付，因此，专家证人在证据调查程序的各个环节都依附于指示方当事人，并只提交有利于指示方当事人的报告。有鉴于此，伍尔夫勋爵大力提倡专家证人应摆脱对当事人的依附和偏袒，寻求客观真实，并鼓励法院运用单一的共同专家，提倡法院依职权指定共同专家证人。参见徐昕：《英国民事诉讼与民事司法改革》，中国政法大学出版社 2002 年版，第 341 页。

上的制裁,① 这也是鉴定义务的公法性体现。

(二) 设置鉴定费用请求权的规则

1. 鉴定费用请求权的行使

请求时间上,为实现鉴定人的鉴定费用受偿权,相关法律应规定原则上鉴定人应于相关鉴定义务履行后的一段时间内及时行使鉴定费用请求权,使民事诉讼鉴定费用符合"对价"补偿之本性。作为例外,相关法律应明确在一定的法定情形下鉴定人具有预先受偿的请求权利,并要求鉴定人提前受偿时必须履行相应的陈述义务或出庭义务,否则必须返还已经预付的部分鉴定费用,鉴定费用的返还比例原则上与民事司法鉴定的完成程度相对应。通过理清民事诉讼鉴定费用的预付与返还的关系,可以纠正《民事诉讼法》第78 条的规定,还可以完善地方性司法鉴定收费管理办法中鉴定被终止时的鉴定费用负担规则。

请求方式上,为改变我国民事司法实践中对民事诉讼鉴定费用的证据调查费用属性的错误认知,理顺请求路径中"法院-鉴定人"的相对关系,相关法律应规定由鉴定人向法院行使鉴定费用

---

① 在我国民事诉讼中,鉴定人若违反陈述义务或出庭义务,最适宜的制裁方法是由法院对其课以罚款、拘留等制裁措施。根据《民事诉讼法》第114 条第 1 款的规定,负有协力义务的人拒绝协助法院调查属于诸多妨害民事诉讼行为之一,必须接受的处罚有:"有义务协助调查、执行的单位有下列行为之一的,人民法院除责令其履行协助义务外,并可以予以罚款:(一) 有关单位拒绝或者妨碍人民法院调查取证的;"同条第 2 款规定:"人民法院对有前款规定的行为之一的单位,可以对其主要负责人或者直接责任人予以罚款;对仍不履行协助义务的,可以予以拘留。"因此,依据体系解释方法,鉴于鉴定人对法院负有公法上的协力义务,陈述义务或出庭义务均是鉴定人为协助法院开展证据调查所必需履行的行为,一旦鉴定人违背任一项义务而不协助法院,当然应根据《民事诉讼法》第114 条第 1 款的规定,承受法定的罚款、拘留等制裁措施。这也是对"同等事物应为同等处理"之平等原则的遵循,同样符合域外立法例的通例。参见占善刚:《论我国民事诉讼中鉴定人不出庭作证之应有后果——〈民事诉讼法〉第 78 条评析》,载《法学家》2014 年第2 期。

请求权。鉴定人的请求方式以提交署名的书面申请为主，以口头申请为辅。此外，请求范围上，在制定详细的费用范围和费用标准的基础上，相关法律应进一步明确鉴定人对民事诉讼鉴定费用的受偿请求原则上要遵循法定的费用标准，以及其惟在特殊情形下可以超出法定的费用标准的基本条件。

2. 鉴定费用请求权的时效

为督促鉴定人及时行使鉴定费用请求权，相关法律应设置较短时间的时效制度，提醒鉴定人必须积极向法院提出受偿请求以获得民事诉讼鉴定费用的补偿，否则鉴定费用请求权归于消灭。更为重要的是，相关法律还须对该时效的中断、延长、耽误的恢复分别予以规定，以保护鉴定费用请求权的时效利益，并许可在法定特殊的时效情形下鉴定人的民事诉讼鉴定费用可予以受偿。

3. 鉴定费用请求权的司法确认

根据民事诉讼鉴定费用的证据调查费用属性，鉴定费用请求权必须经过法院的审核和确认后方能行使，这应被相关法律所明确。尤其是当鉴定费用请求权或鉴定费用补偿数额存在疑议时，法院的司法确认更为重要。具言之，法院应根据鉴定费用请求权的享有条件和失权情形进行判断，既可以通过相关程序认可鉴定费用请求权或鉴定费用补偿数额，相反的，亦可以通过相关程序驳回该鉴定费用请求权。对此，被驳回的鉴定人还应享有提起异议的救济权利。

以上程序均可参照大陆法系的相关立法例，由相关法律予以明确。不同的是，在我国现行制度框架下，不论是对鉴定费用请求权的确认还是驳回，我国法院都不宜以"裁定"的形式作出，而应以"决定"的形式作出。① 这是因为，根据我国民事诉讼立法的相关规定，法院的民事裁定针对的是与当事人有关的事宜，而不涉及其他诉讼参与人，则其同样不适用于鉴定人这一当事人之外的其

---

① 参见占善刚：《证人出庭作证费用的性质及其给付路径》，载《烟台大学学报（哲学社会科学版）》2014 年第 3 期。

他诉讼参与人。又者，法院是通过民事决定对诉讼费用及其异议作出裁判，则可以推断，隶属于民事诉讼费用的民事诉讼鉴定费用的请求权事宜，由法院以"决定"的形式作出更为合适。①

① 参见《民事诉讼法》第 154 条、《最高人民法院关于适用〈中华人民共和国民事诉讼法〉的解释》第 206 条、《诉讼费用交纳办法》第 43 条等相关规定。

结　语

　　民事诉讼鉴定费用对于民事司法鉴定乃至民事诉讼具有重要作用。民事诉讼鉴定费用既是法院获取具有专业性知识的鉴定意见以弥补法官知识不足的成本，也是鉴定人向法院履行鉴定义务后所获得的符合对价的费用补偿，还是当事人为获得法院裁判而支出的用于证据调查的必要费用。然而一直以来，我国现行制度中关于民事诉讼鉴定费用的规定零乱繁杂，散见于不同制定主体、不同制度层级的法律法规中，制度数量虽不少，制度效力却不足。在这样的制度背景下，我国民事司法实践中民事诉讼鉴定费用的收费问题和管理困境较为突出，尤其是随着鉴定人成为社会机构的成员，随着鉴定费用收费管理权限由中央下放到地方，随着环境损害类司法鉴定适用更广，规则适用的随意性愈发明显，不同地区、不同行业、不同法院差异较大，相关问题变得更为复杂多样而难以调控，各种冲突矛盾涌现，造成民事诉讼鉴定费用问题的根源似乎仍然存在且更为隐匿。民事诉讼鉴定费用相关规则的正当性、合理性、体系性正面临强烈的实践挑战。民事诉讼鉴定费用制度这一主题已经成为亟待解决的理论问题、立法问题、实践问题。

　　鉴于此，本书采用比较分析法、实证分析法、规范分析法等研究方法，对民事诉讼鉴定费用制度予以专题研究。以民事司法鉴定的法律定位出发，对民事诉讼鉴定费用的内在意蕴、法律特点、法律性质、组成部分等理论基础进行探讨。并且，在借鉴域外立法例、判例和相关学说的基础上，分析和归纳了包括费用范围、费用标准、给付规则、负担规则、鉴定费用请求权规则在内的民事诉讼鉴定费用制度体系，以此反观我国民事诉讼鉴定费用的制度问题。其后，将我国现行制度的突出问题，与实证分析的相关数据进行比对，找准破解制度问题和实践问题的重点难点和关键点，从法律定位、多维路径、立法模式、相关规则等方面提出构建和完善我国民事诉讼鉴定费用制度的主要思路。

本书意在遵循我国民事司法鉴定的本质特征，使民事诉讼鉴定费用回归其应有的法律属性和制度模式。即在明确民事诉讼鉴定费用的双重法律属性的基础上，制定统一、规范的费用范围和费用标准以供参考，以及统一、严谨的法定程序以供遵守，并将民事诉讼鉴定费用的费用范围和费用标准的审核权、给付和负担的决定权、鉴定费用请求权的确认权等主导权归还给法院。民事诉讼鉴定费用制度的规范性、体系性以及制度适用的有序性、统一性，不仅有利于强化法官的审判效能，保障民事诉讼证据调查的开展和民事诉讼进程的推进，以维护司法公正、司法秩序和司法权威；而且有益于当事人理性选择是否申请民事司法鉴定及鉴定人出庭，并享有透明、公正的费用标准和收费方式，使当事人的合法权益得以平等保护，亦防止当事人对诉讼权利的滥用；还有助于减少鉴定人工作的不便和内心的困惑，让鉴定人在更为稳定有序的环境下享有发展的空间和发展的活力，促进鉴定行业的可持续发展。

此外，与本书的研究主题相关，在构建完善的民事诉讼鉴定费用制度并使其得以贯彻落实的同时，我国的民事司法鉴定制度、民事诉讼费用制度、司法鉴定管理体制、鉴定行业发展态势等方面，均是需要重点关注的问题。这些问题与民事诉讼鉴定费用制度的健全与实施息息相关、相辅相成。换言之，为了保证民事诉讼鉴定费用以符合其双重法律属性的方式于立法中体现，为了保障民事诉讼鉴定费用制度在施行过程中能最大程度地实现其立法预期，必须同时推进相关领域的制度建设、体制机制建设，最终形成相关领域的良性互动、互促互进。

附录一　关于我国民事诉讼鉴定费用的调查（法官问卷）

为了解我国司法实践中民事诉讼鉴定费用情况，特在法院系统组织了这次抽样调查问卷。本次调查采取匿名方式，仅用于理论研究，希望能够得到您的支持与协助，谢谢！

注意事项：

★请您先阅读每一组的说明，并按照问卷的提问顺序逐一填答，以免漏答。

★每个题目中存在多种情况均可以多选。

★如果提供横线栏的，请您在横线上填写。

1. 您认为，鉴定的性质是？

A. 基于当事人的要求，为当事人服务的证据调查方式

B. 基于法院的要求，为法院服务的证据调查方式

2. 您认为，鉴定费用的性质是？

A. 是诉讼费用中的一种

B. 不是诉讼费用中的一种

C. 为支持当事人的证据，鉴定人进行鉴定所支出的费用

D. 为协助法院查明事实真相，鉴定人进行鉴定所支出的费用

3. 您认为，鉴定费用应该包括哪几项？

A. 鉴定实际成本

B. 鉴定报酬

C. 鉴定人出庭费用

4. 在您办理的案件中，鉴定费用是如何收取的？

A. 收取了鉴定实际成本

B. 收取了鉴定报酬

C. 收取了鉴定人出庭费用

D. 以上都没有收取，原因是＿＿＿＿＿＿＿＿

5. 在您办理的案件中，如果收取鉴定实际成本或鉴定报酬，数额如何确定？

A. 由申请鉴定的当事人根据法定标准决定

B. 由鉴定人根据法定标准决定

C. 由法院根据法定标准决定

D. 根据具体开支情况决定

6. 在您办理的案件中，如果收取鉴定实际成本或鉴定报酬，收取时间是？

A. 鉴定开始前

B. 鉴定实施过程中

C. 鉴定意见出具后

7. 在您办理的案件中，如果收取鉴定实际成本或鉴定报酬，是如何预收的？

A. 法院依职权鉴定的，由法院垫付

B. 由申请鉴定的当事人交至法院

C. 由申请鉴定的当事人交至鉴定人

8. 在您办理的案件中，如果收取鉴定实际成本或鉴定报酬，最终费用由谁负担？

A. 谁主张，谁负担

B. 由败诉方负担

C. 由法院决定的其他负担方式

9. 在您办理的案件中，如果收取鉴定人出庭费，包括哪几项？

A. 交通费　　　　　B. 住宿费　　　　　C. 就餐费

D. 误工补贴　　　　E. 生活费

F. 其他费用，包括＿＿＿＿＿＿＿＿＿

10. 在您办理的案件中，如果收取鉴定人出庭费，数额如何确定？

A. 由申请鉴定的当事人根据法定标准决定

B. 由鉴定人根据法定标准决定

C. 由法院根据法定标准决定

D. 根据具体开支情况决定

11. 在您办理的案件中，如果收取鉴定人出庭费，收取时间是？

A. 鉴定人出庭前

B. 鉴定人出庭后

12. 在您办理的案件中，如果收取鉴定人出庭费，是如何预收的？

A. 法院认为鉴定人有必要出庭的，由法院垫付

B. 由申请鉴定的当事人交至法院

C. 由申请鉴定的当事人交至鉴定人

D. 由申请出庭的当事人交至法院

E. 由申请出庭的当事人交至鉴定人

13. 在您办理的案件中，如果收取鉴定人出庭费，最终费用由谁负担？

A. 谁主张，谁负担

B. 由败诉方负担

C. 由法院决定的其他负担方式

14. 根据《民事诉讼法》第 78 条的规定，"经人民法院通知，鉴定人拒不出庭作证的，鉴定意见不得作为认定事实的根据；支付鉴定费用的当事人可以要求返还鉴定费用"。在您办理的案件中，鉴定人拒不出庭作证的，是否曾经有当事人要求返还鉴定费用或者鉴定人出庭费？

A. 没有

B. 有，具体情形是＿＿＿＿＿＿＿＿＿＿＿＿

法院的处理方式是＿＿＿＿＿＿＿＿＿＿＿＿

15. 在您办理的案件中，是否曾经有鉴定人向法院主张鉴定费用的情形？

A. 没有

B. 有，主张的鉴定费用包括＿＿＿＿＿＿＿＿＿＿＿＿

法院的处理方式是＿＿＿＿＿＿＿＿＿＿＿＿＿

16. 在您办理的案件中，是否曾经有当事人对鉴定费用的收费项目、数额提出过异议？

A. 没有

B. 有，具体情形是_____

法院的处理方式是_____

附录二　关于我国民事诉讼鉴定费用的调查（鉴定人问卷）

　　为了解我国司法实践中民事诉讼鉴定费用情况，特对鉴定人进行抽样调查问卷。本次调查采取匿名方式，仅用于理论研究，希望能够得到您的支持与协助，谢谢！

　　1. 对于鉴定实际成本和鉴定报酬是否有所区分？标准如何确定？

　　2. 对于鉴定人出庭费如何确定？

　　3. 在民事诉讼鉴定费用的收取过程中遇到的主要问题？

　　4. 愿意由法院统一收取民事诉讼鉴定费用还是自行收费？

　　5. 是否向法院提出过关于民事诉讼鉴定费用的请求或异议？

　　6. 关于民事诉讼鉴定费用的其他问题。

附录三 域外立法相关译文材料

日本《关于民事诉讼费用等的法律》

（1971 年 4 月 6 日第四十号法律颁布，
2011 年 5 月 25 日第五十三号法律修正）

……

第二章 法院收取的费用

……

第二节 手续费以外的费用

第 11 条【缴纳义务】

以下所列金额，视为当事人所缴纳的费用。

（一）法院为进行调查取证、文书送达及其他民事诉讼等程序时，下一章中规定的给付及其他给付所必须的金额。

（二）在法院之外进行的调查取证、调解案件以外的民事案件或行政案件的事实调查及其他行为，其产生的法官、书记官的路费、住宿费，按照证人的标准计算出的必需的金额。

除其他法律有特殊规定外，在依申请作出行为时应缴纳前项费用的当事人等，为申请人本人；在依职权做出行为时，为法院所规定的人。

第 12 条【预缴纳义务】

除其他法律有特殊规定外，当事人等在为前条第一项中需要缴纳费用的行为时，必须向法院预先缴纳估算出的费用。

依照前项规定应缴纳而不缴纳时，法院可不为需要缴纳该费用的行为。

……

第三章　对证人等的给付

第 18 条【证人要求支付路费的请求等】

证人、鉴定人或翻译人可请求支付路费、日津贴和住宿费。但是，无正当理由拒绝宣誓、提供证言、鉴定或翻译者，不在此限。

鉴定人、翻译人可请求支付鉴定费或翻译费，及可接受鉴定或翻译所需费用的支付和偿还。

证人、鉴定人及翻译人在接受其预先垫付的路费、日津贴、住宿费或前项中费用的偿还情况下，若无正当理由不到庭、或拒绝宣誓、提供证言、鉴定或翻译时，必须返还已接受的金额。

……

第 20 条【委托调查时的报酬支付】

根据民事诉讼等的相关法令进行委托调查、要求报告、鉴定或委托基于专门知识而进行意见陈述时，依相关人请求，向其支付报酬及其他必要费用。根据民事诉讼相关法令规定，任命保管人、管理人或评估人、或下令进行折价或为其他行为时，除其他法令有特别规定外，同样如此。

《民事诉讼法》第 132 条之四第一项第一号规定的委托送达文书（包含适用该法第 231 条规定的物件）时，依请求支付制作该文书所必需的费用。

第 18 条的规定适用关于前两项的费用。

第 21 条【路费的类型及金额】

路费分为铁路费、船费、路程费及航空费四种，铁路费是对在铁路运输区间的陆路旅行，船费是对在船舶通航区间的水陆旅行，路程费是对在非铁路运输的陆路旅行或非通航的水陆旅行，航空费是对在有必须乘坐飞机的特殊事由的情况下进行的支付。

根据铁路费、船费依旅行区间路程的长短产生的客运费（在运费分级别的线路或乘船旅行的情况下，运费分为三级时，由法院认定的中级以下的运费；运费分为两级时，由法院认定的等级的运费，包含驳船费和栈桥费）、快车费（在特别快车运行线路区间内旅行，单程在 100 千米以上的为特别快车费；在普通快车或准快车运行路线的线路区间内旅行，单程在 50 千米以上的为普通快车或准快车费），法院认为适额的特别车费和特别船客舱费及座席指定费（仅限在收取座位指定费的普通快车运行线路的区间内，单程 100 千米以上或收取座位指定费的船舶航行线路的区间内的座位指定费）；路程费在最高法院规定的额度内由各法院具体规定；航空费根据实际支付的客运费，各自计算。

第 22 条【日津贴的支付依据及数额】

日津贴根据出庭、讯问及为此进行的旅行（以下称为出庭等），所必需的天数支付。

日津贴数额由法院在最高法院规定的数额范围内具体确定。

第 23 条【住宿费的支付依据及数额】

住宿费根据出庭等所必需的天数支付。

住宿费数额由法院在最高法院规定的划分的住宿地数额范围内具体确定。

第 24 条【国内同国外及其国内外间相关的路费金额】

国内同国外及其国内外间相关的路费、日津贴及住宿费等，由法院以前三条的规定为基准确定合适的金额。

第 25 条【路费等的计算】

计算路费及其日津贴、住宿费的天数，按照最经济的通常路线和方式计算。但是，因自然灾害和不可抗力导致难以依最经济的通常路线和方式进行旅行的情况下，以其实际路线和方式产生的路费计算。

第 26 条【鉴定费的金额等】

第 18 条第二项、第 20 条第一项或第二项规定的必须支付的鉴定费、翻译费、报酬和费用的金额，由法院确定合适的金额。

第 27 条【请求的期限】

本章规定的路费、日津贴、住宿费、鉴定费及其他给付，基于判决终结的案件，在判决之前请求支付；不基于判决终结的案件，在其终结之日起两个月内未请求的，则不予支付。但是，因不可抗力导致在期限内无法行使请求权的，在无法行使请求权的事由消除之日起两周内请求的，予以支付。

......

日本《关于民事诉讼费用等的规则》

（1971 年 6 月 14 日第五号最高法院规则颁布，
2006 年 2 月 8 日第二号最高法院规则修正）

......

第六条【证人等的路费】

法第 21 条第二项中的路费为每千米不超过 37 日元。不足 1 千米的部分舍去。

由于自然灾害和不可抗力导致前项规定的费用不足以支付实际路费支出时，路费以实际支出为准。

第七条【证人等的日津贴】

法第 22 条第二项中的日津贴，证人、依照《民事诉讼法》第 187 条第一项讯问的参考人及为进行事实调查需在法院传唤的日期出庭的人，每日不超过 8000 日元；鉴定人、翻译人及依照《民事诉讼法》第 218 条第二项或依照《公害纠纷处理法》第 42 条之三十二第二项中的说明人，每日不超过 7600 日元。

第八条【证人等的住宿费】

法第 23 条第二项中的住宿费，按照《关于国家公务员等路费的法律》附表一中所规定的甲地区每晚不超过 8700 日元，乙地区每晚不超过 7800 日元。

......

德国《司法收费和补偿法》

（2004 年 5 月 5 日颁布）

第一章　一般规则

第 1 条【适用范围和请求权权利人】

（1）本法规定了：

1. 受法院、检察院委托的，或财政机关在独立执行调查程序时委托的，或行政机关在依法处理违法行为时委托的，或受法院执行人委托的鉴定人、口译人、笔译人的收费情况；

2. 对在普通民事法院和劳动法院任职的荣誉法官以及在行政法院、财政法院、社会法院任职的荣誉法官的补偿情况，在商事案件、职业纠纷审判程序以及职业纪律法院中任职的荣誉法官除外；

3. 对第 1 项中提及的各单位所提出的证人和第三人（本法第 23 条）的补偿情况。

收费和补偿只能依照本法进行。第 1 句第 1 项规定的费用请求权由受委托人行使；如受委托人系企业组织，受委托事项由该企业组织的员工完成，亦适用前述规定。

（2）机关或其他公共机构受第 1 款第 1 句第 1 项提及的单位委托进行鉴定服务的，亦适用本法。对于机关或其他公共机构的成员，若非荣誉公务员或荣誉性任职，仅为了完成工作任务而呈报、代理或释明了鉴定，则不适用本法。

（3）受检察院或财政机关委托，或经检察院或财政机关作出如前之批准，受警察或其他刑事追诉机关委托或提出与第 1 款第 1 句第 1 项情形中由检察院或财政机关委托的，效果相同。行政机关在依法处理违法行为时准用本款第 1 句。

（4）对于具有行政裁判权或财政裁判权的法院，选举陪审员委员会中的受委托人或选举荣誉法官委员会中的受委托人，依照荣誉法官之标准予以补偿。

第 2 条【请求权的主张和丧失】

（1）权利人在三个月内未向对其进行提出或委托之单位行使请求权的，请求权消灭。该期限的起始时间为：

1. 在进行书面鉴定或制作笔译的情形下，始于权利人为委托单位制作的鉴定意见或笔译件收到时；

2. 在作为鉴定人或证人接受讯问或作为口译人受聘的情形下，始于讯问或受聘结束时；

3. 在第 23 条的情形下，始于措施结束时；

4. 在作为荣誉法官或作为本法第 1 条第 4 款规定的委员会的成员提供服务的情形下，始于公务任期结束时。

若提出合理的申请，第 1 句提及的单位可将该期限予以延长；若相关单位拒绝延长，该单位应立即将该申请提交给依照本法第 4 条第 1 款负责对收费或补偿进行确认的法院，由法院通过作出不可上诉的裁定进行裁判。若法院驳回申请，同时该期限已届满且自第 1 句提及之机关公布其决定之日起两周内未行使请求权的，请求权消灭。

（2）若权利人因不可抗力而未能遵守第 1 款规定的期限，在排除妨碍之后的两周内权利人可申请恢复时效，法院应根据申请将期限恢复至先前状态。自不可抗力结束之日起届满一年后，权利人不得再申请恢复时效。针对拒绝恢复时效，权利人须在两周内提起抗告，该期限始于裁判送达之日起。本法第 4 条第 4 款第 1 句到第 3 句和第 6 款到第 8 款准用此规定。

（3）自第 1 款第 2 句第 1 项到第 4 项规定的决定性的时间点所在的自然年届满起三年后，费用补偿请求权消灭。该时效适用《民法典》的有关规定。与起诉相同，通过申请司法确认（第 4 条）可使时效中断。不得依职权审查时效。

（4）过多支付的费用的返还请求权自支付发生的自然年届满起三年后消灭。准用法院费用法第 5 条第 3 款。

第 3 条【预付】

若权利人已经产生或预计将产生显著的交通费用或其他支出费用，或权利人已经提供的部分服务可期待收费总值超过 2000 欧元，则依申请应准许适当预付。

第 4 条【法院确认和抗告】

（1）若权利人或国库申请司法核定或法院认为有必要，则应通过作出司法裁定对收费、补偿或预付予以核定。

1. 聘请或提出权利人的法院、权利人以名誉法官身份进行协助的法院或本法第 1 条第 4 款规定的委员会所在法院有权作出裁定；

2. 由检察院聘请或提出，或由警察或其他刑事追诉机关委托或事先批准的，该检察院所在地的法院有权作出裁定；但在提起公诉后，由进行诉讼程序的法院作出裁定；

3. 在本法第 1 条第 1 款第 1 句第 1 项规定的情形下，由财政机关聘请或提出，或由警察或其他刑事追诉机关委托或事先批准的，负责进行侦查程序的检察院所在地的法院有权作出裁定；但在提起公诉后，由进行诉讼程序的法院作出裁定；

4. 由法院执行人员聘请或提出，且法院执行人员在地区法院的辖区内有行政驻地的，该地区法院有权作出裁定；但强制执行程序中，由执行法院作出裁定。

（2）在罚款程序中，由行政机关聘请或提出的权利人申请对应给付的费用或补偿以及预付的核定进行司法裁判的，适用《违反秩序法》第 62 条。

（3）关于本条第 1 款所规定之裁定，若抗告标的超过 200 欧元，或法院认为裁定事宜具有重大意义而许可当事人提出抗告的，权利人和国库可提起抗告。

（4）只要法院认为抗告合法且认为抗告有理，则法院应对抗告进行救济；此外，抗告应立即向抗告法院提起。抗告法院为上一级法院。不得对联邦最高一级法院提起抗告。抗告法院受抗告许可约束；对非许可不得上诉。

（5）抗告只能针对州法院所作出的裁判，且须为法院认为裁定事宜具有重大意义而许可当事人提出抗告。再抗告的事由，须为前述裁判侵犯了权利或违反了法律，准用《民事诉讼法》第 546 条、第 547 条。再抗告由州高等法院作出裁判，准用本条第 4 款第

1 句和第 4 句。

（6）在没有全权代理人协助的情况下，可提交书面申请和说明或让事务所将申请和说明作成笔录，准用《民事诉讼法》第129a 条。全权代理人的相关要求准用诉讼程序规则。抗告应向作出裁判的法院提出。

（7）对于权利人提出的申请，应由审判人员作为独任法官作出裁判；若裁判由独任法官或法院辅助员作出，则前述规定亦适用于抗告。若案件在事实方面或法律方面具有特殊难点，或诉讼案件具有重大意义，则独任法官应将诉讼程序移交合议庭或判决委员会。

（8）本诉讼程序免收诉讼费。当事人无需负担各项支出。

（9）依照本条第 1、2、4 和 5 款作出的裁定的生效，不得造成成本债务人之负担。

第 4a 条【获得司法听审权遭侵害时的救济】

（1）若利害关系人因依照本法所作出的裁判而被加重负担时，可提出申诉，本诉讼程序将继续进行，其前提条件是：

1. 针对该裁判的法律救济程序或其他法律措施无法提起；

2. 法院以显著方式对利害关系人获得司法听审权的请求权造成了侵害。

（2）申诉应在知道司法听审权被侵害后两周内提起；对获知的时间点应予以证实。自所针对之裁判公布之日起届满一年后，不得再提起申诉。未正式公布的裁判自其被交付邮寄后的第三天视为公布之日。申诉应向作出裁判的法院提出；准用本法第 4 条第 6 款第 1 句和第 2 句。申诉必须指明所不服的裁判，且须说明本条第 1款第 2 项所述之前提条件已经具备。

（3）其他诉讼参与人，只要系必要，均应给予机会进行意见之陈述。

（4）法院应依职权审查当事人提出申诉在本质上是否合法，以及申诉之提出是否依照法定形式和期限。前述要求中任缺一项，即应以申诉不合法为由而不予采纳。若申诉无理，则法院可驳回。法院对此作出的裁判形式为不可上诉的裁定。裁定应进行简短说理。

（5）若申诉有理，只要根据申诉应给予相应补偿，法院就应作出补正，以使补偿程序得以继续进行。

（6）申诉不收费。

第4b条【电子档案和电子文书】

（1）对于聘请或提出相应请求权的权利人而言，其电子档案和电子司法文书的相关要求适用此程序。

（2）聘请或提出相应请求权的权利人的申请或说明可以电子文书的笔录形式作出。有提出义务的当事人应提供符合电子签名法规定的、得到认可的电子签名的文书。若其所提交的电子文书不适合法院进行处理，应立即通知寄件人在有效的技术框架条件下提交该电子文书。

（3）只要法院用一定设备将电子文书记录下来，该电子文书就完成了提交。

第二章　共同规则

第5条【交通费用补偿】

（1）使用普通公共交通工具的，补偿实际产生的垫款，包括第一次使用火车一等车厢的相应成本以及订座位和运输必要的行李物所产生的垫款。

（2）使用自有的机动车或免费使用受转让的机动车的：

1. 对证人或第三人（第23条），应补偿营运费用，并按每行驶1公里0. 25欧元补偿机动车损耗；

2. 对本法第1条第1句第1据第1项和第2项中的请求权权利人，应补偿购置成本、维持成本和运营成本，并按每行驶1公里0. 3欧元补偿机动车损耗；

此外，应补偿机动车行驶中常规累计的以现金形式支付的垫款，特别是停车费，只要上述费用系由权利人不得不承担。若系多人共同使用，只能主张一次总额支付费用。对于所使用的机动车不属于本条第1款或本款第1句规定的运输工具的，补偿垫款的最高限额为本款第1句中规定的交通费。

（3）补偿金额可超过本条第 1 款或第 2 款规定的交通费，只要这样的额外款项都被用于合法的收费或补偿，或较高的交通费系由于特殊情况所产生的必要费用。

（4）对于定期期限内的行程，应视情况补偿交通费，条件是额外款项均被用于合法的收费或补偿，且该额外款项是为在定期单位驻留而应予以给予的。

（5）若前往约定地点的行程是从与传唤到庭或期日通知中所标明的地点或从应立即告知相关负责单位的地点不同的地点启程，或之后须回到不同于一个前述地点的返程地点的，只有在特殊情况下经过合理测算之后，权利人进行这样的行程安排才被允许，并对额外费用予以补偿。

第 6 条【补偿】

（1）非在约定发生的社区之内居住或工作的人，可就其在获悉约定期日而必须离开居住地或缺席工作场所的时间获得每日补贴，每日补贴的额度依照《所得税法》第 4 条第 5 款第 1 句第 5 项第 2 句确定。

（2）若必须在外地过夜，依照《联邦出差费用法》的规定给予补偿。

第 7 条【其他开支补偿】

（1）对本法第 5 条、第 6 条和第 12 条未特别提及的现金形式的垫款，应进行补偿，只要该款项系必要费用。该规定特别适用于必要的代理费用和必要的陪同人员的费用。

（2）进行复印和打印的，按照首 50 页每页 0.5 欧元、之后每页 0.15 欧元进行补偿；进行彩色复印或彩色打印的，按照每页 2 欧元进行补偿。费用总额应在同一个案件中统一计算。该费用只能提供给复印或打印机关档案和法院档案，只要制作复印件或打印件是供妥善准备和处理案件，或复印和额外打印是依照提出机关发布的命令而进行的。

（3）对于替代本条第 2 款提及的复印和打印而转换电子形式存储的文件的，按照每个文件 2.5 欧元进行补偿。

第三章　鉴定人、翻译人收费

第8条【收费原则】

(1) 鉴定人、口译人、笔译人可收费的项目有：

1. 服务报酬（第9条~第11条）；

2. 交通费补偿（第5条）；

3. 开销补偿（第6条）以及；

4. 其他开支补偿和特殊开支补偿（第7条和第12条）。

(2) 报酬应按照小时计算，包括必要的行程时间和必要的等待时间在内的每个小时。已经开始的最后一小时，若对于提供服务而言该时间有必要超过30分钟，则按照整小时计算；其他情况下，报酬按照整小时报酬金额减半计算。

(3) 若收费性服务或开支分摊进了同时承办的多个案件，收费应根据案件的数量进行分摊。

(4) 鉴定人、口译人、笔译人的经常居住地在外国的，可充分考虑其个人境况特别是常规职业收入，经合理测算后按照高于本条第1款规定的收费标准支付费用。

第9条【鉴定人、口译人服务报酬】

(1) 鉴定人每小时可获得的报酬标准为：

报酬类别	酬金（单位：欧元）
1	50
2	55
3	60
4	65
5	70
6	75
7	80
8	85

续表

报酬类别	酬金（单位：欧元）
9	90
10	95
M1	50
M2	60
M3	85

　　各类服务对应的报酬类别依照附件 1。若服务属于某一专业领域，且该专业领域在各报酬类别中均未提及，则应充分考虑法院和机关以外的用户提供该类服务时一般约定的每小时价格，经过合理测算后将之归入某一报酬类别；若需对标的进行医学或心理学鉴定，且该标的在各报酬类别中均未提及，则准用前述规定。若服务涉及多个专业领域或医学或心理学鉴定涉及多个标的，这些专业领域或标的分属不同的报酬类别，则根据总的必要时间，按照所涉及的报酬类别中的最高标准统一进行计算报酬；但若因服务的重点不同而导致机械计算会产生不合理的结果的，则准用第 3 句的规定。若抗告合法，且抗告标的的价值未超过 200 欧元，则准用本法的 4 条。只要费用请求权尚未行使，抗告才合法。

　　（2）在《破产法》第 22 条第 1 款第 2 句第 3 项规定的情形中，鉴定人的报酬金额为每小时 65 欧元，与本条第 1 款规定不同。

　　（3）口译人的报酬金额为每小时 55 元。若被传唤的专门的口译工作人员到庭的约定期日被取消，且造成该取消并非个人原因，其在约定期日当天或之前两天中的某一天才被通知，当该口译人员遭受了收入损失，其就可获得最高 55 欧元的损失补偿。

　　第 10 条　【特殊服务报酬】

　　（1）鉴定人或专家证人提供了附件 2 中标明的服务，其报酬或补偿依照该附件进行计算。

　　（2）对于医疗服务资费表（《医疗收费法》的附件）O 段中载明的服务类型，准用前述资费表之规定，按照 1.3 倍费率计算报酬。除《医疗收费法》第 4 条第 2 款到第 4 款第 1 句及第 10 条外，仍然适用本法第 7 条和第 12 条。

（3）若在提供本条第 1 款和第 2 款规定的服务时有必要使用额外时间，权利人即有权获得报酬类别 1 规定的报酬。

第 11 条【笔译报酬】

（1）笔译报酬金额为，书面文本中每开始 55 个字符补偿 1.25 欧元。若笔译显著困难，特别是文本中使用了技术名词或文本难以阅读，金额提升至 1.85 欧元，在文本特别困难的情况下可提升至 4 欧元。字符数量一般按照目标语言文本计算；但若只有源语言使用拉丁字符，则字符数量按照源语言文本计算。若计算字符数量会产生过高成本，则该字符数量可在充分考虑平均每行字符数量的基础上，按照行数确定。

（2）对于基于同一委托所进行的一个或多个笔译，报酬金额至少为 15 欧元。

（3）若笔译人的服务系基于一定的内容检查文本或检查通信记录，而非必须完成一定的书面翻译，则其获得的报酬与口译人相同。

第 12 条【特殊开支补偿】

（1）除本法另有规定外，对通常的经常性开支以及通常与鉴定或笔译有关联的开支，按照本法第 9 条和第 11 条的规定支付。具体补偿分别为：

1. 用于准备、实施鉴定或笔译的必要的特殊成本，包括用于杂工的开支以及用于勘验、化验所耗费的材料和工具；

2. 用于准备、实施鉴定或笔译的必要的相片或相应的打印件，第一次洗照片或打印照片补偿 2 欧元，之后每次洗照片或打印照片补偿 0.5 欧元；

3. 对于制作书面鉴定，每开始 1000 字符补偿 0.75 欧元；若字符数量未知，应进行估算；

4. 分摊收费的营业税，只要该税费依照《营业税法》第 19 条第 1 款之规定处于未征收状态。

（2）经常性开支中分摊杂工成本（本条第 1 款第 2 句第 1 项）

的部分，以经常性开支金额的 15% 作为附加费予以补偿，因聘请杂工并不会造成经常性开支增多，则杂工费应作为必要开支进行补偿。

第 13 条【特殊收费】

（1）若单个诉讼程序的诉讼费用应由当事人或参与人承担，且当事人或参与人向法院声明同意依照法律规定测算收费金额或依照与法律规定不同的方法测算收费金额的，只有在有足够的金额向国库支付全部收费，且法院许可这种收费方式的情况下，才能聘请鉴定人、口译人或笔译人。

（2）若当事人或参与人一方参照本法第 9 条规定的小时费率，或在书面笔译的情况下参照本法第 11 条规定的每开始 55 个字符支付报酬的规定，经法院许可，该单方声明即有效。如金额不超过本法第 9 条或第 11 条许可的报酬金额的 1.5 倍，法院就应当许可该单方声明。在许可之前，法院应听取另一方当事人或其他参与人的意见。对许可或拒绝许可，均不得上诉。

（3）诉讼费用扶助或程序费用扶助获得批准的一方，仅可依照本条第 1 款提交声明参照本法第 9 条规定的小时费率，或在书面笔译的情况下参照本法第 11 条规定的每开始 55 个字符支付报酬的规定计费。若该方肆意利用诉讼费用扶助或程序费用扶助而不承担预付收费款义务的，则应向国库足额支付法定或约定（第 14 条）的可期待的额外报酬金额；此处不可适用《民事诉讼法》第 122 条第 1 款第 1 项字母 a 的规定。金额由法院作出的不可上诉的裁定予以确认。

（4）若有必要依照本条第 1 款和第 3 款约定适当的法律追诉，且诉讼费用扶助或程序费用扶助获得批准的一方无力支付本条第 3 款第 2 句规定的必要的费用的，当法院许可其声明，则其无需支付。如金额不超过本法第 9 条或第 11 条许可的报酬金额的 1.5 倍，法院就应当许可该方声明。对许可或拒绝许可，均不得上诉。

（5）在依照《投资者示范诉讼法》进行的示范诉讼中应给予收费，此并不取决于是否向国库支付足额金额。在本条第 2 款的情形中，示范诉讼的一方参与人作出声明即可。不适用本条第 3 款和第 4 款的规定。对示范诉讼中其他参与人的聆讯采用替代方案，即法院对许可的费用应发布官方公告。该官方公告依照《投资者示范诉讼法》第 4 条在"诉之登记簿"中进行登记的方式来实现。官方公告和就许可进行裁判之间的时长至少应达到四周。

（6）若一方当事人或一个参与人向法院声明同意依照本法第 9 条规定的小时费率，或在书面笔译的情况下依照本法第 11 条规定的每开始 55 个字符支付报酬的，其同时声明承担产生的额外费用，且向国库足额支付法定或约定（第 14 条）的可期待的额外报酬金额时，则该报酬应被允许；此时，其他法律规定的预付义务不因法定或约定的收费而受到影响。依照本款第 1 句提交声明的多个人，应作为连带债务人按人头数向国库承担责任。额外费用不计入程序成本。

（7）在本条第 3 款和第 6 款的情形中，法院首先确认向国库支付的金额数的同时，还应决定在不考虑当事人或参与人的声明的情况下，将鉴定人提供的服务归入哪个报酬类别，或决定在此种情况下对笔译应采用 55 个字符多少金额的标准支付报酬。

第 14 条 【协议收费】

对于经常被聘用的鉴定人、口译人和笔译人，州最高机关（对于联邦的法院和机关则是最高联邦机关）或由前述机关确定的单位，可与鉴定人、口译人或笔译人签署协议约定应支付的费用金额，其额度不得超过本法规定的相应金额。

第四章　补偿荣誉法官

第 15 条 【补偿原则】

（1）荣誉法官可获得的补偿包括：

1. 交通费补偿（第 5 条）；

2. 开销补偿（第 6 条）；

3. 其他开支补偿（第 7 条）；

4. 对耽误时间的补偿（第 16 条）；

5. 对料理家务造成不利的补偿（第 17 条）以及；

6. 对收入减少的补偿（第 18 条）。

（2）补偿按小时测算，应对总的聘用期间，包括必要的行驶时间和必要的等待时间给予补偿，但每天最多按 10 小时计算。已经开始的最后一小时，按照满一小时计算。

（3）下列情况也应给予补偿：

1. 国有单位聘用荣誉法官参加介绍会议和培训会议；

2. 对于具有劳动法院裁判权和社会法院裁判权的法院，以荣誉法官身份参加法律为荣誉法官设定的委员会的选举活动或参加这些委员会的会议（《劳动法院法》第 29 条、第 38 条；《社会法院法》第 23 条、第 35 条第 1 款、第 47 条）。

第 16 条【对耽误时间的补偿】

对耽误时间的补偿以每小时 5 欧元计算。

第 17 条【对料理家务造成不利的补偿】

荣誉法官如须料理自家家务、家庭成员众多的，若该荣誉法官无职业或仅在部分时间工作，且在约定的常规工作时间之外受到聘用的，则其除获得第 16 条规定的补偿之外，还可获得对料理家务造成不利的额外补偿，该补偿以每小时 12 欧元计算。对仅在部分时间工作的人的补偿额度为，扣除约定的常规工作小时数之后，每日最高给予 10 小时的补偿。若成本有替代方式可以得到补偿，则不得给予补偿。

第 18 条【对收入减少的补偿】

对于收入减少，除给予第 16 条规定的补偿外，还应给予额外补偿，该额外补偿按照包括应由雇主承担的社会保险费用在内的常规总收入来确定，但最高以每小时 20 欧元计算。对于在同一程序中被聘用天数超过 20 天，或在 30 天内至少有 6 天常规工作时间被耽误的荣誉法官，该补偿最高以每小时 39 欧元计算。对于在同一程序中聘用天数超过 50 天的荣誉法官，该补偿最高以每小时 41 欧元计算。

第五章　补偿证人和第三人

第 19 条【补偿原则】

（1）证人可获得的补偿包括：

1. 交通费补偿（第 5 条）；
2. 开销补偿（第 6 条）；
3. 其他开支补偿（第 7 条）；
4. 对耽误时间的补偿（第 20 条）；
5. 对料理家务造成不利的补偿（第 21 条）以及；
6. 对收入减少的补偿（第 22 条）。

书面证言也适用本款规定。

（2）补偿按小时测算，应对总的证言提出期间，包括必要的行驶时间和必要的等待时间给予补偿，但每天最多按 10 小时计算。已经开始的最后一小时，按照满一小时计算。

（3）若补偿系在若干不同案件中同时产生，则应按照每一个提出补偿的比例分摊至各案件中。

（4）证人的经常居住地在外国的，可充分考虑其个人境况特别是常规职业收入，经合理测算后按照高于本法第 20 条至第 22 条规定的补偿标准给予补偿。

第 20 条【对耽误时间的补偿】

因证言提出显然会给证人带来不利影响，应对其收入减少或料理家务造成不利给予补偿，对耽误时间的补偿以每小时 3 欧元计算。

第 21 条【对料理家务造成不利的补偿】

证人如须料理自家家务、家庭成员众多的，若该证人无职业或仅在部分时间工作，且在约定的常规工作时间之外提出证言的，则其可获得对料理家务造成不利的补偿，该补偿以每小时 12 欧元计算。对仅在部分时间工作的人的补偿额度为，扣除约定的常规工作小时数之后，每日最高给予 10 小时的补偿。若成本有替代方式可以得到补偿，则不得给予补偿。

第 22 条【对收入减少的补偿】

证人收入减少的可获得补偿，该补偿按照包括应由雇主承担的社会保险费用在内的常规总收入来确定，且最高以每小时 17 欧元计算。非因劳动关系而收入减少的囚犯，获得的补偿额为其错过的执行机关发放的补贴。

第 23 条【补偿第三人】

（1）由提供电信服务或对电信服务给予协助的人或单位（电信公司）实施电信监控命令或发布信息，且上述服务在本法附件 3 中规定给予特别补偿的，该补偿就应依照该附件予以测算。

（2）根据法院的命令，依照《民事诉讼法》第 142 条第 1 款第 1 句或第 144 条第 1 款提交文书、特别资料或其他标的的第三人，或有义务容忍对其进行检查的第三人，以及基于证明目的根据刑事追诉机关作出的请求：

1. 交出标的（《刑事诉讼法》第 95 条第 1 款、第 98a 条）的第三人或相应的受刑事追诉机关之托避免提交义务的第三人，或；

2. 在与本条第 1 款的规定不同的情形中发布信息的第三人；

对其比照证人进行补偿。若该第三人须借助雇员或其他人，由此产生的开支（第 7 条）在本法第 22 条的范围内予以补偿；准用本法第 19 条第 2 款和第 3 款。

（3）为了网络搜寻目的而必须使用自有数据处理系统的，若个案中使用硬件和软件的投资金额总计超过 10000 欧元，则应给予补偿。补偿金额为：

1. 投资金额在 10000 欧元以上、25000 欧元以下的，使用每小时补偿 5 欧元；总的使用时间四舍五入为整小时数计算；

2. 对于其他的数据处理系统：

a）除依照本条第 2 款进行补偿外，如需运行该必要的、特殊的应用程序，则使用设备每小时补偿 10 欧元；

b）对于其他使用期间，包括必要的员工成本在内补偿投资金额的千万分之一，以中央处理器显示的时间（CPU 秒）为限以秒计算，最高为 0. 3 欧元每 CPU 秒。

投资金额和使用的 CPU 时间应是可信的。

（4）如经由发布信息而产生的可直接计算的成本（第 7 条）无法准确确定，则他有的电子数据处理系统与自有的电子数据处理系统等效。

第六章　附则

第 24 条【过渡性规则】

在法律变更生效之前向鉴定人、口译人或笔译人作出委托，或权利人在前述时间点之前受到聘用或提出的，应依照此前的法律规定计算收费和补偿。若本法指向的法律规定有变更，也适用本规定。

第 25 条【本法生效之际的过渡性规则】

向鉴定人、口译人或笔译人作出的委托系于 2004 年 7 月 1 日之前作出的，或权利人在前述时间点之前受到聘用或提出的，因《荣誉法官补偿法》1969 年 10 月 1 日发布的版本（联邦立法公报 I S. 1753），最后一次修改为 2002 年 2 月 22 日修改第 1 条第 4 款（联邦立法公报 I S. 981），《证人和鉴定人补偿法》1969 年 10 月 1 日发布的版本（联邦立法公报 I S. 1756），最后一次修改为 2002 年 2 月 22 日修改第 1 条第 5 款（联邦立法公报 I S. 981），则指向这两部法律的规定将继续适用。如权利人在同一个案件中于 2004 年 7 月 1 日之后再次受到聘用或提出的，则第 1 句也适用于 2004 年 7 月 1 日之前发生的聘用或提出。

关于德国《民事诉讼法》第 413 条以及《司法收费和补偿法》的评论

《民事诉讼法》第 413 条 "鉴定人费用的补偿"（边码 1-12）

Scheuch

鉴定人应依照《司法收费和补偿法》收取费用。

测算收费的依据载于 JVEG 中（边码 1、边码 2）。依据时间的花费确定收费（边码 2）。依照 JVEG，预评价和声明拒绝请求在原则上并不导致需要收费（边码 4、边码 5）。减除收费和完全取消的情况在 JVEG 中未予规定；对判决的批评对此有所发展（边码 7 及以后各项）。若鉴定完全不具有使用价值或部分不具有使用价值（边码 7、边码 10），则收费请求权被取消或收费请求权被部分取消，特别对于承担性过错（边码 8）。JVEG 还包含了关于确定、失权和消灭时效的前提条件的事项（边码 11）。司法对费用的作出的确认或权利剥夺，国库和鉴定人对此均可上诉（边码 12）。

A 收费依据（边码 1）

收费请求权的决定性依据，也即测算的决定性依据，为《司法收费和补偿法》。JVEG 第 13 条允许在双方当事人无异议的情况下收费金额可以与法律规定不同。

B 收费（边码 2-10）

1. 收费的范围（边码 2-3）

依照 JVEG 第 9 条，鉴定人的报酬根据其时间的花费情况进行测算；对此，以小时为单位的收费标准依照报酬类别予以确定。特殊服务，如在医疗领域，依照 JVEG 第 10 条的规定收费。具有平均能力和知识的鉴定人，其实施鉴定所必需的时间花费，以及书面记录鉴定意见所必需的时间花费，均应予以补偿。

依照 JVEG 第 5 条，鉴定人可获得交通费补偿；依照 JVEG 第 6 条，鉴定人可获得开销补偿；依照 JVEG 第 7 条，鉴定人可获得其他开支补偿。特殊垫款如助手开支或用于勘验、检查的标的物，依照第 12 条第 1 款第 1 句收费；相片成本依照第 12 条第 1 款第 2 句补偿；书写成本依照第 12 条第 1 款第 3 句补偿。

鉴定人可依照 JVEG 第 3 条就必要开支中和已经提供部分服务主张要求预付。

2. 非收费义务的服务（边码 4-6）

对于依照 ZPO 第 407a 条第 1 款所进行的关于鉴定委托是否是在自身专业领域的初步检查，一般不得收费。与此不同，若初步检查需要相当可观的工作量，则应收费（Wieczorek/Ahrens ZPO 第 413 条 边码 6）。

若鉴定人应对拒绝申请发表意见，则不产生收费请求权。与此不同，若针对拒绝申请发表意见需要专业性的讨论，则产生收费请求权。

对预估的鉴定成本进行的调查，若随后未依照委托进行鉴定，鉴定人仍可获得补偿（Zöller/Greger ZPO 第 413 条 边码 1）。

3. 免于收费，减少收费

若鉴定人没有完全履行其在鉴定收费方面的义务，若做成鉴定的不作为不可规则于鉴定人，则鉴定人可获得负担开支和时间花费方面的补偿。若鉴定未做成应归责于鉴定人，则不存在收费请求权，这是由于法院可以利用部分服务（MüncheKommZPO/Zimmermann ZPO 第 413 条 边码 4）。若因鉴定人耽误期限或鉴定人不正当的拒绝进行鉴定，则不产生请求权。

对于具有承担性过错的，即若鉴定人即使缺乏专业知识仍然承接了鉴定，且在承担时可认识到其并不具有能力独自进行鉴定，鉴定人也丧失收费请求权。若鉴定人未通知拒绝理由，而该理由是在承担鉴定的时间点上产生的，则也不存在收费请求权（MüncheKommZPO/Zimmermann ZPO 第 413 条 边码 7）。若存在承担性过错，简单的过失就足以使收费请求权丧失（Stein/Jonas/Leipold ZPO 第 413 条 边码 16；MüncheKommZPO/Zimmermann ZPO 第 413 条 边码 7）。

若鉴定人系自身严重过失或故意导致拒绝事由产生（对此，

轻微过失是不足够的），收费请求权同样被取消。

由于实质性缺陷导致的鉴定不可使用，同样会造成收费请求权丧失。各种过错均足以导致丧失，轻微过失也足以导致丧失（Stein/Jonas/Leipold ZPO 第 413 条 边码 16；MüncheKommZPO/Zimmermann ZPO 第 413 条 边码 4；Musielak/Huber ZPO 第 413 条 边码 2）。

C 收费的确认（边码 11-12）

依照 JVEG 第 2 条第 1 款依申请进行确认。请求权应在 3 个月的除斥期间之内行使（JVEG 第 2 条第 1 款和第 2 款）；请求权产生的当年届满后经过 2 年，请求权失效（JVEG 第 2 条第 3 款和第 4 款）。

收费由收费官予以确认。依鉴定人的明确的申请和/或国库的明确申请进行司法确认。对法院判决，鉴定人和国库均可依照 JVEG 第 4 条第 3 款以抗告的形式提出上诉。

对收费的剥夺也应作出裁定。对这样的裁定，鉴定人可依照 JVEG 第 4 条第 3 款以抗告的形式提出上诉。

《民事诉讼法》第 413 条 "鉴定人费用的补偿"（边码 1-8）
Zimmermann

鉴定人应依照《司法收费和补偿法》收取费用。

A 立法目的

《刑事诉讼法》第 84 条亦有同样规定，至今仍然仅起到指导作用。

B 丧失收费请求权

1. 基本情况

鉴定人与法院之间的关系具有公法本质（第 404a 条 边码 2）。作为最终的规定，JVEG 对鉴定人收费具有决定意义；原则上，鉴定人不能超出该法范围向国家或向一方当事人主张请求权。但是，各方当事人可向鉴定人承诺私人支付额外的收费；这样的约定并不违反公序良俗，但若另一方当事人对此表示不同意，则这样向鉴定人支付额外收费就构成了不公正（第406条边码5）。应依照JVEG的规定行使收费请求权，民事救济途径被排除使用。

2. 缺乏详细的法律规定

a. 收费丧失

法律并未规定收费请求权丧失的情形；特别地，无论雇佣合同的规定还是承揽合同的规定均不得直接适用，因为鉴定人和法院之间涉及公法上的关系（见边码2）。根据诚实信用原则，也应优先适用公法，故形成了下列规定：

b. 鉴定不补偿

若鉴定未完成，无论是全部未完成还是部分未完成，且鉴定人对未能完成不具有主观意图，如由于死亡、疾病、法院撤回委托等，则鉴定人应根据其垫付情况及时间花费情况进行收费。此时部分服务的可用性在所不问。对尚未进行的服务（作为所失利益），鉴定人无权主张收费。若因鉴定人的过错导致鉴定未完成，则收费请求权被取消，因对法院而言部分服务也是具有使用价值的。对于自身是否具有能力进行鉴定的检查，任何人不得就此主张收费。

c. 鉴定缺陷

若鉴定具有缺陷且是由鉴定人的过错造成的（轻微过失即足够），则收费请求权被取消。这种过错包括鉴定人在没有足够的专业知识的情况下仍然承接鉴定（见第407a条边码4）。过错性缺陷一般发生在下列情况：鉴定人背离法院的委托的；鉴定人违反《民事诉讼法》第407a条第2款（见第407a条边码5）非自行完成鉴定的；鉴定意见使人无法理解而不可用的。非过错性的鉴定的缺陷不对收费请求权产生影响。

d. 超委托鉴定

这将导致相应的收费减少（见第407a条边码10），因法院随后批准了超委托鉴定。若对垫款的预付款透支很严重（约20%到25%），且鉴定人未及时向法院通知这一情况（见第407a条边码12），则这样的透支将导致收费减少。

e. 鉴定人的有效拒绝

这将使得鉴定不可用，但若鉴定人有过错，鉴定人的有效拒绝则只会导致丧失收费请求权。若该过错是鉴定人未将对其而言明显存在的拒绝事由通知法院，则简单的过失已足够。拒绝事由发生于承接鉴定之后的，若鉴定人的成功拒绝系自身严重过失或故意违反义务导致拒绝事由产生，则只导致收费请求权丧失。

f. 对收费的确认

在司法确认收费时（JVEG 第 4 条），应顾及必要的减少收费或应明确表达每种收费被取消的情形。应承担诉讼成本的一方当事人可仅依照《法庭费用法（GKG）》第 19 条和第 66 条主张鉴定人无权收费；该方当事人无权直接向鉴定人主张损失赔偿请求，《民法典》第 839a 条规定的情形除外。

《民事诉讼法》第 413 条 "鉴定人
费用的补偿"（边码 1-3）
Michael Huber

鉴定人应依照《司法收费和补偿法》收取费用。

依据为 JVEG，该法已经取代了《证人与鉴定人补偿法（ZSEG）》。收费通过法院进行，即通过收费官完成，只要未依照 JVEG 第 4 条要求正式的司法确认。依照 JVEG 第 8 条，鉴定人除获得交通费补偿（JVEG 第 5 条）和实施成本的补偿（JVEG 第 6 条）外，还可依照 JVEG 第 9 条和第 10 条获得服务报酬，服务报酬根据服务类别分类确定小时费率。只要各方当事人依照 JVEG 第 13 条达成一致声明并已经缴纳了相应较高的预付款（此行为实践中常常被忽视），则鉴定人可获得较高的收费；对开支的补偿，包括对助手的补偿（第 407a 条 边码 3），由 JVEG 第 12 条第 1 款第 1 项和第 2 款规定。对拒绝申请发表意见的支出在个案中亦可收费，但原则上对鉴定委托的预检查是不可收费的（第 407a 条 边码 1 和边码 4）。

收费请求权丧失发生于：

1. 即使缺乏专业知识仍然承接鉴定任务（第 407a 条第 1 款第 1 句），或在未获准许的情况下将完善鉴定的工作交予第三人（第 407a 条 边码 3）；

2. 鉴定不可用系因实质性缺陷（第 402 条 边码 10），此情况下仅限故意和重大过失，对轻微过失不适用，因收费的后果不能作为向当事人承担的责任而继续存在下去；

3. 因延误期限造成鉴定任务被撤回（第 411 条 边码 6），或鉴定人不正当地拒绝（第 409 条 边码 3）；

4. 因鉴定人故意或重大过失促成成功拒绝的，但轻微过失除外，由于在成功拒绝的情况下鉴定人将总是丧失补偿请求权，则出现不公正的表象就已经足够了（第 406 条 边码 4）；

5. 鉴定人在通知拒绝事由方面不作为（第 406 条 边码 5）。

因未提及高得惊人的成本，故应减少收费（第 407a 条 边码 4）。但是，若因鉴定人成功拒绝而报废的鉴定稍后仍然可用的，则可完全或部分产生新的收费请求权，这是由于各方当事人认可这样的鉴定或新的鉴定人将以节省成本的方式在原鉴定的基础上完成鉴定。

参 考 文 献

一、中文原著

[1] 姚瑞光. 民事诉讼法论 [M]. 台北：大中国图书出版公司, 1981.

[2] 柴发邦. 体制改革与完善诉讼制度 [M]. 北京：中国人民公安大学出版社, 1991.

[3] 杨建华. 海峡两岸民事程序法 [M]. 台北：月旦出版股份有限公司, 1997.

[4] 杨建华. 海峡两岸民事程序法论 [M]. 台北：月旦出版社股份有限公司, 1997.

[5] 张卫平, 陈刚. 法国民事诉讼法导论 [M]. 北京：中国政法大学出版社, 1997.

[6] 毕玉谦. 民事证据法及其程序功能 [M]. 北京：法律出版社, 1997.

[7] 雷万来. 民事证据法论 [M]. 台北：瑞兴图书股份有限公司, 1997.

[8] 杨建华. 问题研析民事诉讼法（二）[M]. 台北：三民书局有限公司, 1999.

[9] 江伟. 民事诉讼法学原理 [M]. 北京：中国人民大学出版社, 1999.

[10] 陈计男. 民事诉讼法论（上）[M]. 台北：三民书局股份有限公司, 1999.

[11] 卞建林. 证据法学 [M]. 北京：中国政法大学出版社, 2000.

[12] 陈刚. 证明责任法研究 [M]. 北京：中国人民大学出版社，2000.

[13] 白绿铉编译. 日本新民事诉讼法 [M]. 北京：中国法制出版社，2000.

[14] 周叔厚. 证据法论 [M]. 台北：三民书局，2000.

[15] 肖建国. 民事诉讼程序价值论 [M]. 北京：中国人民大学出版社，2000.

[16] 刘善春，毕玉谦，郑旭. 诉讼证据规则研究 [M]. 北京：中国法制出版社，2000.

[17] 何家弘，张卫平. 外国证据法选译 [M]. 北京：人民法院出版社，2000.

[18] 陈光中. 依法治国司法公正——诉讼法理论与实践（一九九九年卷·上海）[M]. 上海：上海社会科学院出版社，2000.

[19] 邹明理. 我国现行司法鉴定制度研究 [M]. 北京：法律出版社，2001.

[20] 邱联恭. 司法之现代化与程序法 [M]. 台北：三民书局，2001.

[21] 陈业宏，唐鸣. 中外司法制度比较 [M]. 北京：商务印书馆，2001.

[22] 卞建林. 证据法学 [M]. 北京：中国政法大学出版社，2002.

[23] 陈计男. 民事诉讼法论 [M]. 台北：三民书局，2002.

[24] 叶自强. 民事证据制度研究 [M]. 北京：法律出版社，2002.

[25] 王亚新. 对抗与判定——日本民事诉讼的基本结构 [M]. 北京：清华大学出版社，2002.

[26] 王甲乙，杨建华，郑健才. 民事诉讼法新论 [M]. 台北：三民书局，2002.

[27] 杜志淳，霍宪丹. 中国司法鉴定制度研究 [M]. 北京：中国法制出版社，2002.

[28] 孙业群. 司法鉴定制度改革研究 [M]. 北京：法律出版

社，2002.

[29] 徐昕．英国民事诉讼与民事司法改革［M］．北京：中国政法大学出版社，2002.

[30] 常怡．比较民事诉讼法［M］．北京：中国政法大学出版社，2002.

[31] 李国光．最高人民法院《关于民事诉讼证据的若干规定》的理解与适用［M］．北京：中国法制出版社，2002.

[32] 黄松有．民事诉讼证据司法解释的理解与适用［M］．北京：中国法制出版社，2002.

[33] 王甲乙，杨建华，郑健才．民事诉讼法新论［M］．台北：三民书局，2002.

[34] 宋世杰．证据学新论［M］．北京：中国检察出版社，2002.

[35] 何家弘．外国证据法［M］．北京：法律出版社，2003.

[36] 杨荣馨．民事诉讼原理［M］．北京：法律出版社，2003.

[37] 何家弘，刘晓丹．美国证据规则［M］．北京：中国检察出版社，2003.

[38] 姜世明．民事程序法之发展与宪法原则［M］．台北：元照出版社，2003.

[39] 罗玉珍，高委．民事证明制度与理论［M］．北京：法律出版社，2003.

[40] 陈一云．证据法学［M］．北京：法律出版社，2004.

[41] 何家弘，刘品新．证据法学［M］．北京：法律出版社，2004.

[42] 谭兵．民事诉讼法学［M］．北京：法律出版社，2004.

[43] 邱联恭．程序利益保护论［M］．台北：三民书局，2005.

[44] 何家弘．证据调查（第二版）［M］．北京：中国人民大学出版社，2005.

[45] 张永泉．民事诉讼证据原理研究［M］．厦门：厦门大学出版社，2005.

[46] 张卫平．民事诉讼：关键词展开［M］．北京：中国人民大学出版社，2005.

［47］上海市司法局．司法鉴定机构管理和改革探讨//建立具有中国特色的统一司法鉴定管理体制——司法鉴定管理工作手册：第一辑［M］．北京：中国政法大学出版社，2005．

［48］廖永安．民事诉讼理论探索与程序整合［M］．北京：中国法制出版社，2005．

［49］毕玉谦，谭秋桂，杨路．民事诉讼研究及立法论证［M］．北京：人民法院出版社，2006．

［50］石志泉．民事诉讼条例释义（华东政法学院珍藏民国法律名著第二辑）［M］．北京：中国政法大学出版社，2006．

［51］廖永安．诉讼费用研究——以当事人诉权保护为分析视角［M］．北京：中国政法大学出版社，2006．

［52］黄维智．鉴定证据制度研究［M］．北京：中国检察出版社，2006．

［53］姜世明．民事诉讼法基础［C］．台北：元照出版公司，2006．

［54］赵钢．民事诉讼法学专题研究（一）［M］．北京：中国政法大学出版社，2006．

［55］全国人大常委会法制工作委员会民法室．中华人民共和国民事诉讼法条文说明，立法理由及相关规定［M］．北京：北京大学出版社，2006．

［56］郭华．鉴定结论论［M］．北京：中国人民公安大学出版社，2007．

［57］陈荣宗，林庆苗．民事诉讼法（修订七版）［M］．台湾：三民书局，2008．

［58］司法部司法鉴定管理局．两大法系司法鉴定制度的观察与借鉴［M］．北京：中国政法大学出版社，2008．

［59］江伟．民事诉讼法典专家修改建议稿及立法理由［M］．北京：法律出版社，2008．

［60］黄国昌．民事诉讼理论之新开展［M］．北京：北京大学出版社，2008．

［61］张军．中国司法鉴定制度改革与完善研究［M］．北京：中国政法大学出版社，2008．

[62] 占善刚. 民事证据法研究 [M]. 武汉：武汉大学出版社，2009.

[63] 姜世明. 新民事证据法论 [M]. 台北：新学林出版股份有限公司，2009.

[64] 樊崇义. 诉讼原理 [M]. 北京：中国人民公安大学出版社，2009.

[65] 占善刚. 证据协力义务之比较法研究 [M]. 北京：中国社会科学出版社，2009.

[66] 张华. 司法鉴定若干问题实务研究 [M]. 北京：知识产权出版社，2009.

[67] 吕太郎. 民事诉讼之基本理论（二）[M]. 台北：元照出版社，2009.

[68] 杜志淳. 司法鉴定论丛 [M]. 北京：北京大学出版社，2009.

[69] 杜志淳，闵银龙副. 司法鉴定概论 [M]. 北京：法律出版社，2010.

[70] 罗传贤. 立法程序与技术 [M]. 台北：五南图书出版公司，2009.

[71] 赵钢，占善刚，刘学在. 民事诉讼法 [M]. 武汉：武汉大学出版社，2010.

[72] 拜荣静，王世凡. 司法鉴定程序法律问题研究 [M]. 北京：中国社会科学出版社，2010.

[73] 易延友. 证据法的体系与精神——以英美法为特别参照 [M]. 北京：北京大学出版社，2010.

[74] 李木贵. 民事诉讼法（第三版）上 [M]. 台北：月旦出版社，2010.

[75] 李木贵. 民事诉讼法（第三版）下 [M]. 台北：月旦出版社，2010.

[76] 许士宦. 新民事诉讼法实务研究（一）[M]. 台北：新学林出版社，2010.

[77] 骆永家. 新民事诉讼法 [M]. 台北：三民书局，2011.

[78] 许世宦．诉讼理论与审判实务 ［M］．台北：三民书局，2011.

[79] 张卫平．民事诉讼：回归原点的思考 ［M］．北京：北京大学出版社，2011.

[80] 杜志淳等．司法鉴定法立法研究 ［M］．北京：法律出版社，2011.

[81] 霍宪丹等．中国司法鉴定制度改革与发展范式研究 ［M］．北京：法律出版社，2011.

[82] 常林．司法鉴定专家辅助人制度研究 ［M］．北京：中国政法大学出版社，2012.

[83] 刘红，纪宗宜，姚澜．司法鉴定证据研究 ［M］．北京：法律出版社，2012.

[84] 房保国，陈宏钧．鉴定意见研究 ［M］．北京：中国政法大学出版社，2012.

[85] 王素芳．诉讼视角下的司法鉴定制度研究 ［M］．上海：上海大学出版社，2012.

[86] 蒋㴐泉．民刑诉讼证据法论 ［M］．吴宏耀，魏晓娜点校．北京：中国政法大学出版社，2012.

[87] 全国人大常委会法制工作委员会民法室．2012 民事诉讼法修改决定条文释解 ［M］．北京：中国法制出版社，2012.

[88] 杨建华．民事诉讼法要论 ［M］．北京：北京大学出版社，2013.

[89] 霍宪丹，杜志淳，郭华．司法鉴定通论（第二版）［M］．北京：法律出版社，2013.

[90] 杜志淳，宋远升．司法鉴定证据制度的中国模式 ［M］．北京：法律出版社，2013.

[91] 郭华．鉴定意见争议解决机制研究 ［M］．北京：经济科学出版社，2013.

[92] 占善刚，刘显鹏．证据法论（第二版）［M］．武汉：武汉大学出版社，2013.

[93] 许士宦．新民事诉讼法 ［M］．北京：北京大学出版

社，2013．

[94] 闫庆霞．当事人民事诉讼主张研究［M］．北京：法律出版社，2013．

[95] 姜世明．民事诉讼法（上册）（修订第二版）［M］．台北：新学林出版股份有限公司，2013．

[96] 吴明轩．民事诉讼法（修订10版）［M］．台北：元照法律出版社，2013．

[97] 刘金华．民事诉讼法专题研究［M］．北京：中国政法大学出版社，2014．

[98] 齐树洁．英国证据法［M］．厦门：厦门大学出版社，2014．

[99] 马江涛．司法鉴定职业行为规范研究［M］．北京：法律出版社，2015．

[100] 陈如超．司法鉴定救助制度研究［M］．北京：群众出版社，2015．

[101] 刘振红．司法鉴定：诉讼专门性问题的展开［M］．北京：中国政法大学出版社，2015．

[102] 沈德咏．最高人民法院民事诉讼法司法解释理解与适用［M］．北京：人民法院出版社，2015．

[103] 占善刚，刘显鹏．证据法论（第三版）［M］．武汉：武汉大学出版社，2015．

[104] 马江涛．司法鉴定职业行为规范研究［M］．北京：法律出版社，2015．

[105] 姜世明．民事诉讼法［M］．台北：新学林出版股份有限公司，2015．

[106] 江伟．民事诉讼法（第五版）［M］．北京：高等教育出版社，2016．

[107] 张卫平．民事诉讼法：分析的力量［M］．北京：法律出版社，2016．

[108] 苏青．鉴定意见证据规则研究［M］．北京：法律出版社，2016．

［109］霍宪丹. 司法鉴定学（第二版）［M］. 北京：中国政法大学出版社，2016.

［110］司法部司法鉴定管理局. 司法鉴定统一管理体制改革与发展研究文集［M］. 北京：中国政法大学出版社，2016.

［111］蓝冰. 德国民事诉讼法研究［M］. 成都：四川人民出版社，2017.

［112］杜志淳. 司法鉴定证论丛（2017 年卷）［M］. 北京：法律出版社，2017.

［113］朱旭光，郭华. 完善诉讼中司法鉴定制度研究［M］. 北京：人民法院出版社，2017.

［114］姜世明. 举证责任与证明度［M］. 厦门：厦门大学出版社，2017.

［115］姜世明. 举证责任与真实义务［M］. 厦门：厦门大学出版社，2017.

［116］姜世明. 证明评价论［M］. 厦门：厦门大学出版社，2017.

［117］占善刚. 民事诉讼证据调查研究［M］. 北京：中国政法大学出版社，2017.

［118］江国华. 常识与理性：走向实践主义的中国司法［M］. 上海：生活·读书·新知三联书店，2017.

［119］王亚新，陈杭平，刘君博. 中国民事诉讼法重点讲义［M］. 北京：高等教育出版社 2017.

［120］吴洪淇. 证据法的理论面孔［M］. 北京：法律出版社，2018.

［121］肖建华. 诉讼证明过程分析民事诉讼真实与事实发现［M］. 北京：北京大学出版社，2018.

［122］李大雪. 德国联邦法院典型判例研究. 民事诉讼法篇［M］. 北京：法律出版社，2019.

［123］最高人民法院民事审判第一庭. 最高人民法院新民事诉讼证据规定理解与适用（上）（下）［M］. 北京：人民法院出版社，2020.

二、中文译著

［1］［日］棚濑孝雄．纠纷的解决与审判制度［M］．王亚新译．
北京：中国政法大学出版社，1994．

［2］［日］兼子一，竹下守夫．民事诉讼法［M］．白绿铉译．北
京：法律出版社，1995．

［3］［日］三月章．日本民事诉讼法［M］．汪一凡译．台北：五
南图书出版公司，1998．

［4］［美］布莱克法律词典［M］．北京：图书进出口有限公司，
1999．

［5］［法］法国新民事诉讼法典［M］．罗结珍译．北京：中国法
制出版社，1999．

［6］［日］日本新民事诉讼法［M］．白绿铉译．北京：中国法制
出版社，2000．

［7］［美］美国联邦民事诉讼规则 证据规则［M］．白绿铉，卞建
林译．北京：中国法制出版社，2000．

［8］德意志联邦共和国民事诉讼法［M］．谢怀栻译．北京：中国
法制出版社，2000．

［9］［德］狄特·克罗林庚．德国民事诉讼法律与实务［M］．刘
汉富译．北京：法律出版社，2000．

［10］［日］中村英郎．新民事诉讼法讲义［M］．陈刚，林剑锋，
郭美松译．北京：法律出版社，2001．

［11］［日］藤原弘道．民事裁判与证明［M］．东京：有信堂，
2001．

［12］［日］谷口安平．程序的正义与诉讼（增补本）［M］．王亚
新，刘荣军译．北京：中国政法大学出版社，2002．

［13］［日］萩原金美．诉讼中主张证明的法理［M］．东京：信山
社，2002．

［14］［日］梅本吉彦．民事诉讼法［M］．东京：信山社，2002．

［15］［法］让·文森，塞尔日·金沙尔．法国民事诉讼法要义
［M］．罗结珍译．北京：中国法制出版社，2001．

［16］［英］英国民事诉讼规则［M］．徐昕译．北京：中国法制出版社，2001.

［17］［德］罗森贝克．证明责任论：以德国民法典和民事诉讼法典为基础撰写（第四版）［M］．庄敬华译．北京：中国法制出版社，2002.

［18］［美］史蒂文·苏本，玛格瑞特（绮剑）·伍．美国民事诉讼的真谛——从历史，文化，实务的视角［M］．蔡彦敏，徐卉译．北京：法律出版社，2002.

［19］［美］杰克·H.弗兰德泰尔，玛丽·凯·凯恩，阿瑟·R.米勒．民事诉讼法（第三版）［M］．夏登峻，黄娟，唐前宏，王衡译．北京：中国政法大学出版社，2003.

［20］［德］奥特马·尧厄尼希．民事诉讼法［M］．周翠译．北京：法律出版社，2003.

［21］［美］米尔建·R.达马斯卡．漂移的证据法［M］．李学军等译．北京：中国政法大学出版社，2003.

［22］［日］小林秀之．新证据法（第2版）［M］．东京：弘文堂，2003.

［23］［日］小室直人等．新民事诉讼法．（II）［M］．东京：日本评论社，2003.

［24］［英］苏珊．哈克．证据与探索［M］．陈波等译．北京：中国人民大学出版社，2004.

［25］［日］门口正人编集代表．民事证据法大系（第2卷）［M］．东京：青林书院，2004.

［26］［日］上田徹一郎．民事诉讼法（第4版）［M］．东京：法学书院，2004.

［27］［日］松岗义正．民事证据论［M］．张知本译．北京：中国政法大学出版社，2004.

［28］［美］斯蒂文·N.苏本，玛莎·L.米卢，马克·N.布诺丁，托马斯·O.梅茵．民事诉讼法——原理，实务与运作环境（第三版）［M］．傅郁林等译．北京：中国政法大学出版社，2004.

［29］［德］汉斯-约阿希姆·穆泽拉克. 德国民事诉讼法基础教程［M］. 周翠译. 北京：中国政法大学出版社，2005.

［30］［日］高木丰三. 日本民事诉讼法论纲［M］. 陈与年译. 北京：中国政法大学出版社，2006.

［31］［美］罗纳德·J. 艾伦等. 证据法［M］. 张保生等译. 北京：高等教育出版社，2006.

［32］［德］罗森贝克，施瓦布，戈特瓦尔德. 德国民事诉讼法［M］. 李大雪译. 北京：中国法制出版社，2007.

［33］［日］高桥宏志. 重点讲义民事诉讼法［M］. 张卫平，许可译. 北京：法律出版社，2007.

［34］［日］新堂幸司. 新民事诉讼法［M］. 林剑锋译. 北京：法律出版社，2008.

［35］［法］法国新民事诉讼法典（附判例解释）［M］. 罗结珍译. 北京：法律出版社，2008.

［36］［英］J. A. 乔罗威茨. 民事诉讼程序研究［M］. 吴泽勇译. 北京：中国政法大学出版社，2008.

［37］［英］克里斯托弗·艾伦. 英国证据法实务指南［M］. 王进喜译. 北京：中国法制出版社，2012.

［38］［日］兼子一，竹下守夫. 民事诉讼法［M］. 白绿铉译. 北京：法律出版社，2015.

［39］［美］帕克. 证据法学反思：跨学科视角的转型［M］. 北京：中国政法大学出版社，2015.

［40］［德］德国民事诉讼法［M］. 丁启明译. 厦门：厦门大学出版社，2015.

［41］［意］意大利民事诉讼法典［M］. 白绐，李一娴译. 北京：中国政法大学出版社，2017.

［42］［日］日本民事诉讼法典［M］. 曹云吉译. 厦门：厦门大学出版社，2017.

［43］［俄］俄罗斯民事诉讼法典［M］. 程丽庄，张西安译. 厦门：厦门大学出版社，2017.

三、期刊论文

［1］邱星美．民事诉讼鉴定证据质疑［J］．法律科学，1998.4.

［2］戴晓华．浅谈民事、经济案件指印的鉴定［J］．刑事技术，1999.1.

［3］方流芳．民事诉讼收费考［J］．中国社会科学，1999.3.

［4］何家弘．司法证明方式和证据规则的历史沿革——对西方证据法的再认识［J］．外国法译评，1999.4.

［5］刘之雄，唐金波．我国司法鉴定制度改革与立法完善之构想［J］．中国法学，1999.5.

［6］谷晓峰，周炜．诉讼价值观与鉴定人的民事责任——对我国民事诉讼鉴定制度的理论思考［J］．河北法学，2000.1.

［7］邵明，廖永安．完善我国民事证据制度的新话题［J］．人民司法，2000.5.

［8］王利明．审判方式改革中的民事证据立法问题探讨［J］．中国法学，2000.4.

［9］杨立新．中国民事证据法研讨会讨论意见综述［J］．河南省政法管理干部学院学报，2000.6.

［10］赵钢．略论我国民事诉讼证据规则之应然体系［J］．法学家，2000.5.

［11］张永泉．论民事鉴定制度［J］．法学研究，2000.5.

［12］田平安．鉴定结论论［J］．现代法学，2000.6.

［13］张方．从两种鉴定类型的比较看我国司法鉴定委托权的归属［J］．人民检察，2000.7.

［14］毕玉谦．民事证据立法基本问题之管见［J］．人民司法，2001.1.

［15］徐棣枫．商业秘密诉讼中技术鉴定若干问题研究［J］．南京大学法律评论，2001.2.

［16］陈帕岩，陈涛．司法鉴定的理念，原则与规则——对我国司法鉴定立法的思考（上）［J］．中国司法鉴定，2001.2.

［17］陈帕岩，陈涛．司法鉴定的理念，原则与规则——对我国司

法鉴定立法的思考（下）［J］．中国司法鉴定，2001.3.

［18］霍宪丹．司法鉴定概念试析［J］．中国司法鉴定，2001.3.

［19］傅郁林．诉讼费用的性质与诉讼成本的承担［J］．北大法律
评论，2001.4 卷第 1 辑。

［20］汤擎．论司法鉴定的启动［J］．中国司法鉴定，2001.3.

［21］陈光中．鉴定机构的中立性与制度改革［J］．中国司法鉴
定，2002.1.

［22］赵钢，刘学在．实务性诠释与学理性批判——〈最高人民法
院关于民事诉讼证据的若干规定〉初步研习之心得［A］．珞
珈法学论坛［C］．2002.

［23］汤维建．我国证据立法的体例结构与内容安排［J］．法学评
论，2002.1.

［24］李德营，鲁宇，王孔宝．民事诉讼中利用真实印文伪造证据
的系统鉴定［J］．中国司法鉴定，2002.1.

［25］汤维建．我国证据立法的体例结构与内容安排［J］．法学评
论，2002.1.

［26］李德营，鲁宇，王孔宝．民事诉讼中利用真实印文伪造证据
的系统鉴定［J］．中国司法鉴定，2002.1.

［27］杨文明，游小勇．论民事鉴定决定权——从重复鉴定谈起
［J］．广西政法管理干部学院学报，2002.2.

［28］李蓉．论鉴定结论的运用与鉴定制度的规范［J］．国家检察
官学院学报，2002.3.

［29］庾文焰．试析民事司法鉴定的性质［J］．云南大学学报（法
学版），2002.3.

［30］汪建成，吴江．司法鉴定基本理论之再检讨［J］．法学论
坛，2002.5.

［31］贺秀涛．析民事诉讼中的自行委托鉴定问题［J］．求
实，2002.2.

［32］包建明．司法鉴定启动程序比较研究［J］．中国司法鉴
定，2003.1.

［33］赵钢．民事诉讼证据制度的新发展——兼述举证时限与证

交换制度［J］. 河南大学学报, 2003.1.

［34］翟东堂. 论我国立法上民事证据的证明力［J］. 商丘师范学院学报, 2003.1.

［35］张剑秋. 对民事诉讼中鉴定启动问题的思考［J］. 佳木斯大学社会科学学报, 2003.1.

［36］马卫东, 付春元. 论我国民事证据规则的改革与完善［J］. 济南大学学报（社会科学版）, 2003.3.

［37］金彧昉, 周勤业, 李若山. 关于我国上市公司虚假会计信息法律责任鉴定分析——从投资者诉大庆联谊案看我国证券市场民事诉讼审理难点［J］. 复旦学报（自然科学版）, 2003.5.

［38］江伟, 段厚省. 请求权竞合与诉讼标的理论之关系重述［J］. 法学家, 2003.4.

［39］王云海. 日本司法鉴定制度的现状与改革［J］. 法律科学, 2003.6.

［40］刘莹, 阳明华. 论我国民事诉讼鉴定启动权［J］. 律师世界, 2003.12.

［41］张卫平. 证据制度的完善与司法鉴定制度的改革［J］. 中国司法鉴定, 2004.1.

［42］孙业群. 中外司法鉴定管理体制研究［J］. 中国司法鉴定, 2004.1.

［43］常怡, 王健. 论电子证据的独立地位［J］. 法学论坛, 2004.1.

［44］谢开凯. 民事诉讼中的鉴定制度刍议［J］. 湘南学院学报, 2004.1.

［45］沈健, 韩波. 论医疗事故鉴定结论在民事诉讼中的应用［J］. 法学评论, 2004.2.

［46］李秀富. 论我国的民事证据排除规则［J］. 黑龙江省政法管理干部学院学报, 2004.3.

［47］孙先江. 民事诉讼中司法鉴定程序规范问题探析［J］. 山东审判, 2004.3.

［48］朱建敏．略论鉴定结论的合理定位——以民事诉讼为背景的分析［J］．中国司法鉴定，2004.3．

［49］马长锁，邢学毅．试论民事案件中的司法精神病学鉴定［J］．法医学杂志，2004.3．

［50］熊秋红．我国司法鉴定体制之重构［J］．法商研究，2004.3．

［51］白黄维志．中立与合意——两大法系鉴定证据制度的融合［J］．现代法学，2004.4．

［52］黄静．正确认识医疗事故鉴定在民事诉讼中的作用［J］．经济与社会发展，2005.3．

［53］赵蕾．鉴定制度研究——以民事诉讼法为视角［J］．河南省政法管理干部学院学报，2005.2．

［54］江玉荣．医疗事故技术鉴定证据合法性探析［J］．安徽警官职业学院学报，2005.2．

［55］何家弘．论司法鉴定的规范化［J］．中国司法鉴定，2005.3．

［56］汤维建，陈巍．《关于民事诉讼证据的若干规定》的创新与不足［J］．法商研究，2005.3．

［57］张晓莉，夏海森．民事行为能力司法精神医学鉴定［J］．临床心身疾病杂志，2005.4．

［58］杨建章，郭振宇，朱玉星，郭华．民事案件与刑事案件司法精神医学鉴定［J］．临床心身疾病杂志，2005.4．

［59］王学峰，周南兰．民事诉讼中的医疗事故技术鉴定问题［J］．成都中医药大学学报，2005.4．

［60］郭金霞．"多头鉴定，重复鉴定"问题探析［J］．中国司法鉴定，2005.5．

［61］李群，喻捷．民事司法鉴定工作应加强对弱势群体关怀［J］．中国司法鉴定，2005.6．

［62］梁玉霞．论司法鉴定权威的程序保障［J］．中国司法鉴定，2006.1．

［63］谌宏伟．论民事诉讼中司法鉴定程序的启动——以《关于民事诉讼证据的若干规定》第28条为主要分析对象［J］．中国司法鉴定，2006.4．

[64] 胡玉霞，苏欣．民事司法鉴定启动程序中对当事人权利的适度保障［J］．北京理工大学学报（社会科学版），2006.5.

[65] 杨继慧．我国民事鉴定机构设置存在的问题及完善［J］．辽宁省社会主义学院学报，2006.6.

[66] 曹云清，钟琳．司法鉴定启动主体之法理探析［J］．江西社会科学，2006.11.

[67] 李玲，蒋银华．在理性有限与法治价值之间——以民事举证责任制度设立之法理念为视角的实证分析［J］．中国地质大学学报，2007.1.

[68] 欧海鸥．关于民事诉讼中司法鉴定的运用［J］．中国司法鉴定，2007.1.

[69] 齐树洁，梁开斌．在民事诉讼中鉴定结论证明力之比较分析［J］．中国司法鉴定，2007.2.

[70] 蒋铁初．中国古代民事证据法的特点考论［J］．江南大学学报（人文社会科学版），2007.2.

[71] 郭金明．关于鉴定结论审查之指导规则的研究——以民事诉讼为视角［J］．安徽理工大学学报（社会科学版），2007.2.

[72] 陈飞翔，叶树理．完善鉴定人出庭制度的若干思考［J］．南京社会科学，2007.3.

[73] 陈卫东，李伟．论鉴定结论的证据能力［J］．中国司法鉴定，2007.3.

[74] 朱淳良．司法鉴定收费管理访谈——访上海市司法局司法鉴定管理处李柏勤处长［J］．中国司法鉴定，2007.4.

[75] 杨继慧．论我国民事鉴定启动制度的完善［J］．沈阳师范大学学报（社会科学版），2007.4.

[76] 杨帆，李兴虎．司法鉴定人错误鉴定的民事责任及其豁免［J］．云南大学学报（法学版），2007.5.

[77] 拜荣静．诉权保护视野下鉴定费制度存在的问题研析［J］．兰州大学学报（社会科学版），2007.6.

[78] 廖永安．诉讼费用交纳办法之检讨［J］．法商研究，2008.2.

[79] 赵钢．仓促的修订局部的完善——对《关于修改中华人民共

和国民事诉讼法的决定〉的初步解读 [J]. 法学评论, 2008. 1.

[80] 杨继慧. 论我国民事鉴定人制度的完善 [J]. 辽宁公安司法管理干部学院学报, 2008. 2.

[81] 朱逸飞, 梅文烨. 论民事司法鉴定的启动制度 [J]. 新学术, 2008. 3.

[82] 吴何坚, 何晓丹. 对我国司法鉴定收费管理的思索 [J]. 中国司法鉴定, 2008. 6.

[83] 吴从周. 迟误准备程序期日, 不预纳诉讼费用与视为合意停止诉讼程序 [J]. 台北法学杂志, 2008. 3.

[84] 占善刚. 证据协力义务之比较法分析 [J]. 法学研究, 2008. 5.

[85] 王洪亮. 实体请求权与诉讼请求权之辨——从物权确认请求权谈起 [J]. 法律科学 (西北政法大学学报), 2009. 2.

[86] 蒋洮婷. 民事诉讼中司法会计鉴定意见及其质证 [J]. 中国司法鉴定, 2009. 2.

[87] 谌宏伟. 民事司法鉴定性质的证据法理分析 [J]. 西南科技大学学报 (哲学社会科学版), 2009. 3.

[88] 汪建成. 司法鉴定基础理论研究 [J]. 法学家, 2009. 4.

[89] 刘涛, 霍晟. 司法鉴定中民事赔偿责任之思考 [J]. 中国司法鉴定, 2009. 5.

[90] 李芳. 民事司法鉴定制度比较研究 [J]. 法制与社会, 2010. 1.

[91] 人民司法研究组. 本案的鉴定费用应由谁负担? [J]. 人民司法, 2010. 1.

[92] 施晓玲. 鉴定人出庭质证的相关法律问题 [J]. 中国司法鉴定, 2010. 3.

[93] 李浩. 论民事诉讼当事人的申请调查取证权 [J]. 法学家, 2010. 3.

[94] 张靖波. 民事诉讼中鉴定结论认证规则之构建 [J]. 人民司法, 2010. 3.

［95］ 赵杰．论司法鉴定人的注意义务［J］．中国司法鉴定, 2010.3.

［96］ 施晓玲, 惠新岳, 李红梅．构建司法鉴定收费减免制度的设想［J］．中国司法鉴定, 2010.6.

［97］ 袁军, 尹君．完善重新鉴定程序之我见［J］．中国司法鉴定, 2011.1.

［98］ 李鑫, 常林．论民事诉讼鉴定机构遴选机制的完善［J］．中国司法鉴定, 2011.1.

［99］ 崔岚．试论我国民事诉讼委托鉴定中存在的主要问题及对策［J］．法制与经济（中旬刊), 2011.6.

［100］黄燕芳．民事案件文书鉴定存在的问题及对策［J］．人民论坛, 2011.20.

［101］王建平．民事司法鉴定难题思考与分析［J］．中国审判, 2011.8.

［102］谌宏伟．法院委任之鉴定人错误鉴定的民事责任［J］．四川警察学院学报, 2011.4.

［103］谌宏伟, 肖羽飞．我国司法鉴定收费管理之完善［J］．新余学院学报, 2011.4.

［104］岳军要．论民事鉴定启动权的诉权保障功能［J］．中国司法鉴定, 2011.5.

［105］陈瑞华．鉴定意见的审查判断问题［J］．中国司法鉴定, 2011.5.

［106］曹志勋．书证搜集裁判——模式比较与本土改造［J］．现代法学, 2011.5.

［107］拜荣静．涉讼司法鉴定收费制度的检视与重构［J］．证据科学, 2012.3.

［108］齐树洁．关注民事证据制度的立法完善［J］．中国审判, 2012.6.

［109］陈刚．我国民事诉讼领域有关鉴定的问题与对策［J］．中国司法鉴定, 2012.5.

［110］胡学军．从"抽象证明责任"到"具体举证责任"——德,

日民事证据法研究的实践转向及其对我国的启示 [J]. 法学家, 2012. 2.

[111] 吴高庆, 齐培君. 论民事司法鉴定制度的修改与完善——以新〈民事诉讼法〉为视角 [J]. 中国司法鉴定, 2012. 5.

[112] 周翠. 现代民事诉讼义务体系的构建——以法官与当事人在事实阐明上的责任承担为中心 [J]. 法学家, 2012. 3.

[113] 邹明理. 新〈民事诉讼法〉司法鉴定立法的进步与不足——对新民诉法涉及修改鉴定规定的几点认识 [J]. 中国司法鉴定, 2012. 6.

[114] 朱虎. 返还原物请求权适用诉讼时效问题研究 [J]. 法商研究, 2012. 6.

[115] 易旻, 孙涓, 邱炳辉. 对民事诉讼活动中多次鉴定机制的反思与重构 [J]. 中国司法鉴定, 2012. 6.

[116] 宫雪. 新《民事诉讼法》中鉴定制度的适用——中国民事诉讼法学研究会 2012 年年会简讯 [J]. 中国司法鉴定, 2012. 6.

[117] 郑春笋, 李文桥, 张吉来. 鉴定不能时的证明责任分析 [J]. 山东审判, 2013. 6.

[118] 宫雪. 比较法视野下鉴定启动权对诉权的保障 [J]. 中国司法鉴定, 2013. 4.

[119] 朱晋峰, 朱淳良. 司法鉴定立法比较之法理研判——以新《刑事诉讼法》与新《民事诉讼法》为视角 [J]. 中国司法鉴定, 2013. 1.

[120] 赵杰. 《民事诉讼法》的修改给鉴定管理提出的新问题 [J]. 中国司法鉴定, 2013. 1.

[121] 宫雪. 比较法视野下鉴定启动权对诉权的保障——兼论新《民事诉讼法》第七十六条 [J]. 中国司法鉴定, 2013. 1.

[122] 王艳葳, 张海英. 谈修改后的民事诉讼法关于证据的规定 [J]. 辽宁公安司法管理干部学院学报, 2013. 1.

[123] 李浩. 民事证据制度的再修订 [J]. 中外法学, 2013, 25. 1.

[124] 王瑞恒．论当事人对司法鉴定机构的选择优先权——兼评《民事诉讼法》第七十六条［J］．中国司法鉴定，2013.2.

[125] 韩静茹．专家参与民事诉讼的类型化分析——以我国民事证据立法的最新动向为背景［J］．西部法学评论，2013.2.

[126] 杨俊．民事鉴定程序问题的应对与完善——以《民事诉讼法》的修改为基点［J］．中国司法鉴定，2013.4.

[127] 王亚新．新〈民事诉讼法〉中的鉴定：理论定位与解释适用［J］．法律适用，2013.10.

[128] 亓纪．民事诉讼中司法鉴定制度失能原因分析及出路探讨——以北京市朝阳区人民法院近五年对外委托司法鉴定案件为样本［J］．法律适用，2013.11.

[129] 霍宪丹．关于进一步健全完善司法鉴定制度的思考［J］．中国司法鉴定，2014.1.

[130] 吐火加，包建华，陈宝贵．论证据调查与证明责任的关系［J］．法律适用，2014.5.

[131] 李祖军，吕辉．鉴定人出庭作证制度立法解读与完善进路——以 2012 年民事诉讼法为背景［J］．河北法学，2014.1.

[132] 占善刚．论我国民事诉讼中鉴定人不出庭作证之应有后果——《民事诉讼法》第78条评析［J］．法学家，2014.2.

[133] 占善刚．证人出庭作证费用的性质及其给付路径［J］．烟台大学学报（哲学社会科学版），2014.3.

[134] 刘鑫．论司法鉴定的科学性［J］．中国政法大学学报，2014.5.

[135] 周进军．关于完善司法鉴定收费中法院职能嵌入机制的思考［J］．中国审判，2014.9.

[136] 李禹，党凌云．2013 年度全国司法鉴定情况统计分析［J］．中国司法鉴定，2014.4.

[137] 徐明江，杨德齐．论司法鉴定制度创新的三个维度［J］．中国司法鉴定，2014.1.

[138] 周晓光，姚文杰．法院委托司法鉴定工作机制研究——以

民事诉讼为视角［J］.中国司法鉴定，2015.1.

[139] 李学军，朱梦妮.专家辅助人制度研析［J］.法学家，2015.1.

[140] 毛卫旭.民事诉讼中司法鉴定意见的证据效力探讨［J］.法制与经济，2015.5.

[141] 孙付.彰显正义的代价：论民事诉讼鉴定费负担规则之确立［J］.山东审判，2015.4.

[142] 占善刚.论民事诉讼鉴定费用的性质及制度矫正［J］.南通大学学报（社会科学版），2015.5.

[143] 张芳芳，林北征.论司法鉴定救助制度再完善——以〈民事诉讼法〉解释为视角［J］.中国司法鉴定，2015.6.

[144] 郭宇燕.论民事诉讼中鉴定时间排除规则的完善——以法律经济分析为视角［J］.中国司法鉴定，2015.6.

[145] 占善刚.民事诉讼鉴定费用的定性分析［J］.法学，2015.8.

[146] 王浩云.鉴定人出庭作证制度的解构与完善——以《民事诉讼法》第78条为基点展开［J］.法学杂志，2015.12.

[147] 占善刚，杨瑜娴.论民事诉讼鉴定费用的性质及制度矫正［J］.南通大学学报，2015.5.

[148] 杨瑜娴.区域视域下司法鉴定行业创新路径研究［J］.学习与实践，2015.12.

[149] 周成泓.证明责任：徘徊在行为责任与结果责任之间——以民事诉讼为视角［J］.河南财经政法大学学报，2015.1

[150] 骆永家.新种证据之证据调查［J］.月旦法学杂志，2015.11.

[151] 王福华.论民事司法成本的分担［J］.中国社会科学，2016.2.

[152] 范少恒.民事诉讼中司法鉴定费负担问题探讨［J］.山东审判，2016.3.

[153] 邱云.我国民事司法鉴定启动程序的困境分析［J］.法制与经济，2016.7.

[154] 于海旭. 我国民事鉴定证据制度的困境与出路——以鉴定不能为视角 [J]. 北京化工大学学报（社会科学版），2016. 4.

[155] 占善刚. 鉴定人出庭作证费用的补偿方式及具体路径 [J]. 烟台大学学报（哲学社会科学版），2016. 4.

[156] 张景峰，胡楠. 我国司法鉴定法律援助：尚处于未脱离自发状态的社会救助 [J]. 中国司法鉴定，2016. 5.

[157] 佐久间泰司，平野武，张英. 日本民事诉讼中的司法鉴定——以近年的制度改革为视角 [J]. 中国司法鉴定，2016. 6.

[158] 占善刚，施瑶. 证人，鉴定人出庭作证费用补偿范围和标准研究 [J]. 证据科学，2016. 6.

[159] 吴杰. 诉讼费用的三原则与司法政策的价值导向 [J]. 法律适用，2016. 11.

[160] 卢刚. 民事诉讼自行委托鉴定制度反思与构建 [J]. 东北农业大学学报（社会科学版），2017. 1.

[161] 涂舜，陈如超. 论鉴定纠纷的特征、类型与防控机制——以民事当事人与社会鉴定机构及其鉴定人的纠纷为视角 [J]. 中国司法鉴定，2017. 2.

[162] 张霄霄. 民事诉讼中"鉴定意见"适用"新证据"的要件研究 [J]. 中国司法鉴定，2017. 3.

[163] 李秀荣. "天价鉴定费"呼唤议价权落地 [J]. 人民法治，2017. 2.

[164] 陈如超. 鉴定纠纷及其解决机制——基于民事司法鉴定的实践逻辑 [J]. 证据科学，2017. 2.

[165] 汤维建，李海尧. 〈诉讼费用法〉立法研究 [J]. 苏州大学学报（哲学社会科学版），2017. 3.

[166] 廖永安，段明. 民事诉讼费用交纳标准的设定原理与完善建议 [J]. 烟台大学学报（哲学社会科学版），2017 年第5 期.

[167] 陈如超. 司法鉴定救助的实践性反思与制度改进 [J]. 甘肃

政法学院学报，2017.6.

[168] 浙江省余杭法院民事案件在线鉴定改革试点工作见成效 [J]．中国律师，2018.2.

[169] 陈如超．民事司法鉴定中的法官行为规制 [J]．法商研究，2018.2.

[170] 开宏刚．民事案件文书鉴定存在的问题及对策 [J]．中国高新区，2018.12.

[171] 龙宗智．刑民交叉案件中的事实认定与证据使用 [J]．法学研究，2018.6.

[172] 洪冬英，孙茹兴．论民事诉讼中司法鉴定公信力的提升与完善 [J]．中国司法鉴定，2018.2.

[173] 汤维建，徐枭雄．民事司法鉴定意见的评价机制论纲 [J]．中国司法鉴定，2018.3.

[174] 季若望 "鉴定双轨制" 下的法官自由裁量权之界限 [J]．云南社会科学，2018.3.

[175] 李苏林．论司法鉴定的科学性 [J]．山西大学学报（哲学社会科学版），2018.4.

[176] 张勇，钱岩．鉴定人，有专门知识的人出庭制度构建——以天津市法院系统实践探索为基础 [J]．法律适用，2018.19.

[177] 朱晋峰．民事公益诉讼环境损害司法鉴定收费制度研究 [J]．中国司法鉴定，2019.2.

[178] 梅玉山．民事鉴定意见：地位、程序问题和审查要点——以几起典型知识产权案件为例 [J]．中国石油大学学报（社会科学版），2019.2.

[179] 陈如超，陈鲜瑜．司法鉴定制度变迁四十年及其改革趋势 [J]．证据科学，2019.3.

[180] 郭华．司法鉴定机构及鉴定人被告身份及民事责任的反思与省察 [J]．中国司法鉴定，2019.4.

[181] 潘溪．民事诉讼中司法鉴定公信力及其提升路径 [J]．中国司法鉴定，2019.5.

[182] 马陈骏，杜志淳．民事诉讼中鉴定意见的表述与适用研究 [J]．证据科学，2019.5.

[183] 李清，文国云．检视与破局：生态环境损害司法鉴定评估制度研究——基于全国 19 个环境民事公益诉讼典型案件的实证分析 [J]．中国司法鉴定，2019.6.

[184] 孙晨曦．论民事诉讼当事人证据收集手段之扩充 [J]．社会科学家，2019.4.

[185] 张卫平．民事诉讼法比较研究方法论——对民事诉讼法比较研究中若干关联因素的思考与分析 [J]．国家检察官学院学报，2019.6.

[186] 王晓宾．司法鉴定公信力困境产生根源及缓解路径 [J]．中国人民公安大学学报（社会科学版），2019.1.

[187] 董坤．构成要件与诉讼证明关系论纲 [J]．法律科学，2020.1.

[188] 段文波．民事证明责任分配规范的法教义学新释 [J]．政法论坛，2020.3.

[189] 江必新．关于理解和适用新民事证据规定的若干问题 [J]．法律适用，2020.13.

[190] 毕玉谦．新民事证据规则架构下体系化的结构与逻辑 [J]．法律适用，2020.13.

[191] 郑学林，宋春雨．新民事证据规定理解与适用若干问题 [J]．法律适用，2020.13.

[192] 吴泽勇．职权主义，自由心证与我国民事证据制度的发展 [J]．公民与法，2020.3.

[193] 曹志勋．对当事人鉴定申请的司法审查 [J]．法学，2020.12.

[194] 曹志勋．书证真伪鉴定的必要及费用分配载 [J]．中国法律评论，2020.3.

[195] 李学军．诉讼中专门性问题的解决之道——兼论我国鉴定制度和法定证据形式的完善 [J]．政法论坛，2020.6.

[196] 谭趁尤，郭华．科学≠确定：司法鉴定意见本质的再认识

[J]. 社会科学家，2020. 12.

[197] 屈茂辉，王中民．事科学证据可靠性认定中的司法前见——基于民事诉讼中鉴定意见的实证分析［J］. 华东政法大学学报，2020. 5.

[198] 高涵．鉴定意见的证据评价方法体系［J］. 山东社会科学，2020. 2.

[199] 涂舜，陈如超．司法鉴定管理的体制变迁及其改革方向：1978—2018［J］. 河北法学，2020. 1.

[200] 王旭，刘诗麟．司法鉴定行政与司法视角的边界——民诉证据司法解释鉴定内容的思考［J］. 证据科学，2020. 1.

[201] 杨小利．新《民事证据规定》视角下鉴定人制度定位问题研究［J］. 中国司法鉴定，2020. 2.

[202] 范少罡．民事诉讼中司法鉴定委托问题探析［J］. 湖州师范学院学报，2020. 3.

[203] 郭华．民事诉讼证据中有关鉴定的诠释与规则适用探讨［J］. 证据科学，2020. 2.

[204] 陈如超．新《民事证据规定》对法官权责的制度改造——基于司法鉴定的视角［J］. 证据科学，2020. 2.

[205] 朱晋峰．再论司法鉴定基本问题——兼评《关于民事诉讼证据的若干规定》有关条款［J］. 证据科学，2020. 2.

[206] 王元凤，曲子函．论民事诉讼中重新鉴定乱象的治理——以《民事诉讼证据规定》（2019 版）为契机［J］. 证据科学，2020. 2.

[207] 彼得·哥特瓦尔德，曹志勋．鉴定人及其鉴定意见在德国民事诉讼法中的地位［J］. 证据科学，2020. 2.

[208] 郑学林，宋春雨．理解和适用新民事证据司法解释的几个重点问题［J］. 人民司法，2020. 16.

[209] 李浩．新《民事诉讼证据规定》的主要问题［J］. 证据科学，2020. 3.

[210] 江澜．民事诉讼鉴定制度的发展和完善［J］. 证据科学，2020. 3.

[211] 朱亚奇．试论司法鉴定人管理模式——以《司法鉴定人登记管理办法（征求意见稿）》和新《民事证据规定》为背景 [J]．中国司法，2020.7.

[212] 陈川．英美专家证人民事责任豁免变革与启示 [J]．太原理工大学学报（社会科学版），2020.4.

[213] 雷蕾．最高法院发布《关于人民法院民事诉讼中委托鉴定审查工作若干问题的规定》[J]．人民司法，2020.25.

[214] 周好峰．民事诉讼中重新鉴定问题研究 [J]．法制与经济，2020.9.

[215] 潘溪．鉴定意见评价指数及其在司法管理中的应用 [J] 金陵法律评论，2020.1.

[216] 陈如超．新《民事证据规定》对鉴定人的诉讼管控 [J]．山东警察学院学报，2020.6.

[217] 丁朋超，吴浩伟．论提升我国司法鉴定公信力的路径选择 [J]．政法学刊，2020.6.

[218] 占善刚，张一诺．私鉴定之定性分析——基于新《民事证据规定》第 41 条的展开 [J]．证据科学，2020.6.

[219] 席飞．论民事诉前鉴定程序及其建议——以诉前鉴定试点情况展开 [J]．中国司法鉴定，2021.1.

[220] 杨瑜娴．赋权与失权：民事司法鉴定费用返还成因探析 [J]．学习与实践，2021.2.

[221] 曹志勋．民事鉴定程序启动中的职权与权利配置 [J]．当代法学，2021.2.

[222] 张保生．《人民法院诉讼证据规定适用指南》的理论逻辑和要点分析 [J]．法律适用，2021.1.

四、外文文献

[1] [日] 兼子一等．条解民事诉讼法 [M]．东京：弘文堂，1986.

[2] [日] 中野贞一郎．科学裁判と鉴定 [M]．东京：日本评论社，1988.

［3］ ［日］ 新堂幸司，铃木正裕，竹下守夫．注释民事诉讼法（6）
　　　［M］．东京：有斐阁，1995．

［4］ ［美］ Mary Kay Kane, Civil Procedure, West Group 1996.

［5］ ［德］ Musielak, Grundkurs ZPO, 5Aufl, Mohr, Tü bingen,
　　　1997.

［6］ ［德］Zeiss, Zivil prozessrecht, 9Aufl, Mohr, Tü bingen, 1997.

［7］ ［美］ Richard D Freer, Wendy Collins Perdue, Civil Procedure
　　　Cases, Materials, and Questions Second Edition, Anderson
　　　Publishing Co, 1997.

［8］ ［美］ Jack H. Friedenthal, Mary Kay Kane, Arthur R. Miller,
　　　Civil Procedure Third Edition, West Group St. Paul, Minn,
　　　1999.

［9］ ［日］ 園尾隆司．注解民事诉讼法（Ⅱ）［M］．东京：青林书
　　　院，2000．

［10］ ［日］ 石川明．民事诉讼法 ［M］．东京：青林书院，2002．

［11］ ［日］ 小室直人等．新民事诉讼法（Ⅱ）［M］．东京：日本评
　　　论社，2003．

［12］ ［日］ 中野贞一郎，松浦馨，铃木正裕．新民事诉讼法讲义
　　　［M］．东京：有斐阁，2004．

［13］ ［日］ 门口正人．民事证据法大系（第5卷）．东京：青林书
　　　院，2005．

［14］ ［日］ 三木浩一，山本和彦．ロースクール民事诉讼法 ［M］．
　　　东京：有斐阁，2005．

［15］ ［日］小岛武司，小林学．基本讲义民事诉讼法 ［M］．东京：
　　　信山社，2006．

［16］ ［日］ 高桥宏志，高田裕成，畑瑞穗．民事诉讼法判例百选
　　　（第四版）［M］．东京：有斐阁，2010．

［17］ ［德］ Justizvergütungs-und-entschä digungsgesetz-JVEG.

［18］ ［德］ Zimmerman, Müncher Kommentar zurzpo, §413, 2012,
　　　4Aufl.

［19］ ［德］Silke Scheuch, Beck'scherOnline-Kommentar ZPO, §413,

2012，8Auflage.

［20］［德］Michael Huber，Kommentarzur Zivil prozessordnung，§413，2013，10Auflage.

［21］［日］日本《关于民事诉讼费用等的法律》.

［22］［日］日本《关于民事诉讼费用等的规则》.

五、其他资料

［1］中国大百科全书/法学［M］.北京：中国大百科全书出版社，1984.

［2］北大法宝网：http：//www.pkulaw.cn。

［3］中国裁判文书网：http：//wenshu.court.gov.cn。

［4］中国法院网法律文库：https：//www.chinacourt.org/law.shtml。

［5］司法部政府网：http：//www.moj.gov.cn/index.html。

［6］人民法院报：http：//rmfyb.chinacourt.org。

［7］中国诉讼法律网：http：//www.procedurallaw.cn。

［8］中国政法大学诉讼法学研究院：http：//www.procedurallaw.cn/zh。

［9］司法文明协同创新中心：http：//www.cicjc.com.cn/。

［10］中国政法大学证据科学研究院：http：//zjkxyjy.cupl.edu.cn。

［11］北大法律信息网：http：//www.chinalawinfo.com/。

［12］最高人民法院网：http：//www.court.gov.cn/。

［13］民主与法制网：http：//www.mzyfz.com/。

［14］中国法制信息网（司法部网站）：http：//www.moj.gov.cn。

［15］中国司法鉴定网：http：//www.je-china.cn/index.asp。

［16］中国证据网：http：//www.evidencelaw.net。

［17］复旦大学司法研究中心：http：//www.cjs.fudan.edu.cn/。

［18］中国人大网：http：//www.npc.gov.cn。

［19］司法鉴定科学研究院：http：//www.ssfjd.com。

后　记

　　这本拙作是在本人博士论文基础之上修改而成。本书的选题立意和谋篇布局，得益于导师占善刚教授的悉心指导，学生感激不尽。相关资料的收集，要特别感谢马龙博士、王超师弟、徐莹师妹的辅助，也要特别感谢在实证调研过程中为我发放调查问卷、安排走访座谈的工作在司法实务部门的同学、朋友的帮助和支持，他们提供的第一手文献资料，使我对论文选题有了更深刻的理解和认知。本书的大部分材料收集和观点阐述完成于 2018 年底之前，尽管此次成稿前重新根据新《民事证据规定》等相关制度进行了修改和完善，也全面学习了新的理论热点和学术观点，但仍存在诸多素材不够充分、论证不够成熟之处。

　　时光荏苒，白驹过隙，从本科到硕士再到博士阶段的求学生涯跨越了我十八年的青春光阴。伴着武大校园的桂花飘香再次到来，回首过往，百感交集，往事历历在目。珞珈山上的时光斑驳美好，迂回婉转，承载了各种酸甜，收获的是可亲的友人和丰富的阅历。十分有幸在珞珈山上认识了一群共话人生的同学、朋友，尤其是在低谷期鼓励我、帮助我的刘显鹏师兄、刘丹博士、刘芳博士、施瑶博士，他们的陪伴和关心让我充满勇气。感谢家人的无私付出、孩子的贴心相伴，他们与我一起同舟共济、甘苦与共，让我能更好地兼顾在工作、学习和家庭中的三重角色。这段经历也让我学会如何以一颗平常心对待生活的点点滴滴，学会做到"保有初心，方得始终"。

　　路漫漫其修远，我将勉励前行，更为努力、更为幸福。

杨瑜娴

2021 年秋